Arne Hoffmann

IN LEDER GEBUNDEN

Dunkle Erotik in Werken der Weltliteratur

D1721832

1. Auflage August 2007
Titelbild: Agentur Roesnick

©opyright by Arne Hoffmann
www.arnehoffmann.com

Lektorat: Andreas Mayerle

ISBN: 978-3-86608-078-2

Ubooks-Verlag
Dieselstr. 1
86420 Diedorf

www.ubooks.de

Lass in mir die heilgen Schmerzen,
Tiefe Bronnen ganz aufbrechen;
Leiden sei all mein Gewinst,
Leiden sei mein Gottesdienst.

(Lenz, Georg Büchner, 1839)

I'm getting out
I'm getting out
I'm ripping up my clothes
I'm ripping up my skin
I hurt pain
oh hurt me
Pain at this point is good
do you understand?
Pain at this point is good
Me Erica Jong
Whee Woo Woo

(Hello, I'm Erica Jong, Kathy Acker, 1982)

Inhaltsverzeichnis

Vorwort: Goethe und Kafka trugen Latex!
Ansätze zu einer sadomasochistischen Literaturtheorie

In Peter Barrys umfassendem Werk *Beginning Theory*[1] findet sich eine Zusammenstellung der gängigsten neuen literaturwis-senschaftlichen Theorien: Strukturalismus, Poststrukturalismus, Postmoderne, Postkolonialismus, feministische Literaturkritik und so weiter. Ein Kapitel hat Barry der ‹homosexuellen Literaturtheorie› gewidmet, eine Perspektive, die sich erst in den frühen neunziger Jahren als distinktives Feld herauskristallisierte.

Mitte der Achtziger findet dieser Begriff in den Standardwerken der Literaturtheorie noch keine Erwähnung, heute aber gibt es im Buchhandel eigene Abteilungen für ‹gay and lesbian studies›; es existieren zu diesem Themengebiet eigene Anthologien und akademische Kurse an den Universitäten. Zentrales Kennzeichen der homosexuellen Literaturtheorie sei nach Barry die Vorgehensweise, sexuelle Orientierung als fundamentale Kategorie der Werkinterpretation anzulegen.

Ziel dieser Einleitung ist indes nicht die Auseinandersetzung mit der bereits existierenden homosexuellen Literaturtheorie, sondern – in Anlehnung daran – die Begründung einer eigenen, einer sadomasochistischen Herangehensweise an Literatur. Für jemanden, der sich mit diesem Gedanken noch nicht beschäftigt hat, mag er so neuartig erscheinen, dass er einigermaßen grotesk wirkt.

Mancher mag innerlich die ironische Frage formulieren, ob man in den nächsten Jahren mit einer Entwicklung inzestuöser, nekrophiler, sodomistischer oder gar windelfetischistischer Literaturtheorien zu rechnen habe. Dieser Sarkasmus erscheint zunächst durchaus verständlich.

Es wird deshalb die Aufgabe dieses Buches sein, zwei Dinge darzulegen: Zum einen zieht sich das Motiv von sexueller Dominanz und Unterwerfung, von einer erotisch konnotierten Mischung aus Wollust und Schmerz, auf eine viel zentralere Weise durch die bedeutendsten Werke der Weltliteratur als beispielsweise der sexuelle

Verkehr mit Leichen oder Geschwistern. In ihrem Buch *Sexual Personae. Art and Décadence from Nefertiti to Emily Dickinson.*[2], das man als einen zentralen Wegbereiter einer sadomasochistischen Literaturkritik verstehen kann, legt Camille Paglia ihre These dar, dass «whenever sexual freedom is sought or achieved, sadomasochism will not be far behind»[3]. Die Darstellung von Liebe und Sexualität ist ohne eine SM-Ästhetik sehr oft nicht denkbar.

Zum anderen hat diese prominente Stellung des SM-Motivs aber bisher – wohl aus Gründen einer Tabuisierung – nur in Randbereichen und somit auf sehr inadäquate Weise in die wissenschaftliche Rezeption von Literatur Einzug gefunden. Die sadomasochistische Literaturkritik kann diese partielle Blindheit aufheben und zur Interpretation vieler Werke von großem Nutzen sein.

Dieser Gesichtspunkt ist vielleicht der bedeutendste: Vom Mittelalter bis zur Gegenwart windet sich das SM-Motiv wie ein roter Faden – gerade! – durch das Schaffen der bedeutendsten Autoren, Geistestitanen wie Goethe, Kafka, Thomas und Heinrich Mann eingeschlossen. Dabei weigerte sich die gängige Literaturwissenschaft lange Zeit beharrlich, diesen eigentlich leicht herauslesbaren Unterton auch nur zur Kenntnis zu nehmen.

Das hier vorliegende Buch kann allerdings nur einige besonders auffällige Beispiele anführen – quasi die Spitze des Eisbergs. Eine vertiefte Auseinandersetzung mit diesem Gebiet, die von anderer Seite fortgeführt werden mag, kann den Corpus einer SM-Literaturtheorie um ein Beträchtliches erweitern.

Die Aufgaben, die sich einer sadomasochistischen Literaturkritik stellen könnten, wären unter anderem:

• die Etablierung eines Kanons ‹eindeutiger› SM-Texte, also von Werken, die dieses Thema als Dreh- und Angelpunkt besitzen – das würde einschließen, solchen Werken literarischen Status zuzuweisen, der ihnen bislang allein wegen ihres Themas vorenthalten wurde

• das Herausarbeiten und Diskutieren von marginaleren SM-Elementen in weiteren Klassikern der Weltliteratur – ab wann kann man vom Vorliegen solcher Elemente sprechen und wann noch nicht?

- die Ergründung des metaphorischen Gehaltes solcher SM-Texte – im Sinne der Frage, wofür das SM-Motiv symbolisch steht: für Grenzüberschreitung, für Ausbruchsversuche, für soziale Abhängigkeiten, für ‹Perversion› als das Verdrängte, das Andere etc.
- die Diskussion des Umgangs mit SM-Inhalten beispielsweise durch Zensur, Nichterwähnung, bloße Anspielung – hier ginge es also zum einen um Diskurse der Ausgrenzung und Kontrolle und zum anderen um einen systemtheoretischen Ansatz: das System der Literatur, zu dessen Aufgaben die Vervielfachung von Wirklichkeitsvorstellungen, die Eröffnung folgenfreier Erfahrungs- und Handlungsräume sowie Hilfe bei der Identitätsbildung und Orientierung gehören, tritt in Konflikt mit anderen gesellschaftlichen Teilsystemen, etwa dem politischen oder juristischen, für die Sadomasochismus oft keine gleichberechtigte Alternative darstellt[4]
- im Zusammenhang mit dem Radikalen Konstruktivismus die Fragestellung, inwiefern sadomasochistische Leser bestimmte Texte anders lesen als Nicht-Sadomasochisten, also etwa von Szenen sexueller Gewalt eher angesprochen als verwirrt werden, und was dieser Umstand für die Textproduktion bedeutet
- die Auseinandersetzung mit dem moralischen Dilemma von SM-Texten, beispielsweise inwieweit sie einen Vorwand für Sexismus oder Gewaltverherrlichung darstellen können
- die Schaffung von Übergängen zu anderen Formen der Literaturkritik, beispielsweise der psychoanalytischen oder der feministischen Theorie, womit sich automatisch die Frage verbindet, auf welche sozialen oder psychologischen Befindlichkeiten die untersuchten sadomasochistischen Phantasien Rekurs nehmen

Was im vorliegenden Buch nicht mehr geleistet werden kann, ist eine Auseinandersetzung mit der Rolle, die eine sadomasochistische Betrachtungsweise – anstelle für die Literatur – für die Philosophie leisten kann. Die Problematik von Sadismus und Masochismus wird ja in den Schriften verschiedener Philosophen erörtert, unter anderem bei Deleuze, Bataille und in zwei Kapiteln von Sartres *L'être et le néant. Essai d'ontologie phénoménologique*[5]. Horkheimer und Adorno räumten de Sades *Juliette* in ihrer *Dialektik der Aufklärung*, dem zentralen Werk der 68er-Bewegung, die Hauptrolle ein. Nicht vergessen werden sollte in diesem Zusammenhang auch James Millers Foucault-Biographie *The passion of Michel Foucault*[6], worin dieser vielleicht größte Philosoph der Postmoderne als aktiver Teilnehmer der SM-Szene San Franciscos geoutet wurde. Miller kommt in seinem Nachwort zu dem Schluss, dass nicht nur «Foucaults Vorliebe für Sadomasochismus ein wichtiger Schlüssel dafür war, äußerst schwierige, doch gemeinhin vernachlässigte Aspekte seines Werkes in den Griff zu bekommen»[7], sondern der Sadomasochismus generell in der Lage sei, wichtige Felder etwa der abendländischen Moralphilosophie seit Plato zu verdeutlichen und zu hinterfragen.

1. Mittelalter und Renaissance

Das Mittelalter ist eine Epoche, in der sadomasochistische Literatur recht stark vertreten war. Wenn auf den folgenden Seiten im Gegensatz zu allen anderen hier diskutierten Epochen keine seitenlangen Belege geliefert werden können, so liegt das lediglich daran, dass mittelalterliche Texte im Original für Nicht-Mediävisten, also wohl für die meisten Leser dieses Buches, schwer zugänglich sein dürften. Deshalb soll es hier genügen, sich auf sekundäre Quellen zu berufen.

In dem Werk der beiden Frauenrechtlerinnen Cheryl Benard und Edit Schlaffer *Der Mann auf der Straße*[8] findet sich ein Kapitel mit der Überschrift: *Zur Psychologie der Männlichkeit. Der männliche Masochismus – angeboren oder anerzogen?* Dieses Kapitel ist einerseits sehr fragwürdig: Im Rahmen ihrer doch sehr festgefahrenen feministischen Ideologie definieren die Autorinnen den Masochismus als etwas Negatives und Verachtenswertes, um daraufhin nachzuweisen, dass dieser Charakterzug unauslöschbar zum minderwertigen männlichen Wesen gehöre. Bei ihrer sehr kruden Argumentation gehen Schlaffer und Benard allerdings insbesondere auf die Literaturgeschichte ein – mit Exkursen zu Rousseau, Sacher-Masoch und Aristoteles –, und dies wiederum macht ihre Ausführungen für unser Thema andererseits eben doch sehr brauchbar.

«Weitere Einblicke in den männlichen Unterwerfungsdrang gewinnen wir aus einem historischen Exkurs in die Zeit der Troubadours des europäischen Mittelalters. [...] Es handelte sich um eine Theorie der Kultur und der Kreativität, die sich um einen neu umschriebenen Begriff der Liebe bildete. [...] Die Eigenschaften eines Lehnsherrn und die Empfindungen eines Gläubigen gegenüber Gott wurden übertragen auf die ‹Dame› [...]. Bekanntlich handelte es sich bei den Liebesbeziehungen der Troubadours um relativ hoffnungslose Fixierungen auf verheiratete oder aus anderen Gründen unerreichbare Damen, in deren ‹Dienst› der Verliebte sich stellte

[...]. Im 11. Jahrhundert fand eine Wende statt in den männlichen sexuellen Einstellungen, zumindest auf der Ebene populärer Lieder und Erzählungen. Neben [...] der Heldenfigur des erfolgreichen Liebhabers fand die neue Figur des unglücklichen, leidenden, sich aufopfernden und hingebenden Liebhabers Popularität.»[9]

Schlaffer und Benard führen des Weiteren aus, dass sich bei den Troubadouren die Liebe und Unterordnung zu Gott hin zur unterwürfigen, ideellen Minne zur ‹frouwe› oder Herrin verschob. So zitieren sie Briffault: «Dem Ritter genügte es, dass die Dame seine Dienste akzeptierte und ihn als ihren Diener nahm. Wenn es ihr beliebte, ihn sterben zu lassen, dann wollte er glücklich in den Tod gehen und seinem Schicksal danken, das es ihm gestattete, sein Martyrium durch ein so seliges Ende zu beschließen. [...] Die Unterwerfung und Resignation des Liebhabers ist ein Thema, das von zeitgenössischen Dichtern und Troubadours endlos dargelegt und geschildert wurde. Das Leiden des Liebhabers steigerte sich zur Erniedrigung; seine Tränen flossen in einem steten Strom; die Texte schildern ausgiebig die Gnadenlosigkeit und Herzlosigkeit seiner schönen Herrin. [...] Das Schwergewicht lag hier immer auf der Unterwerfung, der Selbstaufgabe und der Ergebenheit des duldsamen Liebhabers.»[10]

Zur Unterstützung ihrer Thesen liefern Schlaffer und Benard noch eine große Zahl weiterer Zitate, deren Quellen sie leider nicht fachgemäß deutlich machen, weshalb man sich allein auf ihre Aussagen verlassen muss. So beteuerten – den Autorinnen zufolge – die Troubadours mit Blick auf die von ihnen Ausgewählte, dass sie sterben wollten, sollte die Auserwählte sie nicht als ihren Sklaven nehmen.[11] Sie übermitteln ihr, dass sie «in Schmerz und Kummer leiden und gerne für sie sterben wollen», und schwelgen entzückt darin, wenn ihre Angebetete sie «völlig ihrem Willen unterworfen hat».[12] «Sie wünscht sich, dass ich leide», behauptet Peire Vidal gegen 1180, und um 1203 formuliert es Chatelain de Couci ganz ähnlich: «Meine Dame will nur, dass ich leide. Sie hasst mich und kann es nicht ertragen, dass es mir gut geht. Und da mein Schmerz ihr Freude bereitet, hasse ich mich auch selbst und wünsche mir Schmerz.»

Ob es sich in diesen und ähnlichen zitierten Passagen um männliche Projektionen handelt oder nicht, der vorausweisende Charakter dieser Texte auf die Femme Fatale der Décadence und auf eine sadomasochistische Erlebnisweise ist unverkennbar. Sacher-Masoch selbst verwendet in seiner *Venus im Pelz*[13] einen intertextuellen Bezug auf die Geschichte eines Troubadours, «den seine launische Herrin in Wolfsfelle nähen ließ, um ihn dann gleich einem Wild zu jagen»[14], ebenso wie ähnliche Episoden aus der mittelalterlichen Dichtung.

Zu vergleichbaren Erkenntnissen kommt auch Karlheinz Deschner in seinem Werk *Das Kreuz mit der Kirche. Eine Sexualgeschichte des Christentums*[15]: «(D)er Dienst des Herrn für eine verheiratete ‹Dame› war ein Verhältnis der Hörigkeit, [...] nicht zu reden von gewissen masochistischen Komponenten [...]. (D)er Ritter begnügte sich oft nicht mit [...] den Gunstbeweisen und Liebespfändern seiner Domina, Teilen ihrer Kleidung oder Dessous, die er, befestigt an Helm, Schild oder Lanze, öffentlich herumtrug. Er war keinesfalls zufrieden damit, die Haare und Schamhaare seiner Schönen zu sammeln oder deren Badewasser zu trinken. Er wollte nicht nur ein Herz erobern, sondern alles.»[16] Vom Liebestod für die Angebetete bis zur höchsten Selbsterniedrigung finden sich also sämtliche Topoi, die für sadomasochistische Klassiker wie *Die Geschichte der O* oder *Venus im Pelz* kennzeichnend sind. Allerdings ist es heutzutage wohl auch für extrem tabulose Sklaven etwas unüblich geworden, Unterwäsche ihrer Domina etwa an der Antenne ihres Twingo in der Gegend herumzufahren.

Etwas differenzierter wird dieser Themenkomplex von Wolfgang Beutin im Kapitel ‹Variation, Perversion, Deviation› seines Werkes über *Sexualität und Obszönität*[17] gesehen: «So ist etwa immer wieder daran zu erinnern, dass unter dem Druck der Sexualfeindschaft der maßgeblichen Ideologie-Institution, der Kirche, sowohl die Sexualität in der Außenwelt als auch die Befassung mit Sexualität in der Phantasie in einem heute nicht mehr vorstellbaren Maße tabuisiert waren. [...] Darüber hinaus wies das Gesamtbild der Sexualität einige Züge auf, die inzwischen geschwunden sind: Liebe mit Pestkranken

[...]; Notzucht durch Lepröse; Liebe mit nichtmenschlichen Wesen: Göttern, Ungeheuern, Fabelwesen. Andere Motive werden erst in der Neuzeit zu den sexuellen gezählt, wohingegen sie früher zu den religiösen gerechnet und demzufolge nicht tabuiert wurden: sadomasochistische Praktiken in den Klöstern wie Geißelungen u. a.»[18].

Gleichzeitig gibt Beutin jedoch Beispiele, die man heutzutage ohne weiteres in den sadomasochistischen Kontext einordnen würde. In Hartmann von Aues *Der arme Heinrich*[19] etwa – auch heute noch eine der bekanntesten Novellen aus dieser Zeit – gibt es etwa eine Stelle, in der der Titelheld durch eine Spalte in der Wand ein wunderschönes, nacktes Mädchen entdeckt, das auf einen Tisch gefesselt daliegt, um für ihn, ihren Herrn, geopfert zu werden, wozu sich die junge Frau aus eigenem Antrieb entschieden hat. Diese Passage ist im Folgenden abgedruckt.

Weit verbreitet in der Literatur des Mittelalters scheint ferner das heute typische SM-Motiv des Kandaulesismus zu sein, also die Zurschaustellung einer nackten Person durch eine andere, bekleidete. Neben vielen anderen Belegen führt Beutin Strickers Erzählung *Der nackte Ritter* an, in welcher ein Burgherr seinen Gast bittet, in der Stube sein Obergewand abzulegen und, nachdem dieser sich mit Hinweis auf die anwesenden Töchter des Gastgebers weigert, ihm das Gewand von seinen Knechten mit Gewalt herunterreißen lässt. Dabei stellt sich heraus, dass der Gast darunter weder Hemd noch Hose trägt. In einer anderen Erzählung fängt ein gehörnter Ehemann seine Frau und seinen Nebenbuhler in eindeutiger Situation in einer Wolfsgrube und stellt sie so vor der Dorfbevölkerung bloß. Es existieren etliche weitere Beispiele dieser Art.

Zusammenfassend lässt sich also sagen, dass im Mittelalter Topoi, die wir heute mit dem Sadomasochismus verbinden, auf höfischer wie auf Volksebene vielfach gang und gäbe waren. Nachdem der Wunsch der Unterwerfung oder Erniedrigung, sei es der eigenen oder einer anderen Person, vermutlich ein psychologischer Urtrieb und nicht ein Produkt der modernen Zivilisation ist, erscheint es auch nicht allzu verwunderlich, denselben Erzählungen und denselben Seelenzuständen wie heute in anderer Verkleidung bereits tausend Jahre vor unserer Zeit zu begegnen.

1.1 Hartmann von Aue: Der arme Heinrich (ca. 1195)

[...] in einer kemenâten
die er vil wol berâten
mit guoter arzenîe vant
hiez er die maget dâ zehant
abe ziehen diu kleit.
des was si vrô und gemeit:
si zarte diu kleider in der nât.
schiere stuont sî âne wât
und wart nacket unde blôz:
sie enschamte sich niht eins hâres grôz.
[...]

nu begunde er suochen und spehen,
unz daz er durch die want
ein loch gânde vant,
und ersach sî durch die schrunden
nacket und gebunden.
ir lîp der was vil minneclich. [...]

Eine Übersetzung des Textes ist wohl nicht notwendig. Wer unter den Lesern kein Mittelhochdeutsch mehr spricht, ist für all die obszönen Texte, die in dieser Anthologie noch folgen werden, ohnehin viel zu jung.

Interessant ist natürlich, wie sich Wörter und Wendungen des Deutschen über die Jahrhunderte verändern; Beispiel: «ir lîp der was vil minneclich» wird zu «Ihr Leib war überaus wohlgestaltet» wird zu «Ihr Körper sah einfach endgeil aus» wird zu «Boah, wat Titten! Voll krass, ey!». Auch der Stimmungsaufbau und die Detailtreue der Schilderung bewegen sich heutzutage erkennbar auf einer gänzlich anderen Stilebene.

1.2 Edmund Spenser: The Faerie Queene[20] (1556)

After all these there marcht a most faire Dame,
Led of two grysie villeins, th'one Despight,
The other cleped Cruelty by name:
She dolefull Lady, like a dreary Spright,
Cald by strong charmes out of eternall night,
Had deathes owne image figurd in her face,
Full of sad signes, fearefull to liuing sight;
Yet in that horror shewd a seemly grace,
And with her feeble feet did moue a comely pace.

Her brest all naked, as net iuory,
Without adorne of gold or siluer bright,
Wherwith the Craftesman wont it beautify,
Of her dew honour was despoyled quight,
And a wide wound therein (O ruefull sight)
Entrenched deepe with knife accursed keene,
Yet freshly bleeding forth her fainting spright,
(The work of cruell hand) was to be seene,
That dyde in sanguine red her skin all snowy cleene.

At that wide orifice her trembling hart
Was drawne forth, and in siluer basin layd,
Quite through transfixed with a deadly dart,
And in her bloud yet steeming fresh embayd:
And those two villeins, which her steps vpstayd,
When her weake feete could scarcely her sustaine,
And fading vital powers gan to fade,
Her forward still with torture did constraine,
And euermore encreased her consuming paine.

Spensers unvollendetes Versepos *The Faerie Queene* entstand zwischen 1590 und 1596 und gehört somit schon nicht mehr dem Mittelalter an, sondern läutete in der angelsächsischen Dichtung die Epoche der Renaissance ein. Die Renaissance ist allerdings keine typische Epoche, die besonders stark durch sadomasochistische

Texte geprägt wäre, und verdient insofern kein eigenes Kapitel in dieser Anthologie. Ebenso falsch wäre es aber, Spensers Epos zu übergehen, das Camille Paglia in ihren *Sexual Personae*[21] als die ausgebreitetste und umfassendste Meditation über Sex in der Geschichte der Dichtkunst bezeichnet. «Sexual bondage» gehöre dabei zu seinen Hauptmotiven.[22]

Ein typisches Beispiel dafür sind die obigen, in Mittelenglisch gehaltenen Verse. Kurz gefasst schildert Spenser in obiger Szene die Vergewaltigung Amorets durch den Zauberer Busyrane, in deren Verlauf er sie an eine Säule fesselt, ihr die nackte Brust aufschlitzt und dann das zitternde Herz herausreißt.

Für Paglia ist diese Episode ein zwischen Sadismus und Masochismus oszillierendes Spektakel. Das masochistische Element sieht sie darin, dass Amorets Verteidigungsunfähigkeit bei diesem Erlebnis so grotesk übersteigert sei, dass es sich dabei sehr wohl um einen märtyrerhaften Wunschtraum ihrerseits handeln könne. Doch wie dem auch sei: Spensers wahre Leistung bei diesen Versen liege in seinem Vermögen, Folter und Vergewaltigung in so köstliche Ästhetik fassen zu können, dass der Leser sich emotionell den Handelnden stark nähere und unweigerlich sexuell erregt werde.[23]

2. Die Romantik und ihr Umfeld

In der Epoche der Romantik war sadomasochistische Literatur recht stark vertreten. Die Romantik greift das Bild der angebeteten Herrin und Dame aus der Minnedichtung des Mittelalters wieder auf. Der romantische Liebende ist seinem Begehren hoffnungslos unterworfen, seine Leiden(!)schaften werden als derart intensiv geschildert, dass Wollust und Schmerz nahezu gleichgesetzt werden – ob bei Goethes Werther oder bei verschiedenen Protagonisten E.T.A. Hoffmanns, etwa dem Medardus in den *Elixieren des Teufels*. Nicht umsonst empfinden sich viele Sadomasochisten heutiger Tage als ‹die letzten Romantiker›. Und auch Wolfgang Kaempfer erkennt in seinem Aufsatz *Masochismus in der Literatur*[24], dass masochistische Züge von Rousseau bis zu Clemens Brentano gerade der romantischen Liebe eingeschrieben seien.

Wesentlich in diesem Zusammenhang und prägend bis heute ist auch die so genannte Nachtseite der Romantik bzw. Schwarze Romantik, die vor allem in der Gothic Novel ihren Ausdruck fand. Darin wird aus der charakterlich reinen Angebeteten die Femme fatale, deren Prototyp – die Vorgängerfiguren der Bibel und der Antike wie Judith, Medea, Salome etc. einmal vernachlässigt – wohl in der Hexe Matilda in M. G. Lewis‘ *The Monk* zu entdecken ist, einem Werk übrigens, auf das kein Geringerer als der Marquis de Sade ausdrücklich als Quelle der Inspiration Bezug nimmt.

Wenn der Protagonist der Geschichte sich dieser Matilda, einer Verkörperung des Teufels, sich mit Worten wie «Bleibe zu meinem Verderben!» und «Mach mit mir, was du willst!» unterwirft, dann ist der sadomasochistische Gehalt dieser Ausdrucksweise nicht zu übersehen. Ähnliche Motivik – Dämonisierung des Erotischen, Hörigkeitsbeziehungen, Verbindung von Lust und Grauen – findet sich in der Gothic Literatur zuhauf.

Sowohl die Romantik als auch die sadomasochistische Erzählweise richten sich gegen die bigotten, repressiven Verdrängungsmechanismen der bürgerlichen Kultur, die nur ihren klassisch idealistischen Konzepten vom Vernünftigen, Schönen und Guten huldigen will. Dadurch wohnt sowohl der Epoche als auch dem Genre ein subversiver Impetus inne, der vielleicht sogar das jeweilig zentrale Merkmal darstellt.

Wenn dieses Kapitel hier ausdrücklich als ‹Die Romantik und ihr Umfeld› bezeichnet wird, so liegt das an der Auswahl der hier versammelten Autoren. Goethes *Werther* wird chronologisch und aufgrund mancher inhaltlicher Aspekte eigentlich dem Sturm und Drang zugeordnet, gleichwohl sich auch eine starke Nähe zu Diskursen der Romantik herstellen lässt[25]. So sieht auch der Literaturkritiker Alfred Alvarez in seiner klassischen Studie über den Selbstmord, *Der grausame Gott*, Werthers Martyrium unerwiderter Liebe und übermäßiger Empfindsamkeit als wegbereitend für einen neuen internationalen Stil des Leidens, wie er typisch wurde für die Romantik wurde.[26]

E.T.A. Hoffmann ist ein sehr untypischer Romantiker und trägt sogar erstaunlich viele Kennzeichen der Postmoderne in seinen Werken. Kleist und Emily Dickinson stehen eigentlich zwischen den Epochen und werden nur im weitesten Sinne der Romantik zugerechnet.

Werke der Romantik, die nicht in diese Anthologie aufgenommen wurden, aber eine vertiefte Untersuchung hinsichtlich des SM-Aspektes wert wären, sind zum einen die Werke der oben erwähnten Gothic Literature – etwa Maturins *Melmoth the Wanderer* oder Beckfords *Vathek*, zum anderen die *Kinder- und Hausmärchen* der Brüder Grimm. In letzteren erscheint das Motiv der erniedrigenden oder gequälten Prinzessin in auffälliger Häufigkeit. Man denke dabei an ‹Klassiker› wie *König Drosselbart* oder *Die Gänsemagd*, aber auch an weniger bekannte Märchen wie *Hans mein Igel*, mit einer Stelle wie dieser:

«Als sie ein Stück Wegs von der Stadt waren, da zog ihr Hans mein Igel die schönen Kleider aus und stach sie mit seiner Igelhaut, bis sie ganz blutig war und sagte: ‹Das ist der Lohn für eure Falschheit, geh hin, ich will dich nicht›, und jagte sie damit nach Haus und war sie beschimpft ihr Lebtag.»

Mit ebenso faszinierender Häufigkeit treten in den Grimmschen Märchen sado-erotische Bestrafungsaktionen auf, etwa wenn Frauen gezwungen werden, in glühenden Pantoffeln zu tanzen oder nackt in einem inwendig mit Nägeln ausgeschlagenen Fass einen Hang herabgerollt werden. Für viele spätere Sadomasochisten mögen Schilderungen wie diese die erste literarische, vielleicht prägende SM-Erfahrung ihres Lebens gewesen sein. Gleichzeitig ist *Dornröschen*, deren Freier in undurchdringlichen Dornenhecken verbluten oder verhungern, vielleicht noch vor Lewis' *Matilda* eine der ersten Femme fatales der neueren Literaturgeschichte.

2.1 Johann Wolfgang v. Goethe: Die Leiden des jungen Werther (1774)

Die schon im letzten Kapitel dargelegte Auseinandersetzung der beiden Feministinnen Schlaffer und Benard mit dem von ihnen so apostrophierten ‹männlichen Masochismus› findet in ihrer Analyse von Goethes *Die Leiden des jungen Werther* ihre Fortsetzung: «Die Leidensbereitschaft, Hingabe und Aufopferung, die wir schon in den Texten der Troubadours als emotionales Begleitstück zur Liebe vorfanden, zeigt sich als konstantes Merkmal der männlichen Gefühlswelt. [...] Der seelische Zustand des Titelhelden ist bereits zu Beginn der Erzählung ein äußerst bedauernswerter. Hin und her getrieben von der Stärke seiner Empfindungen, leidet er sich durch die Seiten seiner Briefe, versinkt, verstummt, ist dem Tode nahe [...]. Anlaß dieser Verhaltensstörungen ist seine Liebe zu Lotte, Braut eines anderen Mannes. Diese Lotte wird nun das Projektionsobjekt seiner masochistischen Phantasien. Ständig wirft er sich vor ihr nieder [...]; er quält sich durch die Tage hindurch; er leidet. Und trotzdem ‹war er noch nie glücklicher› [...]. Am glücklichsten ist er, wenn er dienen kann, wenn sie ihm kleine Aufgaben zuteilt. [...]»[27]

Böswillige Kritiker könnten den Damen Schlaffer und Benard einen gewissen Zynismus, eine seelische Nöte ironisierende Gefühlskälte vorwerfen. Werthers aussichtslose Liebe zu Lotte nimmt für diesen jedoch tatsächlich eine Totalität ein, die in nicht-sadomasochistischen Werken sonst weitgehend unbekannt ist. Seine Sehnsucht ist für ihn zugleich schmerzhaft und wollüstig. «So tugendhaft und vorbildlich Lotte ist, so taktvoll sie diese schwierige Situation zu glätten versucht [...], trotzdem ist sie in den Augen Werthers eine Femme fatale, die ihn magnetisch anzieht und in sein Unglück treibt. Sie ist für ihn sowohl eine dämonische als auch eine göttliche Gestalt.»[28]

Wie aber im Kapitel über die Décadence zu zeigen sein wird, konstituiert sich die Identität einer Femme fatale ausschließlich in ihrer Wahrnehmung als solche im Auge des Mannes. Auch Severin, das zumindest partielle Alter Ego von Sacher-Masoch, muss sich seine Wanda erst zur *Venus im Pelz* ‹zurechtgestalten›. Wie in sehr vielen sadomasochistischen Inszenierungen stehen hier die Konzepte und Bedürfnisse des vermeintlich unterlegenen Partners im Vordergrund des Arrangements.

Schlaffer und Benard stehen mit ihrer Interpretation der Beziehung Werthers zu Lotte keineswegs allein. Auch Julia Bobsin erkennt in ihrer Arbeit *Von der Werther-Krise zur Lucinde-Liebe*[29] folgende «[k]onstitutive [...] Motive: qualbekennende Werbung, die leidenschaftliche Klage ungestillter Sehnsucht, das grüblerische und gleichzeitig selbstbewusste Schwelgen in den Reizen des Leides, [...] das Selbstverständnis des Liebenden als Märtyrer der Liebe [...]»[30]. Selbst wenn man kritisch bleibt und an dieser Stelle noch nicht von einem SM-typischen Hörigkeitsverhältnis sprechen möchte, so wird dieses – ebenso wie die Frauenfigur der Femme fatale – in Goethes *Werther* doch zumindest vorbereitet. Goethes Briefroman kann zumindest als Bindeglied zwischen der traditionellen Liebesgeschichte und ihrer sadomasochistischen Extremform betrachtet werden. Die Beziehung zwischen Werther und Lotte beginnt damit, dass sie ihm im Laufe eines Kinderspiels zwei Ohrfeigen gibt. Und sie endet – auch darauf weisen Schlaffer und Benard hin – mit derselben absoluten Unterwerfungsgeste wie *Die Geschichte der O*: Der Protagonist gibt sein Leben in einem Akt des Selbstmords dem Liebespartner als Opfer, «als sich anbietende Geste der Selbstauflösung, nachdem die anderen Formen, die Hingabe des Selbst an die geliebte Person nicht mehr hinreichend erscheinen, oder um sie zu vervollkommnen, wie in *Venus im Pelz*».[31]

Es sollte leicht fallen, vor allem anhand der hier wiedergegebenen Textpassagen, ein masochistisches Grundbedürfnis Werthers zu konstatieren. Dennoch stellt sich die Frage, ob man, wenn man Werthers emotional sicher stark gefärbter Beschreibung von Lotte als reinster und edelster aller Frauen nicht blind vertraut, nicht auch bei ihr eine Seite entdeckt, die seinen «Automasochismus» zumindest ermutigt. Immerhin hält sie zunächst wenig davon ab, Werther ... nun, auf Neudeutsch würde man sagen ‹aufzugeilen› und ihm Hoffnungen zu machen, obwohl sie längst einem anderen Mann versprochen ist. Und zu einem Zeitpunkt, als Werthers Leiden offensichtlich ist und er tatsächlich ständig vor Lotte auf die Knie fällt, zieht sie keinen Schlussstrich unter ihre Beziehung, sondern stellt fest, «dass ihr herzliches, heimliches Verlangen sei, ihn für sich zu behalten»[32]. Sie ist keine Sadistin, besitzt aber eine verspielte Verantwortungslosigkeit, die für Werthers Masochismus der ideale Nährboden ist.

Bemerkenswert ist auch, dass Mario Praz[33] zufolge die Figur der Adelheid in der später von Goethe überarbeiteten Originalfassung des *Goetz von Berlichingen* eine noch deutlicher erkennbare Femme fatale als Lotte darstellt.

Wolfgang Kaempfer sieht in seinem bereits erwähnten Aufsatz *Masochismus in der Literatur*[34] Parallelen zwischen dem Masochismus in den Werken des Dichters und dessen Lebensgeschichte. Bei fast jeder Liebesbeziehung Goethes habe ihm regelmäßig ein Rivale im Weg gestanden, der eine glückliche Erfüllung von Goethes Leidenschaften unmöglich machte. Hier zeigt sich auch eine Parallele zu den Werken des Namensgebers des Sadomasochismus: «Der Rivale ist in den Liebesspielen Sacher-Masochs neben dem Typ der herrschenden Frau nicht selten die zweite wichtige Beziehungsfigur.»[35] Seine Existenz sorgt dafür, dass die Angebetete auch tatsächlich unerreichbar bleibt; er amplifiziert die Entwürdigung des abgelehnten Liebenden und macht diese Zurückweisung quasi halböffentlich; er bekommt, was dem sehnsüchtig Verliebten konsequent verweigert wird.

Aber auch wenn einmal kein Rivale vorhanden war, liegt der Verdacht nahe, dass Goethe das Objekt seiner Begierde – unbewusst? – so wählte, dass ihm eine vollständige Erfüllung versagt blieb. Kaempfer führt als weiteres Beispiel die wegen des Standesunterschiedes für Goethe unerreichbare Charlotte von Stein an, die er als eine «verspätete Erzieherin» in einem «zunehmend quälende(n)» Verhältnis sieht. Auch bei der Leidenschaft des 73-jährigen Goethe für die 18-jährige Ulrike von Levetzow könnte es sich um eine masochistische Inszenierung handeln, «wie wir sie aus den Fallstudien der psychoanalytischen Praxis kennen».[36]

Ein weiteres Glied in dieser Indizienkette wurde zuletzt in Karl Hugo Pruys «erotischer Goethe-Biographie» *Die Liebkosungen des Tigers*[37] offen gelegt: Der Titel von Goethes berühmtem Liebesgedicht *Willkommen und Abschied* war in Strafrichterkreisen eine durchaus übliche Bezeichnung für jeweils vor und nach erfolgter Haft ausgeteilte Peitschenhiebe.[38]

Allerdings muss hier wie so häufig in der Literaturwissenschaft vor Überinterpretationen gewarnt werden. Den Namen ‹Mephisto› etwa als Silbenanagramm zu ‹O fist me!›, eine verschlüsselte Aufforderung zum diabolischen ‹Faust›-Fick, zu lesen und auf dieser Grundlage über Lederkerle im Hinterzimmer von ‹Auerbachs Keller› zu spekulieren, dürfte dann doch etwas zu gewagt sein.

Die Leiden des jungen Werther

Am 16. Julius.
Ach wie mir das durch alle Adern läuft, wenn mein Finger unversehens den ihrigen berührt, wenn unsere Füße sich unter dem Tische begegnen! Ich ziehe zurück wie vom Feuer, und eine geheime Kraft zieht mich wieder vorwärts – mir wird's so schwindelig

vor allen Sinnen. – O! und ihre Unschuld, ihre unbefangene Seele fühlt nicht, wie sehr mich die kleinen Vertraulichkeiten peinigen. Wenn sie gar im Gespräch ihre Hand auf die meinige legt und im Interesse der Unterredung näher zu mir rückt, daß der himmlische Atem ihres Mundes meine Lippen erreichen kann; – ich glaube zu versinken, wie vom Wetter gerührt. Und, Wilhelm! wenn ich mich jemals unterstehe, diesen Himmel, dieses Vertrauen –! Du verstehst mich. Nein, mein Herz ist so verderbt nicht! Schwach! schwach genug! – Und ist das nicht Verderben?

Sie ist mir heilig. Alle Begier schweigt in ihrer Gegenwart. Ich weiß nie, wie mir ist, wenn ich bei ihr bin, es ist, als wenn die Seele sich mir in allen Nerven umkehrte. – Sie hat eine Melodie, die sie auf dem Klaviere spielet mit der Kraft eines Engels, so simpel und so geistvoll! Es ist ihr Leiblied, und mich stellt es von aller Pein, Verwirrung und Grillen her, wenn sie nur die erste Note davon greift.

Kein Wort von der Zauberkraft der alten Musik ist mir unwahrscheinlich. Wie mich der einfache Gesang angreift! Und wie sie ihn anzubringen weiß, oft zur Zeit, wo ich mir eine Kugel vor den Kopf schießen möchte! Die Irrung und Finsternis meiner Seele zerstreut sich, und ich atme wieder freier.

Am 26. Julius.

Ja, liebe Lotte, ich will alles besorgen und bestellen; geben Sie mir nur mehr Aufträge, nur recht oft. Um eins bitte ich Sie: keinen Sand mehr auf die Zettelchen, die Sie mir schreiben. Heute führte ich es schnell nach der Lippe, und die Zähne knisterten mir.

Am 26. Julius.

Ich habe mir schon manchmal vorgenommen, sie nicht so oft zu sehn. Ja wer das halten könnte! Alle Tage unterlieg' ich der Versuchung und verspreche mir heilig: morgen willst du einmal wegbleiben. Und wenn der Morgen kommt, finde ich doch wieder eine unwiderstehliche Ursache, und ehe ich mich's versehe, bin ich bei ihr. Entweder sie hat des Abends gesagt: »Sie kommen doch morgen?« – Wer könnte da wegbleiben? Oder sie gibt mir einen Auftrag, und ich finde schicklich, ihr selbst die Antwort zu bringen; oder der

Tag ist gar zu schön, ich gehe nach Wahlheim, und wenn ich nun da bin, ist's nur noch eine halbe Stunde zu ihr! Ich bin zu nah in der Atmosphäre – Zuck! so bin ich dort. Meine Großmutter hatte ein Märchen vom Magnetenberg: die Schiffe, die zu nahe kamen, wurden auf einmal alles Eisenwerks beraubt, die Nägel flogen dem Berge zu, und die armen Elenden scheiterten zwischen den überein-anderstürzenden Brettern.

Am 30. August.

Unglücklicher! Bist du nicht ein Tor? Betriegst du dich nicht selbst? Was soll diese tobende, endlose Leidenschaft? Ich habe kein Gebet mehr als an sie; meiner Einbildungskraft erscheint keine andere Ge-stalt als die ihrige, und alles in der Welt um mich her sehe ich nur im Verhältnisse mit ihr. Und das macht mir denn so manche glückliche Stunde bis ich mich wieder von ihr losreißen muß! Ach Wilhelm! wozu mich mein Herz oft drängt! – Wenn ich bei ihr gesessen bin, zwei, drei Stunden, und mich an ihrer Gestalt, an ihrem Betragen, an dem himmlischen Ausdruck ihrer Worte geweidet habe, und nun nach und nach alle meine Sinne aufgespannt werden, mir es düster vor den Augen wird, ich kaum noch höre, und es mich an die Gurgel faßt wie ein Meuchelmörder, dann mein Herz in wilden Schlägen den bedrängten Sinnen Luft zu machen sucht und ihre Verwirrung nur vermehrt – Wilhelm, ich weiß oft nicht, ob ich auf der Welt bin! Und – wenn nicht manchmal die Wehmut das Übergewicht nimmt und Lotte mir den elenden Trost erlaubt, auf ihrer Hand meine Beklem-mung auszuweinen, so muß ich fort, muß hinaus, und schweife dann weit im Felde umher; einen jähen Berg zu klettern ist dann meine Freude, durch einen unwegsamen Wald einen Pfad durch – zuarbeiten, durch die Hecken, die mich verletzen, durch die Dornen, die mich zer-reißen! Da wird mir's etwas besser! Etwas! Und wenn ich vor Müdig-keit und Durst manchmal unterwegs liegen bleibe, manchmal in der tiefen Nacht, wenn der hohe Vollmond über mir steht, im einsamen Walde auf einen krumm gewachsenen Baum mich setze, um meinen verwundeten Sohlen nur einige Linderung zu verschaffen, und dann in einer ermattenden Ruhe in dem Dämmerschein hinschlummre! O Wilhelm! die einsame Wohnung einer Zelle, das härene Gewand und der Stachelgürtel wären Labsale, nach denen meine Seele schmachtet. Adieu! Ich sehe dieses Elendes kein Ende als das Grab.

Am 30. Oktober.

Wenn ich nicht schon hundertmal auf dem Punkte gestanden bin, ihr um den Hals zu fallen! Weiß der große Gott, wie einem das tut, so viele Liebenswürdigkeit vor einem herumkreuzen zu sehen und nicht zugreifen zu dürfen; und das Zugreifen ist doch der natürlichste Trieb der Menschheit. Greifen die Kinder nicht nach allem, was ihnen in den Sinn fällt? – Und ich?

Am 8. November.

Sie hat mir meine Exzesse vorgeworfen! Ach, mit so viel Liebenswürdigkeit! Meine Exzesse, daß ich mich manchmal von einem Glase Wein verleiten lasse, eine Bouteille zu trinken. – »Tun Sie es nicht!« sagte sie, »denken Sie an Lotten!« – »Denken!« sagte ich, »brauchen Sie mir das zu heißen? Ich denke! – ich denke nicht! Sie sind immer vor meiner Seele. Heute saß ich an dem Flecke, wo Sie neulich aus der Kutsche stiegen...« – Sie redete was anders, um mich nicht tiefer in den Text kommen zu lassen. Bester, ich bin dahin! sie kann mit mir machen, was sie will.

Am 21. November.

Sie sieht nicht, sie fühlt nicht, daß sie ein Gift bereitet, das mich und sie zugrunde richten wird; und ich mit voller Wollust schlürfe den Becher aus, den sie mir zu meinem Verderben reicht. Was soll der gütige Blick, mit dem sie mich oft – oft? – nein, nicht oft, aber doch manchmal ansieht, die Gefälligkeit, womit sie einen unwillkürlichen Ausdruck meines Gefühls aufnimmt, das Mitleiden mit meiner Duldung, das sich auf ihrer Stirne zeichnet?

Gestern, als ich wegging, reichte sie mir die Hand und sagte: »Adieu, lieber Werther!« – Lieber Werther! Es war das erstemal, daß sie mich Lieber hieß, und es ging mir durch Mark und Bein. Ich habe es mir hundertmal wiederholt, und gestern nacht, da ich zu Bette gehen wollte und mit mir selbst allerlei schwatzte, sagte ich so auf einmal: »Gute Nacht, lieber Werther!« und mußte hernach selbst über mich lachen.

Manchmal sag' ich mir: Dein Schicksal ist einzig; preise die übrigen glücklich – so ist noch keiner gequält worden. Dann lese ich einen Dichter der Vorzeit, und es ist mir, als säh' ich in mein eignes Herz. Ich habe so viel auszustehen! Ach, sind denn Menschen vor mir schon so elend gewesen?

2.2 William Blake: The Mental Traveller (ca. 1803)

Camille Paglia bezeichnet in ihren *Sexual Personae*[39] den romantischen Dichter William Blake als britischen de Sade. Das deutlichste von Blakes Gedichten in dieser Hinsicht ist wohl *The Mental Traveller*, laut Paglia «Sade made poetry». Die Handlung ist ein endloser Kreislauf sexueller Aggressivität zwischen den Geschlechtern. Zur Geburt des männlichen Babys steht die Dominanz der Frau, einer grausamen Mutterfigur, noch außer Frage. Schließlich aber verkehren sich die Verhältnisse, und er wird zu ihrem Bezwinger und Folterer, bis sich gegen Ende das Blatt ein zweites Mal wendet. Das Gedicht kann wieder von vorne gelesen werden, ein sadomasochistisches Perpetuum mobile.

Paglia entdeckt in diesen Versen einen Einfluss von Spensers *The Faerie Queene*, in der Aufzählung der Grausamkeiten eine Parallele zu de Sades *Les cent-vingt journées de Sodome*, in der Art der erlittenen Qualen Verweise auf Prometheus, Jesus und Loki, außerdem weist sie eine Verbindung zu *Jumpin' Jack Flash* der Rolling Stones nach.[40]

The Mental Traveller

I travelled through a land of men,
A land of men and women too,
And heard and saw such dreadful things
As cold earth wanderers never knew.

For there the babe is born in joy
That was begotten in dire woe,
Just as we reap in joy the fruit
Which we in bitter tears did sow;

And if the babe is born a boy
He's given to a woman old,
Who nails him down upon a rock,
Catches his shrieks in cups of gold.

She binds iron thorns around his head,
She pierces both his hands and feet,
She cuts his heart out at his side
To make it feel both cold & heat.

Her fingers number every nerve
Just as a miser counts his gold;
She lives upon his shrieks and cries –
And she grows young as he grows old,

Till he becomes a bleeding youth
And she becomes a virgin bright;
Then he rends up his manacles
And binds her down for his delight.

He plants himself in all her nerves
Just as a husbandman his mould,
And she becomes his dwelling-place
And garden, fruitful seventyfold.

An aged shadow soon he fades,
Wandering round an earthly cot,
Full filled all with gems and gold
Which he by industry had got.

And these are the gems of the human soul:
The rubies and pearls of a lovesick eye,
The countless gold of the aching heart,
The martyr's groan, and the lover's sigh.

They are his meat, they are his drink:
He feeds the beggar and the poor
And the wayfaring traveller;
For ever open is his door.

His grief is their eternal joy,
They make the roofs and walls to ring–
Till from the fire on the hearth
A little female babe does spring!

And she is all of solid fire
And gems and gold, that none his hand
Dares stretch to touch her baby form,
Or wrap her in his swaddling-band.

But she comes to the man she loves,
If young or old, or rich or poor;
They soon drive out the aged host,
A beggar at another's door.

He wanders weeping far away
Until some other take him in;
Oft blind and age-bent, sore distressed,
Until he can a maiden win.

And to allay his freezing age
The poor man takes her in bis arms:
The cottage fades before his sight,
The garden and its lovely charms;

The guests are scattered through the land
(For the eye altering, alters all) ;
The senses roll themselves in fear,
And the flat earth becomes a ball,

The stars, sun, moon, all shrink away–
A desert vast without a bound,
And nothing left to eat or drink
And a dark desert all around.

The honey of her infant lips,
The bread and wine of her sweet smile,
The wild game of her roving eye
Does him to infancy beguile.

For as he eats and drinks he grows
Younger and younger every day;
And on the desert wild they both
Wander in terror and dismay.

Like the wild stag she flees away;
Her fear plants many a thicket wild,
While he pursues her night & day,
By various arts of love beguiled,

By various arts of love and hate,
Till the wide desert planted o'er
With labyrinths of wayward love,
Where roams the lion, wolf and boar,

Till he becomes a wayward babe
And she a weeping woman old.
Then many a lover wanders here,
The sun and stars are nearer rolled,

The trees bring forth sweet ecstasy
To all who in the desert roam,
Till many a city there is built,
And many a pleasant shepherd's home.

But when they find the frowning babe
Terror strikes through the region wide;
They cry, 'The Babe! the Babe is born!'
And flee away on every side.

For who dare touch the frowning form
His arm is withered to its root,
Lions, boars, wolves, all howling flee
And every tree does shed its fruit;

And none can touch that frowning form,
Except it be a woman old;
She nails him down upon the rock,
And all is done as I have told.

2.3 Heinrich von Kleist: Penthesilea (1808)

In Kleists Verstragödie *Penthesilea*, erschienen 1808, geht es um einen von ehemals versklavten Frauen gebildeten Amazonenstaat, dessen Mitglieder, nachdem sie ihre männlichen Sklavenhalter getötet haben, jedes sozial gleichgestellte Zusammenleben mit Männern ablehnen. Um ihre Fortpflanzung zu sichern, ziehen in bestimmten Abständen auserwählte Jungfrauen dieses Staates in diverse Kriege, um einige Männer gefangen zu nehmen und sie für sexuelle Dienste in ihr Reich zu bringen. Eine dieser Jungfrauen ist Penthesilea, die zu eben diesem Zweck im Krieg um Troja unterwegs ist, wobei ihr Auge auf den stolzen Helden Achilles fällt. Auch er scheint durchaus von ihr angezogen zu sein. Es kommt zu mehreren kämpferischen Begegnungen, bis es Achilles endlich gelingt, Penthesilea niederzuringen. Deren Begleiterin allerdings bittet Achilles, der Bewusstlosen nach ihrem Erwachen vorzutäuschen, dass sie ihn besiegt habe. Dies gelingt jedoch nur, bis weitere anrückende Amazonen ihre Schwester und Königin aus Achilles' Händen ‹befreien› und Penthesilea klar wird, was tatsächlich geschehen ist. Achilles fordert sie daraufhin zu einem erneuten Zweikampf, den er allerdings zu verlieren plant, da er jetzt weiß, dass sie ihn nur als unterlegenen Partner akzeptieren würde. Penthesilea durchschaut diese Taktik leider nicht, sondern stürzt sich mit brutalster Waffengewalt auf den ihr gutwillig entgegeneilenden Helden, jagt ihm einen Pfeil durch den Hals und zerfleischt ihn mit ihrer Hundemeute.

Es ist einsichtig, dass schon der Plot dieses Dramas sich hervorragend als leicht zu bearbeitende Inszenierung einer sadomasochistischen Schauspieltruppe eignen würde. Auch in der Mikrostruktur des Stückes werden Liebe und Grausamkeit, Wollust und Schmerz nahe zueinander gestellt. «Küsse, Bisse. Das reimt sich, und wer recht von Herzen liebt, kann schon das eine für das andere greifen», heißt es da etwa, und während Achilles Penthesilea als «Halb Furie, halb Grazie» wahrnimmt, sieht sie in ihm den «Lieben, Wilden, Süßen, Schrecklichen». Bekanntlich hat ja auch Thomas Mann in seinem Chamisso-Essay das «Überzarte» und das «Brutale» als «Komplementärbedürfnisse der reizsüchtigen romantischen Konstitution» bezeichnet. Kleist bereitet somit in diesem Drama eine SM-Ästhetik vor, wie sie nach seiner Zeit verstärkt zum Ausdruck gekommen ist.

Joachim Pfeiffer erläutert in seiner Untersuchung *Die zerbrochenen Bilder. Gestörte Ordnungen im Werk Heinrich von Kleists*[41], dass sich der sadomasochistische Diskurs wie ein roter Faden durch das Gesamtwerk Kleists ziehe, wobei er auch einen ausführlichen Vergleich mit den Werken de Sades bzw. deren Verfilmung durch Pasolini, *Die 120 Tage von Sodom*, nicht scheut.[42] «Die erotische Dynamik, die nach Einheit und Verschmelzung drängt, stößt hier gegenläufig auf die gewalttätige Phantasie körperlicher Zerstörung.»[43] Dies kann geradezu als ein Leitmotiv Kleists gesehen werden: «Die erotische Passion in der Idylle mündet fast regelmäßig in die Auflösung körperlicher Integrität. Die Texte beschwören die Gefahr der Zerstörung, die sich mit liebender, erotischer Annäherung verbirgt.»[44] Als ein Beispiel nennt Pfeiffer die Szene in der *Hermannsschlacht*, in welcher der verliebte Ventidius sich in einem umzäunten Eichwald mit seiner Angebeteten zu treffen beabsichtigt, sie ihm statt dessen aber eine hungrige Bärin auf den Hals hetzt – «statt des Liebesgeflüsters hallen Schmerzensschreie durch die idyllische Landschaft. Der Geliebte als Speise: In der *Penthesilea* ist es die geliebte Frau selbst, die sich zu solch verzehrenden Formen der Liebe versteigt.»[45] Pfeiffer bezeichnet dies als «oral-sadistischen Akt der Zerstörung, der die Nähe der Geliebten als lebensgefährliche Bedrohung enthüllt.»[46]

Auch in Kleists *Familie Schroffenstein* gibt es «Bilder der Barbarei, welche die Enthumanisierung zwischenmenschlicher Beziehungen drastisch veranschaulichen.»[47] Pfeiffer nennt als Beispiel das Verhalten Rupert von Schroffensteins, der seine Diener trotz deren Proteste demonstrativ wie Hunde behandelt und sie dadurch erniedrigt. Im *Zweikampf* stößt Rudolf seine Schwester mit Füßen von sich und misshandelt sie mit dem Schwert. Pfeiffer urteilt: «[I]n Kleists Werk sprechen aus dem psychodramatischen Substrat der literarisch gestalteten Objektbeziehungen Ängste, die mit den Sadeschen Obsessionen verwandt scheinen.» Dazu gehöre das Gefühl einer «Bedrohung durch körperliche Kastration», verursacht «durch symbiotische Nähe [...]. Auf diese Reaktivierung von Ängsten [...] antwortet auch bei Kleist die Phantasie der Bemächtigung und Subordination: das Bezugsobjekt muss unter die eigene Kontrolle gebracht werden, bevor es geliebt werden kann.»[48]

Das eigene Begehren wird als so machtvoll und die Nähe zu der begehrten Person gleichzeitig als so beängstigend erlebt, dass man sich der somit ausgelösten Furcht nur entziehen kann, indem man die begehrte Person erniedrigt und unter Kontrolle bringt. Diesen Mechanismus sieht Pfeiffer auch in den «Unterwerfungsprozeduren» am Werk, mit denen im *Käthchen von Heilbronn* Graf Wetter von Stahl Käthchen in einem strengen Verhör psychisch quält, nicht obwohl, sondern gerade weil er spürt, dass sie ihm liebend zugetan ist: «Dem Überschwang des Selbstbewusstseins, das sich durch den ergeben liebenden Blick des anderen konstituiert, entspricht das Übermaß der herrischen Gewalt, die sich den anderen allererst unterwirft.»[49] Den sich dahinter verbergenden psychodynamischen Prozess diagnostiziert Pfeiffer folgendermaßen: «Durch (die) bei Kleist häufig begegnenden Szenerien des Verhörs und des insistierenden Fragens schimmert eine traumatische Angst, Bezugsobjekte könnten sich der Kontrolle und Verfügbarkeit entziehen und auf ihrer Unabhängigkeit bestehen.»[50] Die geliebte Person muss unterworfen werden.

Auf den folgenden Seiten ist Meroes Teichoskopie im 23. Auftritt wiedergegeben, die von Achilles' Tötung durch Penthesilea berichtet.

Penthesilea

MEROE: Ihr wißt,
Sie zog dem Jüngling, den sie liebt, entgegen,
Sie, die fortan kein Name nennt -
In der Verwirrung ihrer jungen Sinne,
Den Wunsch, den glühenden, ihn zu besitzen,
Mit allen Schrecknissen der Waffen rüstend.
Von Hunden rings umheult und Elefanten,
Kam sie daher, den Bogen in der Hand:
Der Krieg, der unter Bürgern rast, wenn er,
Die blutumtriefte Graungestalt, einher,
Mit weiten Schritten des Entsetzens geht,
Die Fackel über blühnde Städte schwingend,
Er sieht so wild und scheußlich nicht, als sie.
Achilleus, der, wie man im Heer versichert,
Sie bloß ins Feld gerufen, um freiwillig
Im Kampf, der junge Tor, ihr zu erliegen:
Denn er auch, o wie mächtig sind die Götter!

Er liebte sie, gerührt von ihrer Jugend,
Zu Dianas Tempel folgen wollt er ihr:
Er naht sich ihr, voll süßer Ahndungen,
Und läßt die Freunde hinter sich zurück.
Doch jetzt, da sie mit solchen Greulnissen
Auf ihn herangrollt, ihn, der nur zum Schein
Mit einem Spieß sich arglos ausgerüstet:
Stutzt er, und dreht den schlanken Hals, und horcht,
Und eilt entsetzt, und stutzt, und eilet wieder:
Gleich einem jungen Reh, das im Geklüft
Fern das Gebrüll des grimmen Leun vernimmt.
Er ruft: Odysseus! mit beklemmter Stimme,
Und sieht sich schüchtern um, und ruft: Tydide!
Und will zurück noch zu den Freunden fliehn;
Und steht, von einer Schar schon abgeschnitten,
Und hatt die Händ empor, und duckt und birgt
Rührt ihre sanfte Wange an, und ruft:
Penthesilea! meine Braut! was tust du?
Ist dies das Rosenfest, das du versprachst?
Doch sie – die Löwin hätte ihn gehört,
Die hungrige, die wild nach Raub umher,
Auf öden Schneegefilden heulend treibt;
Sie schlägt, die Rüstung ihm vom Leibe reißend,
Den Zahn schlägt sie in seine weiße Brust,
Sie und die Hunde, die wetteifernden,
Oxus und Sphinx den Zahn in seine rechte,
In seine linke sie; als ich erschien,
Troff Blut von Mund und Händen ihr herab.
(Pause voll Entsetzen.)
Vernahmt ihr mich, ihr Fraun, wohlan, so redet,
Und gebt ein Zeichen eures Lebens mir.

2.4 E.T.A. Hoffmann: Schwester Monika (1815)

Anfang bzw. Mitte der 1980er Jahre erschien im deutschen Sprachraum bei mindestens drei verschiedenen Verlagen (Moewig, Heyne und Rowohlt) die Erzählung *Schwester Monika*, beworben mit der Autorenschaft des Romantikers E.T.A. Hoffmann. Allein Rowohlt – nach deren Ausgabe, Reinbek 1986, im Folgenden zitiert werden wird – hielt es für notwendig, darauf hinzuweisen, dass diese Erzählung Hoffmann lediglich zugeschrieben wurde, weshalb sie wohl in fast jeder Gesamtausgabe zu Hoffmann fehlt.

Allerdings könnten dafür auch andere Gründe existieren, die mehr mit dem Inhalt dieses Werkes zu tun haben. Die E.T.A.-Hoffmann-Gesellschaft beispielsweise zeigt sich deutlich pikiert über die Vorstellung, was ihr verehrter Meister da geschrieben haben könnte: «Es handelt sich bei der *Schwester Monika* in der Tat um ein pornographisches Werk von einiger Deutlichkeit. Flagellationsszenen, Erotomanien, Sexualperversitäten und Vergewaltigungen unter Personen jeden Standes und Geschlechts werden in etwas trostloser Abfolge geschildert. Die Röcke werden Seite für Seite aufgehoben, die Geißeln werden geschwungen, es wird gepeitscht, geschrien, geseufzt, gequält.»[51] Man könnte es also hier mit einem Klassiker der sadomasochistischen Literatur zu tun haben, der de Sade oder Réage in wenigem nachsteht. Tatsächlich finden sich in *Schwester Monika* ja auch Verweise auf die de Sadesche *Justine*[52] sowie zentrale Ideen des Sadomasochismus, wie etwa, kursiv hervorgehoben, Aureilies These, dass der Schmerz die Lust «hebe»[53].

Viele Hoffmann-Forscher wie Gugitz, Margis und Englisch vertreten die These seiner Autorenschaft anhand von schallanalytischen Untersuchungen, Wort-Konkordanzen und handschriftlichen Originalmanuskripten. Die E.T.A.-Hoffmann-Gesellschaft zweifelt die Evidenz dieser Untersuchungen jedoch an, nennt sie «Bauernfängerei» und «Schaumschlägerei». Was aber auch Segebrecht nicht bezweifelt, ist, dass der Autor der *Schwester Monika* ein «belesener Mann (war), der sich [...] auf Schelling, Hufeland, Voltaire, aber auch auf Hippel, den Vater von Hoffmanns Jugendfreund beruft. Er steht also gewiss dem Umkreis der deutschen Romantik nahe». Die These, dass ein bedeutender Romantiker ein sadomasochistisches Werk verfasst hat, das allein wegen seines tabuisierten Inhaltes keinen Zugang in den Kanon deutscher Literatur gefunden hat, darf mithin als unbestritten gelten.

Im Folgenden sind die Seiten 39-47 der oben angeführten Ausgabe wiedergegeben. Mit der Verwendung von Mutter und Tante als diejenigen Personen, die das junge Mädchen in die Welt des lustvollen Schmerzes einführen, taucht bereits zu früher Zeit ein Topos auf, der auch in der sadomasochistischen Trivialliteratur unserer Zeit – bis hin zum berühmten SM-Comiczeichner Stanton – stetig wiederkehrt.

Schwester Monika

Schwester Monika fährt fort zu erzählen. Ohne Falcks Helden und Menschen in Anschlag zu bringen, sprechen unsere Helden und Menschen sich immer deutlicher aus. Die verkappte Fredegunde erzählt Moniken ihr Leben.

Ich habe euch unsere Ankunft in Teschen erzählt; hört nun weiter!
Wir fuhren bey unserer Tante vor. Ich hatte diese Tante noch nicht gesehen; sie hatte so etwas Strenges im Gesicht, daß sie gegen das immer freundliche Antlitz meiner Mutter aussah, wie drey Tage Regenwetter nach einer schönen Frühlingsonne von vier Wochen.
Ey, schon so groß, so hübsch gewachsen! ma nièce! – fing sie gegen mich an.
O ja! gewachsen ist sie, fiel meine Mutter ein, aber – hier sagte sie Tanten etwas ins Ohr – die Kenntnis ihrer Natur erstreckt sich schon bis auf die Wendezirkel, und da – ihr Herr Zuchtmeister – hat schon Physik mit ihr studiert.
Est-il possible! schrie Tante und legte ihre Hände ineinander.
Gervasius wurde feuerrot, ich schlug die Augen nieder, erröthete gleichfalls, und Linchen spielte an ihrer Busenschleife.

Ich wünschte, Schwester – fing meine Mutter an, nachdem sie sich an der Verlegenheit von uns Dreyen geweidet hatte – dich allein zu sprechen, willst du nicht so gut seyn, diesem Herrn da und meinem Mädchen ihre Zimmer anzuweisen, ich werde diesmal etwas lange bey dir hausen und vieles Geld bey dir lassen.

Sogleich, Schwester, sollst du bedient werden, versezte jene; schellte, gab dem eintretenden Bedienten ihre Befehle, und Gervasius und Linchen verließen mit ihm das Zimmer.

Stell dir vor, Schwester! fing jezt meine Mutter an, mein Malchen glaubt steif und fest aus lauter Lust zusammengesezt zu seyn, und die wenigen Begriffe, die ich ihr vom Schmerz gegeben hab, haben durchaus keine bleibenden Eindrücke je noch auf ihr zurückgelassen. –

Ey ey, mon enfant! versezte Tante, das ist nicht gut! In der Welt wohnt die Lust auf dem Dache bey den Sperlingen, die fliegen davon, wenn es ihnen zu wohl ist; aber der Schmerz liegt wie ein Kettenhund im Hof und muß beständig entweder beißen oder bellen.

Ich will Malchen hier lassen, fuhr meine Mutter fort, weißt du nicht in der Nähe ein Institut für Mädchen ihrer Art, so eines, wo die Lust Ferien hat, und die Unlust den Tag und die Nacht herumtreibt?

Hm, Schwester! wir thun sie zu Madame Chaudelüze, dort lernt sie alles, was verdrüßlich macht, und hat dabey nicht einmal Muße sich darüber zu beklagen.

Wie ich die Beyden so reden hörte, wurde mir angst und wehe, ich konnte meine Thränen nicht mehr zurückhalten.

Ey, wer wird weinen, mon enfant! tröstete die Base, hast du nicht gelesen, was Apostel Paulus alles gelitten hat, und das war doch ein Heiliger, und du bist eine unzeitige Geburt schnöder Lüste? – Ma Soeur.

Wenn du willst, so wollen wir die Kleine gleich fortschaffen?

Ich fiel bey diesen gewitterschwangern Worten meiner Mutter zu Füßen; aber da war keine Barmherzigkeit, so wenig als auf dem Gesicht der Tante zu finden.

Ich bin es zufrieden, Jettchen, erwiderte die Mutter und befahl mir aufzustehen.

Weinend gehorchte ich, und die beyden satanischen Weiber nahmen mich zwischen sich und schleppten mich zum Wagen, der noch vor der Thüre stand, und niun fuhren wir wieder zu der Stadt hinaus nach einem kleinen Landgute zu, das meine Tante der Mutter in einer ziemlichen Entfernung von Teschens Weichbild zeigte, und dessen edle Simplizität, als wir näher kamen, mich sehr eingenommen haben würde, wenn die Verfassung, in der ich gleichsam aufgelöst, wie ein Embryon in Brandwein mich befand, mir erlaubt hätte, mehr als einen Blick auf die mich umgebenden Gegenstände zu werfen.

Eine große, schöne Frau empfing uns, als wir vorgefahren waren, an der Hausflur und führte uns nach einigen gegenseitigen Begrüßungen in einen Salon, wo ein halbes Dutzend junger Mädchen sich mit Sticken und Zeichnen beschäftigten.

Madame Chaudelüze! fing meine Mutter auf französisch an, und Tante lispelte der schalckhaft lächelnden Eros-Philantropinistin etwas zu:

Hier, – meine Tochter wünscht etwas zu lernen, vorher aber den Schmerz zu kennen, der, wie sie nicht glauben kann, unsern Leib eigentlich mehr regiert, als ein Pelzhandschuh den Frost.

Madame Chaudelüze lächelte und sah mich an; ich schlug die Augen nieder und weinte.

Ja, Madame, sagte meine Tante, wir wünschten, daß das in unserm Beyseyn und zwar jetzt gleich geschehen könnte.

Madame Chaudelüze lächelte, ging zu einem der Mädchen, nahm eine Scheere und winkte mir zu sich.

Zitternd ging ich zu ihr. Meine Mutter und Tante hatten sich gesezt. Madame Chaudelüze hielt mich zwischen ihren Knieen fest, zog mir den Kopf auf die Seite und sagte: Kind! ich will dir jetzt deine Nase abschneiden.

Barmherziger Gott! schrie ich, riß mich mit Gewalt los und fiel halb ohnmächtig zur Erde.

Schäme dich, Malchen! rief meine Mutter zürnend, dein ganzer Körper ist Schmerz, und du willst den kleinen einer abgeschnittenen Nase nicht ertragen?

Madame Chaudelüze hob mich von der Erde auf und stellte mich mit Gewalt zwischen ihre Kniee.

Hast du noch nie, fragte sie mich, die Geschichte von jenem Frauenzimmer gehört oder gelesen, welche, als sie alle die Übel erfuhr, die ihre Schönheit unter dem männlichen und weiblichen Geschlecht angerichtet hatte, sich selbst das Angesicht zerschnitt und verstümmelte? Nichts von jenem Jüngling, den ein geiles Mädchen mit Gewalt zur Wollust reizen wollte, und der sich lieber die Zunge abbiß, als ihren Willen that?

Ja, Kind! ich kann dir sagen, redete meine Mutter hinein, ich bin eifersüchtig auf dein schönes Näschen und also fordere ich einen Beweis deiner Liebe zu mir.

Mutter! schrie ich, die Hände nach ihr aufhebend, ich bitte Sie um Gottes Willen! der mich doch auch ohne ihr Zuthun hätte bilden können, martern Sie mich nicht mit einem so grausamen Scherz.

Malchen! schrie meine Tante und steckte ihre beyden Nasenlöcher voll Schnupftaback, es ist der Mutter völliger Ernst. –

Aber nun fing alles an zu lachen, und eine der jungen Elevinnen, ein Fräulein von Grollenhain, schlug ein so schallendes Gelächter auf, daß uns allen die Ohren gellten.

Ich sehe wohl, fuhr Frau Chaudelüze fort, mit dem Nasenabschneiden ist's nichts, und die Ohren schneidet man nur den Dieben ab, die Augen sticht man nur den Vaterlandsverräthern aus, und siedend Bley gießt man nur einem Crassus[54] und allen Geizigen in die gierigen Rachen. Deine fünf Sinne wären also nicht unmittelbar zur Erkenntnis des Schmerzes anzuwenden. Ich will sehen, ob das nicht auf eine weniger kostspielige Art und Weise und doch zur Versöhnung der Mutter mit deiner Schönheit geschehen kann. Eregine, holen Sie mir hier im Cabinet das silberne Becken, die Lanzette nebst der Aderlaßbinde, die auf meinem Toilettentisch stehen.

Eregine, eine schlanke, milchweiße Gestalt mit rabenschwarzen Haaren und einem Busen wie Hebe, der halb entblößt hinter der Hülle hervorzitterte, schwebte ins Cabinet und kam sogleich mit dem Verlangten zurück. Ich stand da, wie Butter an der Sonne, zerfloß in Thränen und zitterte wie Espenlaub. Jezt winkte Madame Chaudelüze Rosalien, der gewaltigen Lacherin, und zweyen Andern. Alle drey stellten sich vor sie hin; jetzt stand Madame Chaudelüze plötzlich auf, schob mich auf die Seite und sagte zu Rosalien in streng und gebietendem Tone: Rosalie! Sie müssen sterben. Rosalie, welche die Launen ihrer Lehrerin wohl besser verstehen mochte als ich, versetzte: Mutter!

wenn Ihnen mein Tod nützen kann, so nehmen Sie mein Leben hin.

Was nützen! versezte die Strenge, Sie sind in meiner Gewalt, mir übergeben auf Tod und Leben und Sie müssen sterben; fassen Sie sie an! fuhr sie zu den beyden neben Rosalien stehenden Schwestern fort, faßt an! Sie umschlangen sie mit ihren rechten Händen, und – hier nahm Madame Chaudelüze ihnen die Busentücher weg – und der ersten, die jezt Rosalien in ihren lezten Augenblicken verläßt, stoße ich diesen Dolch in die Brust.

Die Mädchen erblaßten vor dem Ernst der gestrengen Zuchtmeisterin, gehorchten aber und drückten die schon außer sich gesezte Rosalie so fest zusammen, daß an ihr nichts beweglich blieb, als ihre Lenden und Füße.

Hebt ihr die Kleidung auf, bis an den Nabel, befahl Madame Chaudelüze weiter.

Sie zauderten.

Geschwind! oder – hier streifte ihr Dolch auf einer Brust.

Schnell waren Rosaliens Kleider bis auf den Nabel in die Höhe gehoben und fest gehalten unterm Busen.

Nun kommen Sie, meine Damen! sagte Madame Chaudelüze zur Mutter und Tante, und sehen Sie, wie ich Unartige bestrafe.

Mutter und Tante standen auf und stellten mich in ihre Mitte. Chaudelüze nahm das Becken und die Lanzette und winkte mir zu sich. Nehmen Sie, Kind! dieses Becken und halten es fest hieher. Rosalie, thun Sie Ihre Lenden voneinander. Sie brauchen sich Ihrer Schönheit nicht zu schämen; schämen Sie sich Ihrer Ungesittetheit, wenn Sie können.

Rosalie öffnete ihre zitternden Lenden, und die ganze Versammlung, Chaudelüze ausgenommen, schrie: Ach Gott! wie schön! und sterben! Ach Gott! Ach Gott!

Jezt mußte ich das Becken unter Rosaliens Scham halten, die Chaudelüze nahm die Lanzette – ein einziger Schlag, dicht über den Rosenlippen, auf dem noch wenig beschatteten Venusberg, und – Rosaliens purpurrothes Blut floß. Die Rosen ihrer Wangen erloschen nach und nach, und der Schrecken mehr, als daß sie ihr Blut fließen sah, (was denn auch wirklich schrecklich für die Zuschauer anzusehen war) versezte sie auf der Stelle in eine wohlthätige Ohnmacht.

Als die Chaudelüze Rosalien ohnmächtig sah, sagte sie: genug! sie mag todt seyn! mein Wille ist mein Gesetz; Malchen! setzen Sie das vergossene jungfräuliche Blut auf den Tisch und reichen Sie mir die Binden. Ich gehorchte, die Chaudelüze hielt die Wunde fest mit ihrem Finger zu und verband sie auf die gehörige Weise, und da Rosalie, durch den Verlust des Bluts sowohl, als durch die Ohnmacht, in einem völlig todtenähnlichen Zustand sich befand, so hatte der Verband weniger Schwierigkeit und bedurfte weniger Kunst, als wenn die Bestrafte bey Bewußtseyn geblieben wäre. Nach dem Verband mußten beyde Freundinnen sie zudecken und aufs Sopha legen.

Nun aber kam die Reihe an mich. Malchen! fing die ausgelernte Chaudelüze an, Sie sehen hier den Gehorsam meiner Untergebenen, und ich verlange von Ihnen einen ähnlichen, sowohl zu Ihrer eigenen Besserung, als zur Versöhnung Ihrer Mutter, die Ihnen nun einmal den Schmerz lehren will.

Ich weinte immer fort – die andern Mädchen saßen nun mäuschenstill bey ihren Arbeiten und sahen nicht auf. Die Chaudelüze stellte einen kleinen Stuhl mitten ins Zimmer.

Malchen, legen Sie sich hier über diesen Stuhl – geschwind! – Ich zauderte – Malchen! riefen zürnend Mutter und Tante. – Ich gehorchte. Die Chaudelüze ging in das Cabinet, und kaum war sie fort, so öffnete sich die Thüre, und eine schlanke Mannsperson trat herein.

Ihr Diener, Herr Piano! rief eins der Mädchen; Gehorsamer, versezte Piano; was soll hier für ein Tanz aufgespielt werden? fragte er weiter – aber ehe er noch ausgefragt hatte, erschien die Chaudelüze, wie ich in meiner Stellung sehen konnte, mit einer erschrecklichen Ruthe.

Gut, daß Sie kommen, MAESTRO PIANO! sagte sie; entblößen Sie einmal diesem Mädchen den Hintern, sie soll Ihre Noten a posterio kennen lernen, vielleicht erfinden Sie daraus eine Philosophie der Musik.

Hm! Madame! rief der consternirte Musikmeister: – die Tasten der Natur sollen eigentlich nicht geschlagen, nicht geblasen werden, da aber hier der Fall eintritt, daß man das Geblasene oder Blasende mit dem Schlagenden und Geschlagenen zugleich vertreiben kann;

so will ich mit einer Ouverture Stemperare herzlich gern dienen. – Hier fühlte ich die Hand des feurigen Componisten zwischen meinen Knieen, meine Röcke und Hemde leise und bedächtig aufheben und über mir ausgebreitet in die Höhe halten.

Aber MIA CARA! fragte jezt der Aufdecker: ALLOR CHE FUR GLI AMPJ CIELI STESI: – «Damals, als der weite Himmel ausgespannt wurde» – hier hielt er meine Kleider noch höher, bückte sich und gab mir zwey Küsse, auf jeden Hinterbacken einen, die mir sehr wohl thaten.

– Allor! da gab es noch keine Planeten und Kometen – folglich ...

Reden Sie, was Sie wollen, Piano, ich behaupte mein Forte, nicht wahr, meine Damen?

Allerdings, versezte die Mutter – Malchen hebe deinen Hintern besser in die Höhe, er hat ein treffliches Ansehen, er verdient recht getroffen zu werden.

Einen besonders schönen Einschnitt ihrer Hinterbacken hat das reizende Kind, versezte der artige Orpheus, – welch ein Jammer, wenn jezt der Schweif eines birkenen Kometen diese schöne Oberfläche zerstört! – Ha! Signora! lassen Sie meine Gründe gelten – NON, NON AMI!

Les rapides eclairs
Par les vents et par le tonnerre
N'epurent pas toujours
Les champs et les airs.
D'après Voltaire.[55]

AINSI, MADEMOISELLE! VITE! VITE! HAUSSEZ VOTRE BEAU CUL!
Ich gehorchte, hob ihn in die Höhe und erhielt den ersten Hieb so derb, daß ich laut aufschrie; diesem folgten unerbittlich noch vier und zwanzig, und blutrünstig wand ich mich unter der Ouvertüre des Maestro Piano und dem frappanten Periodenbau des eindringenden Forte der strengen Zuchtmeisterin. Indessen! ich hielt die Streiche heldenmüthig aus. Piano hatte seine Beinkleider geöffnet und zeigte mir einen Stimmhammer von so außerordentlicher Größe und muthmaßlicher Klangfähigkeit, daß ich während der Execution meine Schenkel über einander hin und her rieb und gewiß zum

Ziele der Wollust gelangt seyn würde, wenn diesesmal der Schmerz nicht gesiegt hätte.

Von den Mädchen blickte auch nicht Eine nach der Scene hin, alle hefteten starr ihre Blicke auf die Geschäfte ihrer Hände, und Rosalie lag noch immer im todtenähnlichen Schlummer. –

Als ich den siebenten Hieb erhalten hatte, schrie ich laut auf und so fort bis zum lezten.

Ha! Madame! fing Piano jezt an und legte mir Röcke und Hemde wie ein Kalkant nieder. Ha! Madame! das war die übermäßige Prime $^{24}/_{25}$ – für die arme Kleine – ein distonisches oder pythagorisches Komma, was man in keiner Harmonica, am wenigsten aber auf so einem kleinen Monochord braucht – in filza questa riflexione a fine! weil ich hier wahrscheinlich die Künstlerinn dieses Monochords vor mir sehe und ihr wohl zur Prüfung meinen Stimmhammer überreichen möchte.

Während dieses Piano zu meiner Mutter sagte, sie bey der Hand nahm, an ein Fenster führte, ihr Röcke und Hemde aufhob und seinen Stimmhammer mit ihren Händen über die schönste Claviatur der menschlichen Natur und endlich bis in den Resonnanzboden hineinführte, hatte Madame Chaudelüze mit Hülfe zweyer Mädchen mich aufgehoben und an den Tisch gelehnt; und wurden mir die geschlagenen Striemen mit einem heilenden Balsam so derb ausgewaschen, als wäre ich ein junges Fohlen, das, zu Schanden gestochen von der HYPPOBOSCA EQUINA, dem culex equinus, jetzt unter den sorgsamen Händen des Pferde-Züchters eine glatte Haut erwartet.

Ach! schrie meine Mutter, als sie eben in der schönen Attitüde bis an den Nabel[56] entblößt und mit geöffnetem Oberwerk vor der Liebes-Orphika oder eigentlich der alten Hydraulika des hin- und herschwänzelnden Organisten stand – Mein Herr –! Madame Chaudelüze! – ich schäme mich zu Tode – Comment? ma Chère, versezte die Chaudelüze, ging zu ihr und legte die Hintertheile ihrer Röcke und ihres Hemdes zum Fenster hinaus – Comment! Sie schämen sich! Hier saß Piano schon fest und prädudirte neben herum mit den Fingern.

Sonderbare Erscheinungen in Natur und Erziehung! Wir schämen uns und lernen es, uns jedes Guten, Natürlichen und Schönen methodisch zu schämen, während wir uns täglich in unsre eigne Häßlichkeit und Schlechtigkeit aufs anständigste zu finden wissen. Da ist kein Laster zu erdenken, das nicht schon in der menschlichen Gesellschaft seine Kreise schamlos vollendet hätte, von denen sogar eine Menge als Agregat der Schöngeisterey und der feinen Lebensart Eingang gefunden haben, so daß man sich schämen müßte, sie nicht zu haben, – nur allein der Kultur sinnlicher Wollüste schämt man sich.

Ha! – Ha! – stöhnte jezt meine Mutter und drückte ihre Lenden zusammen.

2.5 Alfred de Musset: Gamiani ou Deux nuits d'excès (1833)

Ähnlich wie bei E.T.A. Hoffmanns *Schwester Monika* ist es nicht eindeutig erwiesen, ob *Gamiani ou Deux nuits d'excès*[57] tatsächlich von Alfred de Musset, einem der bedeutendsten Vertreter der französischen Romantik, stammt. Im 19. Jahrhundert setzten Dichter pornographischer Werke nur selten ihren wahren Namen unter ihr druckreifes Manuskript – in der erotischen Literatur bestimmter Randbereiche ist das ja auch heute noch so. Aber immerhin hat de Musset selbst seine Autorenschaft nie abgestritten, und das Pseudonym ‹Alcide de M.› stellt eine erkennbare Ähnlichkeit zu seinem Namen dar. Der Legende nach entstand das Buch, als der Autor anlässlich einer Champagnergesellschaft wettete, er könne ein Werk zustande bringen, das Extreme sinnlicher Leidenschaft darstelle, ohne durch seine Ausdrucksweise die Gemüter zu verletzen. Die fertige Erzählung ist ein Sammelsurium der «Perversionen», beginnend mit lesbischen und sadomasochistischen Exzessen – beides, dem Stil der Zeit entsprechend, vor allem in Mönchs- und Nonnenklöstern –, die sich schließlich zu Sodomie – mit einem Hund, einem Esel und einem Orang-Utan –, Lustmord und Nekrophilie steigern. Die Szene mit dem Esel[58] ist hier ausschnittsweise wiedergegeben.

Manche vermuten in de Mussets qualvollem Hingezogensein zu der bisexuellen Schriftstellerin Georges Sand eine autobiographische Grundlage zu Alcide und der Gräfin Gamiani. Sand hatte de Musset zu einem Zeitpunkt, als dieser schwer erkrankt war, mit seinem Arzt betrogen, wobei das Bemerkenswerteste ist, dass de Musset dieses Trauma bereits literarisch verarbeitet hatte, bevor es sich überhaupt ereignete. Die Femme fatale wird so zu einer selbsterfüllenden Prophezeiung.

Albrecht Koschorkes erläutert dazu in seinem Nachwort zu der aktuellen deutschen Ausgabe: «Der typische Mann der Periode nach 1830 hat in irgendeiner frühesten und dem Bewusstsein unerreichbaren Zeit seine emotionale Zuversicht verloren. Er sucht nachträglich in seinem Leben nach Begebenheiten, die diesen Verlust erklären [...]. Seine Enttäuschung vergegenständlicht sich in Bildern der untreuen, kaltblütig ihren sinnlichen Neigungen folgenden Frau. Von Anfang an stehen seine Liebesaffären unter dem Diktat eines heimlichen Zwangs, sich die fundamentale Erfahrung des Verratenseins zu bestätigen.»[59]

Koschorke zufolge führten die «großen industriekapitalistischen Umschichtungen im frühen 19. Jahrhundert» zu einem «schroffen Gegensatz [...] zwischen der wachsenden Kälte des bürgerlichen Verkehrslebens und einer erhöhten Nachfrage nach Exaltation, Extremgefühlen, nach leidenschaftlicher Unbedingtheit.» Die «stärkere soziale Bindungslosigkeit» – unter anderem hervorgerufen durch Verstädterung, Aufbrechen der Schranken zwischen den Schichten und gewachsene Möglichkeiten, in anderen Teilen des Landes oder der Welt eine neue Existenz zu beginnen – wirkte sich indes auch auf das Verhältnis zwischen den Geschlechtern aus. Somit kam es zu «einer allgemeinen Spannung zwischen emotionaler Kälte und erotischer Übererregung [...]. Überall schwankt entsprechend die sexuelle Attitüde zwischen Ekel und Ekzeß.»[60] Durchaus ähnlich der heutigen Zeit war damals für sadomasochistische Fiktionen so ein idealer Nährboden bereitet.

Gamiani ou Deux nuits d'excès

Fanny: Welche Orgien!

Gamiani: O das war noch lange nicht alles! Die Abwechslung in allen Künsten der Wollust wurde bis ins Unendliche getrieben. Da wir keine Männer hatten, erfand unsere Phantasie die seltsamsten Hilfsmittel.

Alle priapischen Gedichte, alle unzüchtigen Bücher des Altertums und der Neuzeit waren uns bekannt. Wir waren weit über sie hinaus. Elephantis und Aretino waren phantasielos im Vergleich mit uns. Es würde zu weit führen, dir alle unsere Hilfsmittel aufzuzählen, alle die sinnreichen Instrumente und Liebestränke zu nennen, die wir besaßen, um unsere Begierden erst anzustacheln und dann zu befriedigen. Ich will dir nur als Beispiel erzählen, wie wir es mit einer unserer Genossinnen machten, um ihr Fleisch zu neuer Genußfähigkeit zu reizen. Zuerst wurde sie in ein Bad von heißem Blut gebracht, um ihre Kraft wieder zu beleben. Dann schlürfte sie einen Trank, der mit zerriebenen spanischen Fliegen versetzt war, warf sich auf ein Ruhebett und ließ sich den ganzen Körper massieren. Dann wurde sie hypnotisiert, bis sie in festem Schlaf lag. Sobald dies der Fall war, stachen wir sie mit Nadeln, peitschten sie bis aufs Blut. Inmitten dieser Folterung erwachte sie; sie sah uns wie eine Wahnsinnige an und verfiel sofort in krampfhafte Zuckungen. Kaum waren sechs von uns imstande, sie festzuhalten. Nur die schleckende Zunge eines Hundes vermochte sie zu beruhigen. In Strömen ergoß sich ihr Liebessaft. Wenn aber diese Erleichterung sich einmal nicht einstellte, dann wurde die Unglückliche geradezu entsetzlich in ihrer Raserei und schrie laut nach einem Esel.

Fanny: Nach einem Esel? Barmherziger Himmel!

Gamiani: Jawohl, mein Herz – nach einem Esel. Wir besaßen zwei, die sehr gelehrig und ganz ausgezeichnet abgerichtet waren. Wir wollten in dieser Hinsicht nicht hinter den vornehmen Römerinnen zurückstehen, die sich bei ihren Saturnalien stets dieser Tiere bedienten.

Als ich diese Sensation zum erstenmal an mir selber erlebte, war ich fast bis zur Sinnlosigkeit von Wein berauscht. Ich warf mich auf das eigens zu diesem Zweck bestimmte Gestell, indem ich alle Nonnen herausforderte, bei diesem Liebeskampf es mit mir aufzunehmen. Im Nu stand der Esel hochaufgerichtet vor mir. Sein furchtbares Glied, von den Händen der frommen Schwestern in Glut versetzt, stieß wuchtig gegen meine Schenkel. Ich ergriff es mit beiden Händen, setzte es an die Öffnung meiner Scheide und versuchte, es einzuführen, nachdem ich mich ein paar Sekunden lang von ihm hatte kitzeln lassen. Mit Hilfe von Pomade, durch geschickte Stöße meiner Hinterbacken und durch Nachschieben mit den Händen gelang mir dies, und bald hatte ich mindestens fünf Zoll in meinem Leibe. Ich wollte noch weiter stoßen, aber die Kräfte gingen mir aus, und ich sank erschöpft zurück. Mir war's, als zerrisse meine Haut, als würde ich gespalten, geviertelt! Ich empfand einen dumpfen, betäubenden Schmerz, zugleich aber auch einen heißen, kitzelnden, wonnigen Reiz. Das Tier bewegte sich fortwährend und stieß so kräftig, daß ich die Erschütterung in meinem ganzen Rückgrat spürte. Ich spritzte. O welch ein Genuß! Mein heißer Liebessaft erfüllte mir den ganzen Leib. Ich war von Liebe ganz und gar überströmt. Ich stieß einen langen, lauten Schrei aus und war erleichtert. Durch meine wollüstigen Zuckungen hatte ich noch zwei Zoll in mich auf genommen. Dies war das höchste Maß, das jemals erreicht worden war; alle meine Gefährtinnen waren besiegt. Das Glied des Esels war bis an den Ring eingedrungen, den man ihm angelegt hatte. Ohne diesen Ring wäre mir der Leib zersprengt worden.

Ich war erschöpft, alle meine Glieder schmerzten, und ich glaubte, am Ende aller Wollust zu sein – da wird plötzlich das unbändige Glied des Tieres noch steifer und härter denn zuvor; es dringt noch tiefer in mich ein, und ich schwebe fast frei in der Luft, nur von dem Schwanz des Esels gehalten! Meine Nerven spannen sich an, meine Zähne pressen sich knirschend aufeinander, meine Arme schließen sich krampfhaft um meine Schenkel. Plötzlich bricht mit Macht ein Strahl hervor und überströmt mich mit einem heißen Regen von solcher Fülle, daß mir's ist, als dränge er mir durch alle meine Adern bis ins Herz hinein. Ich fühle nichts mehr als eine brennende Wonne, die mir bis ins Knochenmark, ins Gehirn und alle Nerven dringt und zugleich alle meine Glieder erschlafft... Köstliche Marter!... Unerträgliche Wollust, die alle Fesseln des Lebens löst, die im höchsten Rausch der Sinne den Tod bringt!

2.6 Emily Dickinson: Gedichte # 264, 479, 1005, 1729 (1861-1865)

264 (1861)

A Weight with Needles on the pounds –
To push, and pierce, besides –
That if the Flesh resist the Heft –
The puncture – cool(l)y tries –

That not a pore be overlooked
Of all this Compound Frame –
As manifold for Anguish –
As Species – be – for name –

479 (1862)

She dealt her pretty words like Blades –
How glittering they shone –
And every One unbared a Nerve
Or wantoned with a Bone –

She never deemed – she hurt –
That – is not Steel's Affair –
A vulgar grimace in the Flesh –
How ill the Creatures bear –

To Ache is human – not polite –
the Film upon the eye
Mortality's old Custom –
Just locking up – to Die.

1005 (1865)

Bind me – I still can sing –
Banish – my mandolin
Strikes true within –

Slay – and my Soul shall rise
Chanting to Paradise –
Still thine.

1729 (?)

I've got an arrow here.
Loving the hand that sent it.
I the dart revere.

Fell, they will say, in «skirmish»!
Vanquished, my soul will know
By but a simple arrow
Speed by an archer's bow.

Emily Dickinson ist fraglos die bedeutendste amerikanische Dichterin des letzten Jahrhunderts. Eine eingehende Analyse der in ihren Versen immer wieder aufscheinenden sadomasochistischen Metaphorik bietet ebenfalls Camille Paglias *Sexual Personae*[61]. Paglia bezeichnet Dickinson als eine autoerotische, amerikanische Miss de Sade.

3. Die Décadence und ihr Umfeld

Die Décadence ist die Epoche, in der sadomasochistische Literatur vielleicht am stärksten vertreten war. Dieser Periode sind nicht nur die bekanntesten Klassiker der SM-Literatur zuzuordnen, wie etwa die Schriften de Sades oder Sacher-Masochs *Venus im Pelz*, in ihr wurden auch die sadomasochistischen Archetypen zur höchsten Vollendung gebracht: die Femme fragile aus der Gothic Novel, der Homme fatale und der Homme fragile – man denke dabei an Thomas Manns ‹Tristan Spinell› und ‹Hanno von Buddenbrook› oder Heinrich Manns ‹Nino›, aber auch an Leopold von Adrians *Garten der Erkenntnis* –, aber vor allem die Femme fatale.

Wolfdietrich Rasch äußert sich in seinem Standardwerk *Die literarische Décadence um 1900* im Kapitel *Die Femme fatale und ihre Mythisierung* folgendermaßen dazu: «Die erotische Motivik der Décadence enthält, besonders im Fin de Siècle, auch recht häufig die Andeutung oder Darstellung sexueller Perversionen, was bei der dekadenten Reizsucht, der Suche nach dem Abseitigen, Unnormalen, Exzentrischen nicht überrascht. [...] (D)er Typus der grausamen Frau, die die Männer beherrscht und ihnen Unheil und Verderben bringt, ist keine Erfindung der Décadence, sondern hat [...] eine lange Vorgeschichte. [...] Doch bei den Autoren der Décadence in der zweiten Hälfte des 19. Jahrhunderts nimmt das Interesse an der grausam-verderblichen Frau ständig zu, wird intensiver, und ihre Darstellungen in vielen Varianten häufen sich.»[62]

Tatsächlich sind die Varianten der lustvoll männervernichtenden Frau derartig zahlreich, dass sie unmöglich alle in dieser Anthologie zusammengestellt werden können. Stattdessen sei hier lediglich auf ein weiteres Standardwerk über die Décadence – vor allem auf die literarisch zweitrangige Bas-Décadence – verwiesen, auf Mario Praz' *Liebe, Tod und Teufel. Die schwarze Romantik*[63], in dem all diese Varianten ausführlich untersucht und mit Textauszügen belegt werden. Erwähnenswert sind Louys *La Femme et le Pantin*: «Mateo, wirst du mich wieder schlagen? Versprich mir, dass du mich tüchtig verprügelst, dass du mich umbringst!», Swinburnes *Whippingham Papers*: «Einer der großen Reize des Durchpeitschens besteht in dem Gefühl des Gepeitschten, das machtlose Opfer der wütenden Raserei einer schönen Frau zu sein.» und sein *The Flogging Block*, welches wahre Prügelorgien in englischen Internaten zum Thema hat, sowie der Philosoph und Pädagoge *Rousseau* in seinen *Confessions*: «Einer herrschsüchtigen Geliebten zu Füßen zu liegen, ihren Befehlen gehorchen und sie um Verzeihung bitten zu müssen, waren für mich besonders angenehme Genüsse.» Klassische Femmes fatales, die in dieser Anthologie nicht aufgenommen wurden, sind Merimées *Carmen* und Oscar Wildes *Salome*.

Nach Rasch ist die Femme fatale «zugleich Wunschbild und Schreckbild [...] in eigentümlicher Durchdringung, so dass für den Décadent gerade das Schreckbild zum Wunschbild wird.» Rasch sieht die Entstehung dieses Mythos begründet in der zunehmenden Entfremdung des Menschen von der Natur, die lediglich in der Sinnenliebe auch mit ihren irrationalen Aspekten noch erfahrbar bleibt. «In der Femme fatale [...] ist die Natur noch mächtig, nicht beherrschbar, sondern überlegen, verderblich vernichtend. [...] Die geschmähte wilde Naturmacht rächt sich, das Verdrängte kehrt zurück, die Femme Fatale wird glorifiziert, bewundert, begehrt. Ja sie entsteht vielleicht überhaupt nur als Geschöpf männlicher Wünsche und Vorstellungen, eine Schöpfung aus Angst und Begierde. [...] Das Verhalten der Femme Fatale antwortet auf verborgene männliche Wünsche und scheint weitgehend als unbewusste Anpassung dieser Wünsche zu entstehen. Die übermächtige Weiblichkeit ist gerade für den schwachen Mann, den Décadent, von besonderer Anziehungskraft, als Naturmacht, über die er selbst nicht mehr verfügt. Auch das oft hervorgehobene ‹Rätselhafte›, Unberechenbare des weiblichen Wesens, ein willkommener Wert in einer immer stärker berechenbar werdenden Umwelt, gehört zu dieser Anziehungskraft der Frau. Aber das Verhältnis zu ihr ist tief zwiespältig, in sich widersprüchlich. Denn das Verlangen nach der starken, überlegenen Frau ist durchsetzt mit Angst, der Angst von ihr überwältigt, verschlungen, vernichtet zu werden. In solche Angst aber mischt sich wiederum ein heimliches Bedürfnis nach Unterwerfung, Qual, Zerstörung, ein Bedürfnis, das auch die extremen Ausprägungen weiblicher Stärke, ihre Grausamkeit und Zerstörungslust bejaht.»[64]

So lautet zumindest Raschs These. Eine weitere mögliche Aufgabenstellung der sadomasochistischen Literaturkritik könnte es nun sein, diese Argumentation zu hinterfragen, etwa mit Hinweis auf das Frauenbild in der mittelalterlichen Troubadourdichtung, das dem der Femme fatale sehr ähnelt, obwohl in dieser Epoche von einer Entfremdung des Menschen gegenüber der Natur noch keineswegs die Rede sein konnte.

3.1 Heinrich Heine: Die Sphinx (1839)

[...] Dort vor dem Tor lag eine Sphinx,
Ein Zwitter von Schrecken und Lüsten,
Der Leib und die Tatzen wie ein Löwe,
Ein Weib an Haupt und Brüsten [...]

Die Nachtigall sie sang so süß,
Ich konnt nicht widerstehen –
Und als ich küsste das holde Gesicht,
Da war's um mich geschehen.

Lebendig ward das Marmorbild,
Der Stein begann zu ächzen –
Sie trank meiner Küsse lodernde Glut
Mit Dürsten und mit Lechzen.

Sie trank mir fast den Odem aus –
Und endlich, wollustheischend,
Umschlang sie mich, meinen armen Leib
Mit Löwentatzen zerfleischend.

Entzückende Marter und wonniges Weh!
Der Schmerz wie die Lust unermesslich!
Derweilen des Mundes Kuss mich beglückt,
Verwunden die Tatzen mich grässlich.

Die Nachtigall sang: «O schöne Sphinx!»
O Liebe, was soll es bedeuten,
Dass du vermischest mit Todesqual
All deine – Seligkeiten?

O schöne Sphinx, O löse mir
Das Rätsel, das wunderbare!
Ich hab darüber nachgedacht
Schon manche tausend Jahre.

3.2 Charles Baudelaire: Les Fleurs du Mal (1840-1857)

Daraus entnommen zwei Gedichte ‹Der Besessene› und ‹Der Vampir›.

Der Besessene (Le Possédé)

Die Sonne hat mit einem Flor sich überzogen. Wie sie, o Mond meines Lebens! umhülle dich mit dichtem Schatten; schlafe oder rauche nach Gefallen; sei stumm, sei düster und tauche ganz hinab in den Abgrund der Schwermut;

So liebe ich dich! Doch willst du heute, wie ein verfinstertes Gestirn, das aus seinem Dämmer tritt, einherstolzieren an den Stätten, wo sich die Narrheit drängt, auch das ist recht! Reizender Dolch, spring aus der Scheide!

Entzünde dein Auge an den Flammen der Lüster; Entzünde die Begier in den Blicken der Flegel! Von dir ist alles Lust mir, matt oder ungestüm;

Sei was du willst, schwarze Nacht, rotes Frühlicht; da ist keine Fiber an meinem ganzen zitternden Leibe, die nicht riefe: «O MEIN TEURER BELZEBUB, DICH BETE ICH AN!»

(übersetzt von Friedhelm Kemp)

Der Vampir (Le Vampire)

Du, die wie ein Messerstoß
In mein stöhnend Herz gedrungen,
Die wie wilden Heeres Troß
Wüst und prangend mich bezwungen,

Die erniedrigt meinen Geist
Sich zur Wohn- und Lagerstätte;
Scheusal, an das ich geschweißt
Wie der Sträfling an die Kette,

Wie der Spieler an die Sucht,
Wie der Trinker an das Glas,
Wie an das Gewürm das Aas –
Sei verflucht du, sei verflucht!

Mir die Freiheit zu erringen,
Flehte ich das rasche Schwert,
Meine Feigheit zu bezwingen,
Hab ich tückisch Gift begehrt.

Gift und Schwert – verächtlich böse
Boten sie mir Wort, die zwei:
Bist nicht wert, daß man dich löse
Aus verworfner Sklaverei.

Narr! wenn von der Herrschaft Schrecken
Dich befreite unser Mut,
Würdest du mit frischer Glut
Den Vampir zum Leben wecken.

(übersetzt von Wilhelm Richard Berger)

Charles Baudelaire gehörte zu den Begründern des französischen Symbolismus. Dessen ästhetisches Prinzip war, den Gedanken Edgar Allan Poes folgend, eine Abkehr von allem Moralisch-Didaktischen in der Poesie. Statt, wie es früher üblich war, ihre Gedichte so zu schreiben, dass diese einen pädagogischen, spirituell erhebenden Effekt hatten, sahen die Symbolisten den Wert eines Kunstwerks in sich selbst: ‹l'art pour l'art›. Das eröffnete auch den Zugang zu Themen und Motiven, die bislang tabubelegt waren, solange man sie nur ansprechend gestaltete.

3.3 Eugene Sue: Les mystères de Paris (1843)

Als ein Nachkömmling der im Kapitel zur Romantik erwähnten Gothic Novel gilt der Kolportage- bzw. Feuilletonroman, der kapitelweise in Zeitschriften veröffentlicht wurde und zu dessen bedeutenden Vertretern Charles Dickens zählt. Ein anderer prominenter Vertreter dieser Richtung ist Eugene Sue, vor allem berühmt geworden durch sein von Andrew Lloyd Webber zum Musical verarbeitetes *Phantom der Oper*. Der Roman Sues, der seinen Ruhm im 19. Jahrhundert ausmachte, ist *Les mystères des Paris*[65]. Laut *Kindlers Literatur Lexikon*[66] «übertraf (dieser) alles in der Geschichte des Feuilleton-Romans» bisher Dagewesene. Leser aus allen Schichten warteten gespannt auf die nächste Fortsetzung, die Lektürekabinette erhöhten aufgrund des immensen Andrangs ihre Preise, und Sue selbst erhielt über 1100 Leserbriefe.»

Einer der – in für Kolportageromane typischen Weise – vielfältig verästelten Handlungsstränge des Romans ist die Konfrontation

Rodolphes, des Protagonisten, mit dem Notar Jacques Ferrand, der «hinter der Maske strengster Redlichkeit Geilheit und Habgier verbirgt»[67]. Rodolphe kann verschiedene Verbrechen Ferrands, zu denen Erpressung und Vergewaltigung gehören, zwar nicht mehr verhindern, «aber er schleust Cecily, eine schöne Kreolin, ins Haus des Notars ein; diese Femme Fatale bringt Ferrand durch ihre Verführungskünste dazu, die Beweise für seine Verbrechen aus der Hand zu geben. [...] Das unbefriedigt bleibende Verlangen nach Cecily treibt Ferrand in den Wahnsinn; er stirbt unter entsetzlichen Qualen.»

Im Folgenden abgedruckt ist die erste Phase der Begegnung Ferrands mit Cecily[68], ihre SM-Ästhetik springt wohl sofort ins Auge.

Les mystères de Paris

Es war Nacht.

Die tiefe Stille, die in Ferrands Haus herrschte, wurde nur durch das Geheul des Windes und das Plätschern des Regens unterbrochen, der in Strömen vom Himmel fegte.

In einem behaglich eingerichteten, mit weichen Teppichen belegten Schlafzimmer im ersten Stock stand eine junge Frau vor dem Kamin, in dem ein lustiges Feuer flackerte.

In der Mitte der sorgfältig verriegelten Tür, dem Bette gegenüber, befand sich, seltsamerweise, eine kleines, fünf bis sechs Zoll im Quadrat messendes Türchen, das von außen geöffnet werden konnte.

Die junge Frau vor dem Kamin war Cecily, die Kreolin.

Da sie durch den Baron von Graun über das Schicksal Luises unterrichtet war und wußte, wie die unglückliche Tochter Morels die Beute des Notars geworden war, hatte sie bei ihrem Eintritt in das Haus alle Vorsichtsmaßregeln ergriffen, um die Nacht in Sicherheit zu verbringen.

Gleich am Abend ihrer Ankunft, als sie allein mit Ferrand war, hatte sie ihm gestanden, sie fürchte sich vor Spitzbuben, aber sie sei stark und auch durchaus bereit, sich zu verteidigen.

»Womit?« fragte Jacob Ferrand.

»Damit!« antwortete die Kreolin, indem sie einen kleinen Dolch zog, dessen Anblick den Notar nachdenklich stimmte.

Da er aber überzeugt war, seine neue Magd fürchte sich eben nur vor Dieben, so führte er sie in ihre Kammer. Nachdem Cecily sie gemustert hatte, sagte sie, zitternd und mit niedergeschlagenen Augen, sie würde die Nacht auf einem Stuhl verbringen, da sie an der Tür weder Schloß noch Riegel sehe.

Ferrand, der bereits vollständig in ihrem Bann war, aber ihr Mißtrauen nicht wecken wollte, sagte mürrisch, sie sei eine Närrin; er versprach ihr aber, am anderen Tage einen Riegel anbringen zulassen.

Früh ging der Notar zu ihr hinauf, um sie in ihre Arbeit einzuführen. Er hatte sich vorgenommen, in den ersten Tagen eine heuchlerische Zurückhaltung zu bewahren, um sie sicher zu machen; ihre Schönheit aber, die im Tageslicht noch verführerischer wirkte, machte einen solchen Eindruck auf ihn, daß er einige Schmeicheleien über ihren Wuchs und ihre herrlichen Formen stammelte.

Cecily hatte schon nach dem ersten Zusammensein mit dem Notar erkannt, daß er ihr bereits völlig verfallen sei, und als er ihr seine Liebe gestand, glaubte sie ihre Schüchternheit ablegen zu müssen und eine andere Rolle zu beginnen. Sie nahm also plötzlich eine herausfordernde Miene an und sagte:

»Sehen Sie mich genau an! – Sehe ich wirklich wie eine Magd aus?«

»Was wollen Sie damit sagen?«

»Betrachten Sie diese Hand! – Ist sie an harte Arbeit gewöhnt?«

Und sie zeigte eine weiße Hand mit zarten, feinen Fingern und rosenfarbenen Nägeln, deren etwas dunkler Hof das gemischte Blut verriet.

»Und dieser Fuß? Ist das der Fuß einer Magd?«

Und sie streckte einen entzückenden Fuß vor.

»Ich habe meiner Tante Pipelet gesagt, was mir gefiel; sie konnte glauben, ich sei eine Magd. Sie aber sind hoffentlich zu klug, ihren Irrtum zu teilen, lieber Herr.«

»Und wer sind Sie?« fragte Ferrand, mehr und mehr verwundert.

»Das ist mein Geheimnis ... «

»Und was beabsichtigen Sie nun?«

»Ich habe die Rolle einer Magd übernommen; gewisse Umstände nötigen mich dazu, und ich werde den Mut haben, diese Rolle durchzuführen, alle Folgen zu tragen und Ihnen mit Eifer, Fleiß und Achtung zu dienen, um meine Stelle, also ein sicheres Versteck, zu behalten. Bei der geringsten Freiheit aber, die Sie sich gegen mich erlauben, verlasse ich Sie – nicht aus Prüderie, denn Prüderie ist nicht meine Sache.

Dabei warf sie einen so sinnlichen Blick auf Ferrand, daß er zusammenzuckte.

»Nein, ich bin nicht prüde« fuhr sie, mit herausforderndem Lächeln, fort. »Gott weiß es: wenn die Liebe mich erfaßt, sind die Bacchantinnen Heilige neben mir. – Aber seien Sie gerecht, und Sie werden gestehen, daß Ihre unwürdige Magd nichts weiter verlangen kann, als ihre Arbeit verrichten zu dürfen. Jetzt kennen Sie mein Geheimnis oder wenigstens einen Teil meines Geheimnisses: halten Sie mich vielleicht für zu schön, als daß ich Sie bedienen könnte? Wünschen Sie die Rollen zu tauschen, mein Sklave zu werden? Offen gestanden, würde ich das vorziehen, aber nur unter der Bedingung, daß ich nie das Haus verließe, und daß Sie nur väterliche Aufmerksamkeit für mich hätten. außerdem dürften Sie mir natürlich hier und da sagen, daß Sie mich hübsch finden: das würde der Lohn für Ihre Hingebung und Ihre Verschwiegenheit sein.«

»Der einzige?« lallte Ferrand.

»Der einzige – die Einsamkeit und der Teufel müßten mich denn um den Verstand bringen, was unmöglich ist, denn Sie werden mir Gesellschaft leisten und, als frommer Mann, den Teufel vertreiben. Nun, lassen Sie hören, entschließen Sie sich; entweder ich diene Ihnen oder Sie dienen mir – sonst verlasse ich Ihr Haus und bitte meine Tante, mir eine andere Stelle zu suchen. Was ich Ihnen da sage, wird Ihnen seltsam vorkommen; aber wenn Sie mich für eine Abenteurerin ohne Existenzmittel halten, so irren Sie sich. – Leider würde mir nur alles Gold der Welt keinen so sicheren Zufluchtsort verschaffen, wie Ihr Haus. – Sie sehen, ich ergebe mich Ihnen auf Gnade und Ungnade, wenn ich Ihnen sage, daß ich mich verberge. Aber ich bin überzeugt, daß Sie mich nicht verraten werden ...«

Dieses romanhafte Geständnis erregte in Ferrand nur eine Besorgnis; er glaubte, Cecily sei vielleicht eine Abenteurerin, die sich in sein Haus eingeschlichen habe, um ihn zu hintergehen. Aber zugleich erkannte er, daß kein Mißtrauen stark genug sein würde, ihm diese Frau, die ihn bereits völlig beherrschte, zu entfremden.

Der Gedanke, daß sie sein Haus verlassen könnte, erschien ihm unerträglich; wütendste Eifersucht folterte ihn, wenn er sich einbildete, Cecily könne anderen die Wonnen gewähren, die sie ihm verweigerte, und es war ihm ein Trost, sich sagen zu können: »Solange sie in meinem Hause ist, wird sie kein anderer besitzen.«

Es wurde also beschlossen, daß Cecily nur scheinbar seine Magd sein, daß er aber, um die Sicherheit seines Gastes nicht zu gefährden, eine andere Magd nicht engagieren, vielmehr sie und sich selbst bedienen solle. Ferner übernahm es der Notar, ein Zimmer im ersten Stock nach dem Geschmack Cecilys möblieren zu lassen. Sie wollte zwar die Kosten selbst tragen, aber er widersetzte sich und gab zweitausend Franken dafür aus.

Diese Verschwendung bewies die unerhörte Heftigkeit seiner Liebe.

Da die Kreolin erfahren hatte, daß Luise mit Hilfe eines Betäubungsmittels überwältigt worden war, trank sie nur klares Wasser und aß nur Speisen, die unmöglich vergiftet werden konnten; sie hatte selbst das Zimmer gewählt, das sie bewohnen wollte und sich davon überzeugt, daß sich in den Wänden keine verborgene Türe befand.

Übrigens erkannte Ferrand bald, daß Cecily nicht das Weib war, das man überraschen oder mit Gewalt nehmen könne. Sie war kräftig, gewandt und gut bewaffnet; nur Wahnsinn hätte ihn zu verzweifelten Versuchen treiben können!

Ferrand begann Höllenqualen zu leiden und verlor darüber Schlaf und Gesundheit.

Bald ging er in der Nacht, trotz Regen und Kälte, in seinen Garten und suchte seine Glut zu dämpfen, bald lauschte er stundenlang am Zimmer der Schlafenden. Cecily verfolgte nur ein Ziel: die Leidenschaft dieses Mannes bis zum Wahnsinn aufzureizen, um dann die Befehle auszuführen, die sie erhalten hatte.

Dieser Augenblick schien nahe zu sein.

CXIX

Cecily hörte ein Geräusch an der Tür, aber sie begann, sich ruhig zu entkleiden. Einen Dolch, den sie im Mieder verborgen hatte, zog sie aus der Scheide und legte ihn auf den Kamin. Die Klinge war dreikantig geschliffen, und die nadelfeine Spitze vergiftet.

Nachdem Cecily den Dolch auf den Kamin gelegt hatte, zog sie ihren schwarzen Spenzer aus und stand nun mit entblößten Schultern und Armen da.

Ein tiefer Seufzer erregte ihre Aufmerksamkeit.

Sie lächelte, indem sie eine Haarlocke, die unter den Falten des Tuches hervorquoll, um ihre Hand wickelte.

»Cecily!« flüsterte eine klagende Stimme, und an der kleinen Öffnung in der Türe erschien das bleiche Gesicht Ferrands, dessen Augen funkelten.

Cecily begann ein kreolisches Liedchen zu singen. Ihr dunkler Alt übertönte das Plätschern des Regens und das Tosen des Windes.

»Cecily!« wiederholte Ferrand in flehentlichem Ton.

Die Kreolin unterbrach sich plötzlich, wandte sich rasch um und trat nachlässig an die Tür.

»Sie sind da, lieber Herr?«

»Ach, wie schön Sie sind!« flüsterte der Notar.

»Meinen Sie?« antwortete die Kreolin; das Tuch paßt gut zu meinem Haar, nicht wahr?«

»Ich finde Sie täglich schöner.«

»Und sehen Sie nur, wie weiß mein Arm ist!«

»Ich ertrage die Qual nicht länger, und doch ist es eine süße Qual... «

»So genießen Sie doch die süße Qual! Sehen Sie sich satt an mir – ich habe es Ihnen ja erlaubt.

»Und werden Sie nie Ihre Tür öffnen? Sehen Sie doch, wie gehorsam ich bin! Haben Sie kein Mitleid?«

»Sie sind gehorsam, weil Sie wissen, daß ich einen Dolch zu führen weiß, und daß ich dieses Haus verlassen würde, sobald ich mich über Sie zu beklagen hätte!«

»Ich bin Ihr Sklave, Ihr verspotteter Sklave!

»Das ist wahr.«

»Und das rührt Sie nicht?«

»Es gewährt mir Unterhaltung. – Die Tage und die Nächte sind so lang!«

»Sie verspotten mich noch immer, Unbarmherzige!«

»Vielleicht; ...die Einsamkeit bringt einen auf sonderbare Gedanken!«

»Schweigen Sie – sehen Sie mich nicht so an – Sie machen mich wahnsinnig! – Sie verlangen, ich solle Sie von meiner Liebe überzeugen; sehen Sie nicht, wie unglücklich ich bin? Tue ich nicht alles, was ich vermag? – Sie wollen vor aller Augen verborgen sein, und ich verberge Sie vor aller Augen; ich ehre Ihr Geheimnis und spreche nie mit Ihnen über Ihr früheres Leben... Was soll ich noch?«

»Ich will Ihnen einen Beweis meines blinden Vertrauens geben, lieber Herr...«

»Ein neuer Hohn, nicht wahr?«

»Nein, ich spreche im Ernst. – Sie müssen doch das frühere Leben derjenigen kennen, die Sie so gastfreundlich aufgenommen haben. – Ich bin die Tochter eines tapferen Soldaten, des Bruders meiner Tante Pipelet, erhielt eine über meinen Stand hinausgehende Erziehung und wurde von einem reichen jungen Manne verführt, dann verlassen. Um dem Zorn meines alten Vaters zu entgehen, floh ich aus meiner Heimat –.« Hier brach Cecily in lautes Lachen aus und sagte: »Das ist doch hoffentlich eine schöne Geschichte!«

»Sie sind durch nichts zu rühren... Ich diene Ihnen wie der geringste Knecht, ich werde von meinen Schreibern verlacht, meine Klienten wissen nicht, ob sie mir ihre Angelegenheiten noch länger überlassen sollen. – Verlangen Sie noch andere Beweise? Sprechen Sie! Wünschen Sie Gold?«

»Was nützt mir Ihr Gold?« unterbrach Cecily den Notar achselzuckend.

»Sprechen Sie ein Wort, und alle Wunder des Luxus stehen zu Ihrer Verfügung!«

»Zu welchem Zweck? Was nützt mir ein Rahmen ohne Gemälde? – Und wo wäre der geliebte Mann, lieber Herr?«

»Freilich«, entgegnete der Notar bitter, »ich bin alt, ich bin häßlich – ich kann nur Abscheu erregen. – Sie drückt mich zu Boden, sie spielt mit mir, und ich besitze nicht die Kraft, sie aus meinem Hause zu jagen. – Ich habe nur die Kraft, zu dulden.«

»Oh, der unerträgliche Tränenmensch mit seinem Jammergesicht!« rief Cecily in verächtlichem Ton; »er kann nur wehklagen und verzweifeln und ist dabei seit zehn Tagen in einem unbewohnten Hause mit einem jungen Mädchen allein.«

»Ja, aber das Mädchen verschmäht mich...«

»So besiege die Verachtung des Mädchens, zwinge sie, die Türe zu öffnen, die dich von ihr trennt!«

»Wie? . . . Wie?«

»Durch die Kraft der Liebe.«

»Kann ich Liebe wecken?«

»Soll ich dir deine Rolle einstudieren? Du bist häßlich – sei schrecklich, und man wird deine Häßlichkeit vergessen; du bis alt – sei furchtbar, und man wird dein Alter vergessen. – Sei ein Tiger, der, bluttriefend, brüllt... «

»Sprechen Sie, sprechen Sie weiter!« rief er begeistert aus. – »Ach, wenn ich könnte –«

»Man kann, was man will!«

»Aber...«

»Aber ich sage dir, ich möchte an deiner Stelle sein und ein schönes, feuriges Weib verführen, das alles begreift, weil es zu allem fähig ist. – Welcher Triumph, sich sagen zu können: Ich habe erreicht, daß man mir mein Alter und meine Häßlichkeit verzieh! Ich verdanke die Liebe, die man mir gewährt, nicht dem Mitleid; ich verdanke sie meinem Geist, meiner Kühnheit, meiner Energie, meiner maßlosen Leidenschaft. Ja, und wenn schöne junge Männer da wären: das Weib, das ich, durch grenzenlose Beweise einer wahnsinnigen Leidenschaft, gewonnen habe, würde keinen Blick für sie haben, denn sie wüßte, daß diese verweichlichten Stutzer sich fürchten würden, wenn sie einem ihrer Befehle gehorchen sollten, während ihr alter Tiger, wenn sie ihr Taschentuch in die Flammen würfe, auf einen Wink von ihr sich freudig in die Glut stürzte.«

»Ja, das würde ich tun. – Versuchen Sie es!«

Cecily näherte sich mehr und mehr der Türe und heftete einen durchbohrenden Blick auf Ferrand.

»Warum sollte jenes Weib nicht glühend liebevoll sein?« setzte Cecily hinzu. – »Wenn sie einen Feind hätte, sie sagte ihrem alten Tiger: zerreiße ihn!«

»Er würde ihn zerreißen!« entgegnete Jacob Ferrand.

»Wirklich?«

»Um dich zu besitzen, würde ich ein Verbrechen begehen!«

»Halt!« sagte plötzlich Cecily, »jetzt ist die Reihe an mir, auszurufen: Weiche von mir! Ich kenne dich nicht mehr...«

Und sie ging schnell von der Türe weg.

»Cecily...befiehl, und ich werde dein Tiger sein.« »Nein, Herr«, entgegnete Cecily, indem sie sich weiter von der Türe entfernte, »und um den Teufel zu beschwören, der mich in Versuchung führen will, werde ich ein Lied aus meiner Heimat singen...«

»Cecily...«, rief Ferrand in flehendem Tone.

Cecily trat an den Kamin, löschte die Lampe aus, nahm eine Gitarre und schürte das Feuer, dessen flackernder Schein das Zimmer erhellte.

3.4 Algernon Charles Swinburne: Dolores (1866)

Dass die Dichtung Algernon Charles Swinburnes immer mit einer gewissen Pikiertheit rezipiert wurde, ist laut *Kindlers Literatur Lexikon*, «weniger durch die Sache selbst [...] als rezeptionsgeschichtlich begründet. Eine Woche nach Swinburnes Tod, am 18.4.1909, wetterte Canon Mason von der Kanzel der Kathedrale zu Canterbury», dass das allerkostbarste Blut notwendig gewesen sei, um die Verschmutzung, die Swinburne der englischen Literatur angetan habe, wieder zu beseitigen. Swinburne steht insofern in einer Reihe mit Autoren wie Edgar Allan Poe und Jonathan Swift, deren Werke von sich besonders moralisch gerierenden Zeitgenossen als verwerflich durch den Schmutz gezogen wurden – was aber letztlich nichts über deren tatsächlichen literarischen Wert aussagte. Dass Swinburne allerdings noch posthum von der Kanzel beschimpft wurde, lässt nur «im Nachhall erahnen, welche aggressive Empörung über tatsächliche und vermeintliche Blasphemien, Obszönitäten und Perversionen durch die Veröffentlichung (seiner) *Poems und Ballads* im Jahre 1866 ausgelöst wurde.» Es war für das englische Bürgertum alles andere als einfach zu verkraften, dass Swinburne in der Mitte des 19. Jahrhunderts unter anderem auch «Gefühle sadistischer und masochistischer Natur ausführlich zur Sprache bringt»[69].

Kindlers Literatur Lexikon führt über Swinburne weiter aus: «Besonders verübelte man ihm sein Frauenbild. Der von ihm sprachmächtig besungene Typus der Anti-Madonna, ‹Our Lady of Pain›[70], konnte zwar an Keats' *La Belle Dame Sans Merci* anknüpfen, war aber wesentlich grausamer, dominierender und lasziver als sie. Es liegt auf der Hand, dass auch die Liebe (zu) einer solchen Frau notgedrungen einen anderen Charakter hat. Sie wird als eine bittersüße Mischung aus Lust und Schmerz erfahren und gefeiert. Die Publikation der *Poems and Ballads* (1866) eskalierte zu einem der größten Skandale der englischen Literaturgeschichte und hat Swinburnes Rezeption in den so genannten gebildeten Kreisen jahrelang beeinflusst und behindert. Erschreckt zog der erste Verleger das Buch zurück. (Wie erschreckend sich die Zeiten gleichen, lässt sich anhand des Beispiels von Bret Easton Ellis' *American Psycho* im Kapitel zur Gegenwartsliteratur feststellen.)[71] Es war zwar bald wieder erhältlich; aber die Tendenz, einer wirklichen Auseinandersetzung lieber aus dem Weg zu gehen, war und blieb symptomatisch.» Und dies lag keineswegs in einem Mangel des Werks begründet. «Swinburne hat, daran muss nachdrücklich erinnert werden, die englische Dichtung thematisch wie formal grundlegend erneuert, indem er sich über religiöse, moralische und politische Restriktionen hinwegsetzte, die kontinentale künstlerische Avantgarde zur Kenntnis nahm (u. a. Baudelaire und Richard Wagner) und die im Englischen natürlich scheinende Vorherrschaft jambischer Verhaltenheit und Eintönigkeit außer Kraft setzte.»[72]

Ein Literaturwissenschaftler, der sich mit dem Sadomasochismus in Swinburnes Werk sehr ausführlich und sachlich auseinander setzte, ist David G. Riede. In seiner Analyse Swinburne. A *Study of*

Romantic Mythmaking[73] erwähnt er Swinburnes Anmerkungen zu den *Poems and Ballads*, denen zufolge der Dichter *Dolores* als Resultat einer Phase beschrieb, in der man von der Liebe enttäuscht und ermüdet Zuflucht in den gewaltsamen Freuden einer hitzigen Sinnlichkeit findet, die zumindest nicht mehr von sich verspricht, als sie tatsächlich halten kann.[74] *Dolores* sei eine perverse Parodie auf die Litaneien, die an die Jungfrau Maria gerichtet seien. Keuschheit und Gnade werden dabei durch Laszivität und Grausamkeit ersetzt[75], gleichzeitig aber wird etwa durch den Untertitel des Gedichtes, *Notre-Dame des Sept Douleurs*, die christliche Askese mit sadomasochistischer Sexualität in Verbindung gebracht[76]. Dabei wandelt sich aber das spirituell emotionelle Leiden der Heiligen Jungfrau durch den veränderten Kontext in körperlichen Schmerz, der von Dolores zugefügt wird. Christlicher Masochismus schlägt um in heidnischen Sadismus. Eine Vorstellung, die den Körper als geringer denn die Seele betrachtet, wird auf den Kopf gestellt: Das Fleischliche erlöst nun das Spirituelle. Das erzählende Ich des Gedichtes sucht eine Befriedigung in reiner Lust, um dadurch die Schmerzen der Liebe zu vermeiden[77].

Auch in anderen Werken Swinburnes tauchen mit Faustine, Phaedra, Aholibah, Lucrezia Borgia und Venus wahre Gigantinnen der perversen Unzucht auf, die das Prinzip der Lust verkörpern und der Macht, die es Frauen zur Beherrschung der Männer verleiht[78].

Im Folgenden finden sich die ersten elf Verse von *Dolores*.

Dolores (Notre-Dame des Sept Douleurs)

Gold eyelids that hide like a jewel
Hard eyes that grow soft for an hour;
The heavy white limbs, and the cruel
Red mouth like a venomous flower;
When these are gone by with their glories,
What shall rest of thee then, what remain,
O mystic and sombre Dolores,
Our Lady of Pain?

Seven sorrows the priests give their Virgin;
But thy sins, which are seventy times seven,
Seven ages would fail thee to purge in,
And then they would haunt thee in heaven:
Fierce midnights and famishing morrows.
And the loves that complete and control
All the joys of the flesh, all the sorrows
That wear out the soul.

O garment not golden but gilded,
O garden where all men may dwell,
O tower not of ivory, but builded
By hands that reach heaven from hell;
O mystical rose of the mire,
O house not of gold but of gain,
O house of unquenchable fire,
Our Lady of Pain!

O lips full of lust and of laughter,
Curled snakes that are fed from my breast,
Bite hard, lest remembrance come after
And press with new lips where you pressed.
For my heart too springs up at the pressure,
Mine eyelids too moisten and burn;
Ah, feed me and fill me with pleasure,
Ere pain come in turn.

In yesterday's reach and to-morrow's,
Out of sight though they lie of to-day,
There have been and there yet shall be sorrows
That smite not and bite not in play.
The life and the love thou despisest,
These hurt us indeed, and in vain,
O wise among women, and wisest,
Our Lady of Pain.

Who gave thee thy wisdom? what stories
That stung thee, what visions that smote?
Wert thou pure and a maiden, Dolores,
When desire took thee first by the throat?
What bud was the shell of a blossom
That all men may smell to and pluck?
What milk fed thee first at what bosom?
What sins gave thee suck?

We shift and bedeck and bedrape us,
Thou art noble and nude and antique;
Libitina thy mother, Priapus
Thy father, a Tuscan and Greek.
We play with light loves in the portal,
And wince and relent and refrain;
Loves die, and we know thee immortal,
Our Lady of Pain.

Fruits fail and love dies and time ranges;
Thou art fed with perpetual breath,
And alive after infinite changes,
And fresh from the kisses of death;
Of languors rekindled and rallied,
Of barren delights and unclean,
Things monstrous and fruitless, a pallid
And poisonous queen.

Could you hurt me, sweet lips, though I hurt you?
Men touch them, and change in a trice
The lilies and languors of virtue
For the raptures and roses of vice;
Those lie where thy foot on the floor is,
These crown and caress thee and chain,
O splendid and sterile Dolores,
Our Lady of Pain.

There are sins it may be to discover,
There are deeds it may be to delight.
What new work wilt thou find for thy lover,
What new passions for daytime or night?
What spells that they know not a word of
Whose lives are as leaves overblown?
What tortures undreamt of, unheard of,
Unwritten, unknown?

Ah beautiful passionate body
That never has ached with a heart!
On thy mouth though the kisses are bloody,
Though they sting till it shudder and smart,
More kind than the love we adore is,
They hurt not the heart or the brain,
O bitter and tender Dolores,
Our Lady of Pain.

3.5 Leopold Ritter von Sacher-Masoch: Venus im Pelz (1870)

Es ist vielleicht eine der größten Absonderlichkeiten der Literaturgeschichte, dass Leopold Ritter von Sacher-Masoch als Autor im deutschen Sprachraum mittlerweile so gut wie unbekannt ist – das repräsentative *Kindlers Literatur Lexikon* geht pikiert schweigend über ihn hinweg –, obwohl er als Namensgeber für eine beliebte sexuelle Variante heutzutage mehr denn je in aller Munde ist. In Frankreich hingegen findet er ebenso ernsthafte Beachtung, wie auch *Die Geschichte der O* in unserem Nachbarland zur Nationalliteratur gehört. Vielleicht ist die Germanistik eine besonders verklemmte Form der Literaturwissenschaft, vielleicht aber, so mag man nach den Erfahrungen der letzten beiden Jahrhunderte spekulieren, konnte die Seele des deutschen Mannes mit Unterwerfung lange Zeit lediglich dann etwas anfangen, wenn sie in Bezug auf andere Männer geschah – und keineswegs auf Frauen. Etliche Männer der Gegenwart haben mit der Unterwerfung Frauen gegenüber, ob sexuell oder politisch, offensichtlich keine Probleme mehr.

Auch in der SM-Szene indes dürfte mit dem Namen Sacher-Masochs nicht viel mehr als seine Novelle *Venus im Pelz* assoziiert werden, der nahezu archetypischen Geschichte der Selbstunterwerfung Severins unter seine angebetete Wanda. Dazu urteilt eine zeitgenössische Rezension (1890) Fritz Lemmermayers: «Die Nachtseiten des geschlechtlichen Lebens werden mit einer Krassheit aufgedeckt, die auch für den Nichtprüden unanständig ist und die Grenzen des Darstellbaren weit überschreitet. Das berückend schöne Weib mit Pelz und Peitsche prügelt und foltert den Mann, der in wahnsinniger Begierde zu seinen Füßen sich wälzt. Da kann man nicht mehr mitgehen. Das ist eine Literatur, welche gewisse im Handel verbotene Pornographien zu illustrieren scheint, eine Literatur bestimmt nur für Männer, deren Aufgabe darin besteht, sich ein Rückenmarksleiden anzuleben.»

Sacher-Masochs anderen Romane *Eine gallizische Geschichte, 1846* und *Die geschiedene Frau*, sein Lustspiel *Der Mann ohne Vorurtheil* und seine Novelle *Don Juan von Kolomnea* sind hierzulande weitgehend der Vergessenheit anheim gefallen. Dabei äußert sich im Begleittext des letztgenannten Werkes (1876) kein Geringerer als der bedeutende Naturalist Paul Heyse – wenn auch merklich betrübt darüber, dass Masochs Laufbahn «nach den ersten vielversprechenden Anfängen unter dem Einfluße Turgenjeffs [...] leider bald in eine Bahn geriet, auf der ihm unser Antheil nicht zu folgen vermag. In einer Reihe von Bänden [...] wird unermüdlich das Thema variirt, daß keine sittliche Kraft dem Sinnenzauber widersteht, jede Manneswürde und Mannesehre der Verführung eines üppigen Weibes erliegen muß und Grausamkeit und Wollust blutsverwandt sind.» Heyse spricht in diesem Zusammenhang von «Verirrungen» und einer «Entfremdung von dem gesunden Geist und Wesen unserer deutschen Dichtung».

Diese präfaschistische Ausdrucksweise findet sich unter anderem auch in Wolfgang von Einsiedels Nachwort zur Reclam-Ausgabe des *Don Juan* (1926). Er wirft Sacher-Masoch die Absicht vor, «durch abwegige Besonderheiten zu fesseln und zu erregen [...], eine private Not zu öffentlicher Sensation prostituierend, in monomaner Zuspitzung zum Kernthema seines literarischen Schaffens. [...] Die Novelle *Don Juan von Kolomnea* [...] zeigt ihn noch in Verbundenheit mit seinem Volkstum, [...] der Selbsterniedrigungstrieb, im Märtyrer, Geißelbruder und Bekenntnisliteraten gleichermaßen sich auswirkend, (ist) noch nicht ins Nur-Sexuelle projiziert.» Von Einsiedel räumt ein: «Sacher-Masoch hat eine Naturanschauungs- und Schilderungsgabe, wie sie vielleicht kein zweiter deutscher Dichter der Gegenwart besitzt», dabei sei «nicht minder auch der geistige Gehalt hochbedeutend, der seinen Werken innewohnt.» Seltsamerweise soll das alles bei der *Venus im Pelz* nicht mehr gelten, hier spricht von Einsiedel nur noch von «einer abstoßenden Erotik» und «krankhaften Dichtung», einer «krankhafte(n) Sinnlichkeit» und «unmännlichen Trunkenheit». Er kommt zu dem anmaßend apodiktischen Schluss: «Diese Erzeugnisse muß jeder gesunde Geschmack zurückweisen.» Wenige Absätze später gesteht er Masoch dem unbenommen «eine der ehrenvollsten Stellen in der Erzählungsliteratur der Gegenwart» zu.

Im Folgenden finden sich die Seiten 101-104 der oben angeführten Ausgabe. Es empfiehlt sich sehr, das komplette Werk zu lesen. Ebenfalls ausgewählt wurde eine Passage aus Masochs *Don Juan von Kolomnea*[79], deren Inhalt man als ein Bindeglied zwischen Goethes *Werther* und Masochs *Venus* verstehen kann, sowie eine Passage aus *Der Wanderer*[80], die stark an den Geschlechterkampf bei Strindberg erinnert.

Venus im Pelz

Bin ich toll oder ist sie es? Entspringt dies alles in eurem erfinderischen mutwilligen Frauengehirne; in der Absicht, meine übersinnlichen Phantasien zu übertreffen, oder ist dies Weib wirklich eine jener neronischen Naturen, welche einen teuflischen Genuß darin finden, Menschen, welche denken und empfinden und einen Willen haben wie sie selbst, gleich einem Wurme unter dem Fuße zu haben?

Was habe ich erlebt!

Als ich mit dem Kaffeebrett vor ihrem Bette niederkniete, legte Wanda plötzlich die Hand auf meine Schulter und tauchte ihre Augen tief in die meinen.

»Was du für schöne Augen hast«, sprach sie leise, »und jetzt erst recht, seitdem du leidest. Bist du recht unglücklich?«

Ich senkte den Kopf und schwieg.

»Severin! liebst du mich noch«, rief sie plötzlich leidenschaftlich, »kannst du mich noch lieben?« und sie riß mich mit solcher Gewalt an sich, daß das Brett umklappte, die Kannen und Tassen zu Boden fielen und der Kaffee über den Teppich lief.

»Wanda – meine Wanda«, schrie ich auf und preßte sie heftig an mich und bedeckte ihren Mund, ihr Antlitz, ihre Brust mit Küssen. »Das ist ja mein Elend, daß ich dich immer mehr, immer wahnsinniger liebe, je mehr du mich mißhandelst, je öfter du mich verratest! oh! ich werde noch sterben vor Schmerz und Liebe und Eifersucht.«

»Aber ich habe dich ja noch gar nicht verraten, Severin«, erwiderte Wanda lächelnd.

»Nicht? Wanda! Um Gottes willen! scherze nicht so unbarmherzig mit mir«, rief ich. »Habe ich nicht selbst den Brief zum Fürsten –«

»Allerdings, eine Einladung zum Dejeuner.«

»Du hast, seitdem wir in Florenz sind –«

»Dir die Treue vollkommen bewahrt«, entgegnete Wanda, »ich schwöre es dir bei allem, was mir heilig ist. Ich habe alles nur getan, um deine Phantasie zu erfüllen, nur deinetwegen.

Aber ich werde mir einen Anbeter nehmen, sonst ist die Sache nur halb, und du machst mir am Ende noch Vorwürfe, daß ich nicht grausam genug gegen dich war. Mein lieber, schöner Sklave! Heute aber sollst du wieder einmal Severin, sollst du ganz nur mein Geliebter sein. Ich habe deine Kleider nicht fortgegeben, du findest sie hier im Kasten, ziehe dich so an, wie du damals warst in dem kleinen Karpatenbade, wo wir uns so innig liebten; vergiß alles, was seitdem geschehen ist, o, du wirst es leicht vergessen in meinen Armen, ich küsse dir allen Kummer weg.«

Sie begann mich wie ein Kind zu zärteln, zu küssen, zu streicheln. Endlich bat sie mit holdem Lächeln: »Zieh' dich jetzt an, auch ich will Toilette machen; soll ich meine Pelzjacke nehmen? Ja, ja, ich weiß schon, geh nur!«

Als ich zurückkam, stand sie in ihrer weißen Atlasrobe, der roten mit Hermelin besetzten Kazabaika, das Haar weiß gepudert, ein kleines Diamantendiadem über der Stirne, in der Mitte des Zimmers. Einen Augenblick erinnerte sie mich unheimlich an Katharina II., aber sie ließ mir keine Zeit zu Erinnerungen, sie zog mich zu sich auf die Ottomane und wir verbrachten zwei selige Stunden; sie war jetzt nicht die strenge, launische Herrin, sie war ganz nur die feine Dame, die zärtliche Geliebte. Sie zeigte mir Photographien, Bücher, welche eben erschienen waren, und sprach mit mir über dieselben mit so viel Geist und Klarheit und Geschmack, daß ich mehr als einmal entzückt ihre Hand an die Lippen führte. Sie ließ mich dann ein paar Gedichte von Lermontow vortragen, und als ich recht im Feuer war – legte sie die kleine Hand liebevoll auf die meine und fragte, während ein holdes Vergnügen auf ihren weichen Zügen, in ihrem sanften Blicke lag, »bist du glücklich?«

»Noch nicht.«

Sie legte sich hierauf in die Polster zurück und öffnete langsam ihre Kazabaika.

Ich aber deckte den Hermelin rasch wieder über ihre halbentblößte Brust. »Du machst mich wahnsinnig«, stammelte ich.

»So komm.«

Schon lag ich in ihren Armen, schon küßte sie mich wie eine Schlange mit der Zunge; da flüsterte sie noch einmal: »Bist du glücklich?«

»Unendlich!« rief ich.

Sie lachte auf; es war ein böses, gellendes Gelächter, bei dem es mich kalt überrieselte.

»Früher träumtest du, der Sklave, das Spielzeug eines schönen Weibes zu sein, jetzt bildest du dir ein, ein freier Mensch, ein Mann, mein Geliebter zu sein, du Tor! Ein Wink von mir, und du bist wieder Sklave. – Auf die Knie.«

Ich sank von der Ottomane herab zu ihren Füßen, mein Auge hing noch zweifelnd an dem ihren.

»Du kannst es nicht glauben«, sprach sie, mich mit auf der Brust verschränkten Armen betrachtend, »ich langweile mich, und du bist eben gut genug, mir ein paar Stunden die Zeit zu vertreiben. Sieh mich nicht so an –«

Sie trat mich mit dem Fuße.

»Du bist eben, was ich will, ein Mensch, ein Ding, ein Tier –« Sie klingelte. Die Negerinnen traten ein.

»Bindet ihm die Hände auf den Rücken.«

Ich blieb knien und ließ es ruhig geschehen. Dann führten sie mich in den Garten hinab bis zu dem kleinen Weinberg, der ihn gegen den Süden begrenzt. Zwischen den Traubengeländen war Mais angebaut gewesen, da und dort ragten noch einzelne dürre Stauden. Seitwärts stand ein Pflug.

Die Negerinnen banden mich an einen Pflock und unterhielten sich damit, mich mit ihren goldenen Haarnadeln zu stechen. Es dauerte jedoch nicht lange, so kam Wanda, die Hermelinmütze auf dem Kopf, die Hände in den Taschen ihrer Jacke, sie ließ mich losbinden, mir die Arme auf den Rücken schnüren, mir ein Joch auf den Nacken setzen und mich in den Pflug spannen.

Dann stießen mich ihre schwarzen Teufelinnen in den Acker, die eine führte den Pflug, die andere lenkte mich mit dem Seil, die dritte trieb mich mit der Peitsche an, und Venus im Pelz stand zur Seite und sah zu.

3.6 Folix Dörmann: Neurotica (1891)

[...]

Ich will meine Zähne vergraben
In deinem knirschenden Haar,
Im Blutrausch will ich vergessen,
Daß ich ein andrer war.
Ich weiß, du kannst genießen,
Unfaßbar, riesenhaft, stark,

Wohlan, so genieß mich, Lucia –
Nach Fäulnis schreit mein Mark.

[...]

Du bist meine Herrin geworden,
Du fahles, berauschendes Weib,

Trink' aus, trink' aus meine Seele,
Zerstör' den vergifteten Leib.

Ich kann nicht mehr heißer empfinden,
Ich reiche zu Dir nicht hinan,
Du bist der Dämon der Liebe
Und ich – ein sterblicher Mann.[81]

3.7 Frank Wedekind: Frühlings Erwachen (1891), Der Erdgeist (1895)

Als einer der klassischen Prototypen der Femme fatale, der Frau,
durch deren erotische Ausstrahlung Männer ins Verderben gelockt
werden, gilt Franz Wedekinds ‹Lulu›. Hatte Wedekind – seiner
bekannten Ängste, von der geliebten Frau manipuliert, ausgebeutet
und beherrscht zu werden, unbenommen – eigentlich vorgehabt,
mit dieser Dramengestalt für die befreiende Kraft der Sinnlichkeit
zu werben, wurde Lulu in der Publikumsrezeption völlig konträr
dazu als dämonische Verführerin und die von ihr verkörperte Erotik als Gefährdung des patriarchalen Bürgertums wahrgenommen.

Für diese Anthologie wurden zwei bezeichnende Stellen aus Wedekinds erstem Lulu-Drama *Der Erdgeist*[82] ausgewählt. Die eine ist
der dritte Aufzug, fünfter Auftritt und schildert Lulus Gespräch
mit dem Prinzen Eszerny. Hierzu sei noch einmal Hilmes Klassiker *Die Femme Fatale*[83] zitiert: «Wenn Lulu dem Prinzen Eszerny
gegenüber ihre Ablehnung seines Liebeswerbens damit begründet,

dass sie sagt, beherrscht werden sei schöner als herrschen [...], erklärt sie die masochistische Liebe zur höchsten Form der Liebe.» Einer Fußnote Hilmes zufolge kommt auch der Kulturkritiker Karl Kraus in seiner Würdigung von Wedekinds zweitem Lulu-Drama *Die Büchse der Pandora* zu der Folgerung, dass die wahre, reine Liebe stets masochistisch sei.[84]

Bei der zweiten hier abgedruckten Stelle handelt es sich um den dritten Aufzug, zehnter Auftritt, in dem es um Lulus Unterwerfung des Chefredakteurs Schön geht. Dazu wieder Hilmes: «Erst indem Lulu auf Schöns Demütigungen mit stolzer Unterwerfung reagiert, sie seine Erniedrigungen also annimmt und für sich positiv umdeutet, kann sie über Schön triumphieren. Die bewusste [...] Unterwerfung ermöglicht ihr ein Spiel mit der Unterwürfigkeit, das ihr eine gewisse Macht verleiht. Aus ihrer Einsicht in das repressiv-dualistische Weltbild Dr. Schöns gewinnt sie ihre Überlegenheit.»[85]

Eine SM-Anthologie der Weltliteratur wäre aber sicherlich unvollständig ohne eine weitere Stelle aus Wedekinds Oeuvre, der fünften und letzten Szene des ersten Aktes von *Frühlings Erwachen*. Obwohl es sich bei diesem Theaterstück um ein wahres Meisterwerk handelt, musste es als «unerhörte Unflätigkeit» immer wieder gegen die Zensur ankämpfen: geschrieben 1891, Uraufführung erst 1906, mehrfache Skandale, gerichtliche Auseinandersetzungen, Aufführungsverbot einzelner Szenen, zuletzt 1965 im Londoner Royal Court Theatre. Gerade die im Folgenden abgedruckte Stelle wurde selbst von einem liberalen Kritiker wie Siegfried Jacobsohn 1906 als Darstellung von «Abarten der Geschlechtsliebe» bezeichnet, «denen allenfalls Erwachsene verfallen können»[86]. «Wedekind aber wusste, dass solche Praktiken gerade zum Erscheinungsbild der Pubertät gehören und keineswegs ‹abartig› sind, was immer man darunter verstehen mag. Auf die Bühne kamen diese Szenen erst in den sechziger Jahren.»[87] Vorher konnte man dem Publikum den erotisch belegten Anblick eines sich auf der Bühne peitschenden jungen Paares offenbar nicht zumuten.

Wie Elizabeth Boa in ihrer sehr ausführlichen Analyse zum sadomasochistischen Diskurs auch in den anderen Dramen Wedekinds nachweist[88], durchzieht das SM-Motiv auf unterschiedlichste Weise etliche Figuren des Stückes: Außer bei Wendla und Melchior taucht es auf bei den inhumanen Erziehungsmethoden, denen Martha durch ihren Vater unterworfen wird; Moritz' Vorstellung, wie schön es wäre, als Frau zu sexueller Hingabe gezwungen zu werden, die in der siebten Szene des zweiten Aktes in eine stantoneske Ästhetik umschlagen – «[...] hätte mir ein unbändiges Füllen gezogen – hätte es in langen schwarzseidenen Strümpfen und schwarzen Lackstiefeln und schwarzen, langen Glacé-Handschuhen, schwarzen Samt um den Hals, über den Teppich an mir vorbeistolzieren lassen [...]» –, Ilses Abenteuern von Gewalt und Unterwerfung im sexuellen Spiel mit verschiedenen Männern und nicht zuletzt Hänschens pseudosadistischer Dialog mit pornographischen Zeichnungen. Boa führt in ihrem Kapitel *Les Fleurs du Mal* aus, dass Wedekind den Sadomasochismus als ein Verhaltensmuster darstellt, welches die Erwachsenen, Eltern und Lehrer, infolge ihrer repressiven Erziehungsmethoden auf ihre Kinder übertragen.[89] Im Hinblick auf Wedekinds Gesamtwerk interpretiert sie die SM-Motivik bei ihm als eine «lächerliche Verdrehung des männlichen Egos unter dem bürgerlichen Kapitalismus, der dem entfesselten Einzelnen Macht verspricht, diese aber permanent zurückhält»[90].

Frühlings Erwachen

Melchior: [...] Was hast du vorhin geträumt, Wendla, als du am Goldbach im Grase lagst?

Wendla: – Dummheiten – Narreteien –

Melchior: Mit offenen Augen?!

Wendla: Mir träumte, ich wäre ein armes, armes Bettelkind, ich würde früh fünf schon auf die Straße geschickt, ich müßte betteln den ganzen langen Tag in Sturm und Wetter, unter hartherzigen, rohen Menschen. Und kam ich abends nach Hause, zitternd vor Hunger und Kälte, und hätte so viel Geld nicht, wie mein Vater verlangt, dann würd ich geschlagen – geschlagen –

Melchior: Das kenne ich, Wendla. Das hast du den albernen Kinder-geschichten zu danken. Glaub mir, so brutale Menschen existieren nicht mehr.

Wendla: O doch, Melchior, du irrst. – Martha Bessel wird Abend für Abend geschlagen, daß man andern Tags Striemen sieht. O was die leiden muß! Siedendheiß wird es einem, wenn sie erzählt. Ich bedaure sie so furchtbar, ich muß oft mitten in der Nacht in die Kissen weinen. Seit Monaten denke ich darüber nach, wie man ihr helfen kann. – Ich wollte mit Freuden einmal acht Tage an ihrer Stelle sein.

Melchior: Man sollte den Vater kurzweg verklagen. Dann würde ihm das Kind weggenommen.

Wendla: Ich, Melchior, bin in meinem Leben nie geschlagen wor-den – nicht ein einziges Mal. Ich kann mir kaum denken, wie das tut, geschlagen zu werden. Ich habe mich schon selber geschlagen, um zu erfahren, wie einem dabei ums Herz wird. – Es muß ein grauenvolles Gefühl sein.

Melchior: Ich glaube nicht, daß je ein Kind dadurch besser wird.

Wendla: Wodurch besser wird?

Melchior: Daß man es schlägt.

Wendla: – Mit dieser Gerte zum Beispiel! – Hu, ist die zäh und dünn.

Melchior: Die zieht Blut!

Wendla: Würdest du mich nicht einmal damit schlagen?

Melchior: Wen?

Wendla: Mich.

Melchior: Was fällt dir ein, Wendla!

Wendla: Was ist denn dabei?

Melchior: O sei ruhig! – Ich schlage dich nicht.

Wendla: Wenn ich dir's doch erlaube!

Melchior: Nie, Mädchen!

Wendla: Aber wenn ich dich darum bitte, Melchior!

Melchior: Bist du nicht bei Verstand?

Wendla: Ich bin in meinem Leben nie geschlagen worden!

Melchior: Wenn du um so etwas bitten kannst...!

Wendla: – Bitte – bitte –

Melchior: Ich will dich bitten lehren! – (Er schlägt sie.)

Wendla: Ach Gott – ich spüre nicht das geringste!
Melchior: Das glaub ich dir – durch all deine Röcke durch...
Wendla: So schlag mich doch an die Beine!
Melchior: Wendla! – (Er schlägt sie stärker.)
Wendla: Du streichelst mich ja! – Du streichelst mich!
Melchior: Wart, Hexe, ich will dir den Satan austreiben! (Er wirft den Stock beiseite und schlägt derart mit den Fäusten drein, daß sie in ein fürchterliches Geschrei ausbricht. Er kehrt sich nicht daran, sondern drischt wie wütend auf sie los, während ihm die dicken Tränen über die Wangen rinnen. Plötzlich springt er empor, faßt sich mit beiden Händen an die Schläfen und stürzt, aus tiefster Seele jammervoll aufschluchzend, in den Wald hinein.)

Der Erdgeist

Fünfter Auftritt
(*Lulu. Escerny*)

LULU: Ich muß mich ja wieder umziehen.
ESCERNY: Aber Ihre Garderobiere ist ja nicht hier?
LULU: Ich kann das rascher allein. Wo sagten Sie, daß Dr. Schön sitzt?
ESCERNY: Ich sah ihn in der hintersten Parkettloge links.
LULU: Jetzt habe ich noch fünf Kostüme vor mir: Dancinggirl, Ballerina, Königin der Nacht, Ariel und Lascaris... (Tritt hinter die spanische Wand zurück.)
ESCERNY: Würden Sie es für möglich halten, daß ich bei unserem ersten Renkontre nicht anders gewärtig war, als mit einer jungen Dame aus der literarischen Welt bekannt zu werden? – (Setzt sich rechts neben den Mitteltisch, wo er bis zum Schluß der Szene sitzen bleibt.) Sollte ich mich in der Beurteilung Ihrer Natur irren, oder habe ich das Lächeln, das die dröhnenden Beifallsstürme auf Ihren Lippen hervorrufen, richtig gedeutet? –: daß Sie unter der Notwendig-

keit, Ihre Kunst vor Leuten von zweifelhaften Interessen entwürdigen zu müssen, innerlich leiden? – (Da Lulu nicht antwortet.) Daß Sie den Schimmer der Öffentlichkeit jeden Augenblick für ein ruhiges, sonniges Glück in vornehmer Abgeschlossenheit eintauschen würden? (Da Lulu nicht antwortet.) Daß Sie Hoheit und Würde genug in sich fühlen, einen Mann zu Ihren Füßen zu fesseln – um sich an seiner vollkommenen Hilflosigkeit zu erfreuen? – (Da Lulu nicht antwortet.) Daß Sie sich an einem würdigeren Platz als hier in einer mit reichlichem Komfort ausgestatteten Villa fühlen würden - bei unbegrenzten Mitteln – um durchaus als Ihre eigene Herrin zu leben?

LULU   (in kurzem hellen Plisseeunterrock und weißem Atlaskorsett, schwarzen Schuhen und Strümpfen, Schellensporen unter den Absätzen, tritt hinter der spanischen Wand vor, mit dem Schnüren ihres Korsetts beschäftigt:) Wenn ich nur einen Abend mal nicht auftrete, dann träume ich die ganze Nacht hindurch, daß ich tanze, und fühle mich am folgenden Tag wie gerädert...

ESCERNY: Aber was könnte es Ihnen dabei ausmachen, statt dieses Pöbels nur einen Zuschauer, einen Auserwählten, vor sich zu sehen?

LULU: Das könnte mir gleichgültig sein. Ich sehe ja doch niemanden.

ESCERNY: Ein erleuchteter Gartensaal – das Plätschern vom See herauf... Ich bin auf meinen Forschungsreisen nämlich zur Ausübung eines ganz unmenschlichen Despotismus gezwungen...

LULU   (vor dem Spiegel, sich eine Perlenkette um den Hals legend:) Eine gute Schule!

ESCERNY: Wenn ich mich jetzt danach sehne, mich ohne irgendwelchen Vorbehalt der Gewalt einer Frau zu überliefern, so ist das ein natürliches Bedürfnis nach Abspannung... Können Sie sich ein höheres Lebensglück für eine Frau denken, als einen Mann vollkommen in ihrer Gewalt zu haben?

LULU   (mit den Absätzen klirrend:) O ja!

ESCERNY (verwirrt:) Unter gebildeten Menschen finden Sie nicht einen, der Ihnen gegenüber nicht den Kopf verliert.

LULU: Ihre Wünsche erfüllt Ihnen aber niemand, ohne Sie dabei zu hintergehen.

ESCERNY: Von einem Mädchen wie Sie betrogen zu werden, muß noch zehnmal beglückender sein, als von jemand anders aufrichtig geliebt zu werden.

LULU: Sie sind in Ihrem Leben noch von keinem Mädchen aufrichtig geliebt worden! (Sich rücklings gegen ihn stellend, auf ihr Korsett deutend.) Würden Sie mir den Knoten auflösen. Ich habe mich zu fest geschnürt. Ich bin immer so aufgeregt beim Ankleiden.

ESCERNY (nach wiederholtem Versuch:) Ich bedaure; ich kann es nicht.

LULU: Dann lassen Sie. Vielleicht kann ich es. (Geht nach rechts.)

ESCERNY: Ich gestehe ein, daß es mir an Geschicklichkeit gebricht. Ich war vielleicht im Verkehr mit Frauen nicht gelehrig genug.

LULU: Dazu haben Sie in Afrika wohl auch nicht viel Gelegenheit?

ESCERNY (ernst:) Lassen Sie mich Ihnen offen gestehen, daß mir meine Vereinsamung in der Welt manche Stunde verbittert.

LULU: Gleich ist der Knoten auf...

ESCERNY: Was mich zu Ihnen hinzieht, ist nicht Ihr Tanz. Es ist Ihre körperliche und seelische Vornehmheit, wie sie sich in jeder Ihrer Bewegungen offenbart. Wer sich so sehr wie ich für Kunstwerke interessiert, kann sich darin nicht täuschen. Ich habe während zehn Abenden Ihr Seelenleben aus Ihrem Tanze studiert, bis ich heute, als Sie als Blumenmädchen auftraten, vollkommen mit mir ins klare kam. Sie sind eine großangelegte Natur-uneigennützig. Sie können niemanden leiden sehen. Sie sind das verkörperte Lebensglück. Als Gattin werden Sie einen Mann über alles glücklich machen... Ihr ganzes Wesen ist Offenherzigkeit. – Sie wären eine schlechte Schauspielerin...

(Die elektrische Klingel tönt über der Tür.)

LULU   (hat die Schnüre ihres Korsetts etwas gelockert, holt tief
         Atem, mit den Absätzen klirrend:) Jetzt kann ich wieder
         atmen. Der Vorhang geht auf. (Sie nimmt vom Mittel-
         tisch ein Skirtdancekostüm – Plissee, hellgelbe Seide,
         ohne Taille, am Hals geschlossen, bis zu den Knöcheln
         reichend, weite Blusenärmel – und wirft es sich über.)
         Ich muß tanzen.

ESCERNY (erhebt sich und küßt ihr die Hand:) Erlauben Sie mir,
         noch ein wenig hierzubleiben.

LULU: Bitte, bleiben Sie.

ESCERNY: Ich bedarf etwas der Einsamkeit.

(Lulu ab.)

Zehnter Auftritt
(Schön. Lulu.)

LULU: Sie haben recht, daß Sie mir zeigen, wo ich hingehöre. Das
         konnten Sie nicht besser, als wenn Sie mich vor Ihrer Braut
         den Skirtdance tanzen lassen... Sie tun mir den größten
         Gefallen, wenn Sie mich darauf hinweisen, was meine
         Stellung ist.

SCHÖN   (höhnisch:) Bei deiner Herkunft ist es ein Glück sonderglei-
         chen für dich, daß du noch Gelegenheit hast, vor anständi-
         gen Leuten aufzutreten!

LULU: Auch wenn sie über meine Schamlosigkeit nicht wissen,
         wohin sehen.

SCHÖN: Albernes Geschwätz! – Schamlosigkeit? – Mach aus der
         Tugend keine Not! – Deine Schamlosigkeit ist das, was
         man dir für jeden Schritt mit Gold aufwiegt. Der eine
         schreit Bravo, der andere schreit Pfui – das heißt für dich
         das gleiche! – Kannst du dir einen glänzenderen Triumph
         wünschen, als wenn sich ein anständiges Mädchen kaum
         in der Loge zurückhalten läßt?!! Hat dein Leben denn ein
         anderes Ziel?! – Solang du noch einen Funken Achtung vor
         dir selber hast, bist du keine perfekte Tänzerin! Je fürchter-

licher es den Menschen vor dir graut, um so größer stehst du in deinem Beruf da!!

LULU: Es ist mir ja auch vollkommen gleichgültig, was man von mir denkt. Ich möchte um alles nicht besser sein als ich bin. Mir ist wohl dabei.

SCHÖN (in moralischer Empörung:) Das ist deine wahre Natur! Das nenne ich aufrichtig. – Eine Korruption!!

LULU: Ich wüßte nicht, daß ich je einen Funken Achtung vor mir gehabt hätte.

SCHÖN (wird plötzlich mißtrauisch:) Keine Harlekinaden...

LULU: O Gott – ich weiß sehr wohl, was aus mir geworden wäre, wenn Sie mich nicht davor bewahrt hätten.

SCHÖN: Bist du denn heute vielleicht etwas anderes??

LULU: Gott sei Dank, nein!

SCHÖN: Das ist echt!

LULU (lacht:) Und wie überglücklich ich dabei bin!

SCHÖN (spuckt aus:) Wirst du jetzt tanzen?

LULU: Wie und vor wem es ist!

SCHÖN: Also dann auf die Bühne!!

LULU (kindlich bittend:) Nur eine Minute noch. Ich bitte Sie. Ich kann mich noch nicht aufrecht halten. – Man wird klingeln.

SCHÖN: Du bist dazu geworden, trotz allem, was ich für deine Erziehung und dein Wohl geopfert habe!

LULU (ironisch:) Sie hatten Ihren veredelnden Einfluß überschätzt?

SCHÖN: Verschone mich mit deinen Witzen.

LULU: – Der Prinz war hier.

SCHÖN: So?

LULU: Er nimmt mich mit nach Afrika.

SCHÖN: Nach Afrika?

LULU: Warum denn nicht? Sie haben mich ja zur Tänzerin gemacht, damit einer kommt und mich mitnimmt.

SCHÖN: Aber doch nicht nach Afrika!

LULU: Warum haben Sie mich denn nicht ruhig in Ohnmacht fallenlassen, und im stillen dem Himmel dafür gedankt?

SCHÖN: Weil ich leider keinen Grund hatte, an deine Ohnmacht zu glauben!

LULU (spöttisch:) Sie hielten es unten nicht aus...?

SCHÖN: Weil ich dir zum Bewußtsein bringen muß, was du bist und zu wem du nicht aufzublicken hast!

LULU: Sie fürchteten, meine Glieder könnten doch vielleicht ernstlich Schaden genommen haben?

SCHÖN: Ich weiß zu gut, daß du unverwüstlich bist.

LULU: Das wissen Sie also doch?

SCHÖN (aufbrausend:) Sieh mich nicht so unverschämt an!!

LULU: Es hält Sie niemand hier.

SCHÖN: Ich gehe, sobald es klingelt.

LULU: Sobald Sie die Energie dazu haben! – Wo ist Ihre Energie? – Sie sind seit drei Jahren verlobt. Warum heiraten Sie nicht? – Sie kennen keine Hindernisse. Warum wollen Sie mir die Schuld geben? – Sie haben mir befohlen, Dr. Goll zu heiraten. Ich habe Dr. Goll gezwungen, mich zu heiraten. Sie haben mir befohlen, den Maler zu heiraten. Ich habe gute Miene zum bösen Spiel gemacht. – Sie kreieren Künstler, Sie protegieren Prinzen. Warum heiraten Sie nicht?

SCHÖN (wütend:) Glaubst du denn vielleicht, daß du mir im Weg stehst?!

LULU (von jetzt an bis zum Schluß triumphierend:) Wüßten Sie, wie Ihre Wut mich glücklich macht! Wie stolz ich darauf bin, daß Sie mich mit allen Mitteln demütigen! Sie erniedrigen mich so tief – so tief, wie man ein Weib erniedrigen kann, weil Sie hoffen, Sie könnten sich dann eher über mich hinwegsetzen. Aber Sie haben sich selber unsäglich weh getan durch alles, was Sie mir eben sagten. Ich sehe es Ihnen an. Sie sind schon beinahe am Ende Ihrer Fassung. Gehen Sie! Um Ihrer schuldlosen Braut willen, lassen Sie mich allein! Eine Minute noch, dann schlägt Ihre Stimmung um, und Sie machen mir eine andere Szene, die Sie jetzt nicht verantworten können!

SCHÖN: Ich fürchte dich nicht mehr.

LULU: Mich? – Fürchten Sie sich selber! – Ich bedarf Ihrer nicht.

– Ich bitte Sie, gehen Sie! Geben Sie nicht mir die Schuld. Sie wissen, daß ich nicht ohnmächtig zu werden brauchte, um Ihre Zukunft zu zerstören. Sie haben ein unbegrenztes Vertrauen in meine Ehrenhaftigkeit! Sie glauben nicht nur, daß ich ein bestrickendes Menschenkind bin; Sie glauben auch, daß ich ein herzensgutes Geschöpf bin. Ich bin weder das eine, noch das andere. Das Unglück für Sie ist nur, daß Sie mich dafür halten.

SCHÖN (verzweifelt:) Laß meine Gedanken gehen! Du hast zwei Männer unter der Erde. Nimm den Prinzen, tanz ihn in Grund und Boden! Ich bin fertig mit dir. Ich weiß, wo der Engel bei dir zu Ende ist und der Teufel beginnt. Wenn ich die Welt nehme, wie sie geschaffen ist, so trägt der Schöpfer die Verantwortung, nicht ich! Mir ist das Leben keine Belustigung.

LULU: Dafür stellen Sie auch Ansprüche an das Leben, wie sie hoher niemand stellen kann... Sagen Sie mir, wer von uns beiden ist wohl anspruchsvoller, Sie oder ich?!

SCHÖN: Schweig! Ich weiß nicht, wie und was ich denke. Wenn ich dich höre, denke ich nicht mehr. In acht Tagen bin ich verheiratet. Ich beschwöre dich – bei dem Engel, der in dir ist, komm mir derweil nicht mehr zu Gesicht!

LULU: Ich will meine Türe verschließen.

SCHÖN: Prahl noch mit dir! – Ich habe, Gott ist mein Zeuge, seit ich mit der Welt und dem Leben ringe, noch niemandem so geflucht!

LULU: Das kommt von meiner niederen Herkunft.

SCHÖN: Von deiner Verworfenheit!!

LULU: Mit tausend Freuden nehme ich die Schuld auf mich! Sie müssen sich jetzt rein fühlen. Sie müssen sich jetzt für den sittenstrengen Mustermenschen, für den Tugendbold von unerschütterlichen Grundsätzen halten – sonst können Sie das Kind in seiner bodenlosen Unerfahrenheit gar nicht heiraten...

SCHÖN: Willst du, daß ich mich an dir vergreife!

LULU (rasch:) Ja! Ja! Was muß ich sagen, damit Sie es tun? Um kein Königreich möchte ich jetzt mit dem unschuldigen Kinde tauschen! Dabei liebt das Mädchen Sie, wie noch kein Weib Sie je geliebt hat!!

SCHÖN: Schweig, Bestie! Schweig!

LULU: Heiraten Sie sie – dann tanzt sie in ihrem kindlichen Jammer vor meinen Augen, statt ich vor ihr!

SCHÖN (hebt die Faust:) Verzeih mir Gott...

LULU: Schlagen Sie mich! Wo haben Sie Ihre Reitpeitsche! Schlagen Sie mich an die Beine...

SCHÖN (greift sich an die Schläfen:) Fort, fort...! (Stürzt zur Türe, besinnt sich, wendet sich um.) Kann ich jetzt so vor das Kind hintreten? – Nach Hause! – Wenn ich zur Welt hinaus könnte!

LULU: Seien Sie doch ein Mann. – Blicken Sie sich einmal ins Gesicht. – Sie haben keine Spur von Gewissen. – Sie schrecken vor keiner Schandtat zurück. – Sie wollen das Mädchen, das Sie liebt, mit der größten Kaltblütigkeit unglücklich machen. – Sie erobern die halbe Welt. – Sie tun, was Sie wollen – und Sie wissen so gut wie ich – daß...

SCHÖN (ist völlig erschöpft auf dem Sessel links neben dem Mitteltisch zusammengesunken:) Schweig!

LULU: Daß Sie zu schwach sind – um sich von mir loszureißen...

SCHÖN (stöhnend:) Oh! Oh! du tust mir weh!

LULU: Mir tut dieser Augenblick wohl – ich kann nicht sagen wie!

SCHÖN: Mein Alter! Meine Welt!

LULU: – Er weint wie ein Kind – der furchtbare Gewaltmensch! – Jetzt gehen Sie so zu Ihrer Braut und erzählen Sie ihr, was ich für eine Seele von einem Mädchen bin – keine Spur eifersüchtig!

SCHÖN (schluchzend:) Das Kind! Das schuldlose Kind!

LULU: Wie kann der eingefleischte Teufel plötzlich so weich werden. –– Jetzt gehen Sie aber bitte. Jetzt sind Sie nichts mehr für mich.

SCHÖN: Ich kann nicht zu ihr.

LULU: Hinaus mit Ihnen! Kommen Sie zu mir zurück, wenn Sie wieder zu Kräften gelangt sind.

SCHÖN: Sag mir um Gottes willen, was ich tun soll.

LULU (erhebt sich; ihr Mantel bleibt auf dem Sessel. Auf dem Mitteltisch die Kostüme beiseite schiebend:) Hier ist Briefpapier...

SCHÖN: Ich kann nicht schreiben...

LULU (aufrecht hinter ihm stehend, auf die Lehne seines Sessels gestützt:) Schreiben Sie! – Sehr geehrtes Fräulein...

SCHÖN (zögernd:) Ich nenne sie Adelheid...

LULU (mit Nachdruck:) Sehr geehrtes Fräulein...

SCHÖN (schreibend:) – Mein Todesurteil!

LULU: Nehmen Sie Ihr Wort zurück. Ich kann es mit meinem Gewissen – (Da Schön die Feder absetzt und ihr einen flehentlichen Blick zuwirft:) Schreiben Sie Gewissen! – nicht vereinbaren, Sie an mein unseliges Los zu fesseln...

SCHÖN (schreibend:) Du hast recht. – Du hast recht.

LULU: Ich gebe Ihnen mein Wort, daß ich Ihrer Liebe – (Da sich Schön wieder zurückwendet:) Schreiben Sie Liebe! – unwürdig bin. Diese Zeilen sind Ihnen der Beweis. Seit drei Jahren versuche ich mich loszureißen; ich habe die Kraft nicht. Ich schreibe Ihnen an der Seite der Frau, die mich beherrscht. – Vergessen Sie mich. – Doktor Ludwig Schön.

SCHÖN (aufächzend:) O Gott!

LULU (halb erschrocken:) Ja kein O Gott! – (Mit Nachdruck.) Doktor Ludwig Schön. – Postskriptum: Versuchen Sie nicht, mich zu retten.

SCHÖN (nachdem er zu Ende geschrieben, in sich zusammenbrechend:) Jetzt – kommt die – Hinrichtung...

3.8 Stanislaw Przybyszewski: De Profundis (1895)

Das Schaffen Stanislaw Przybyszewskis bewegt sich innerhalb einer Reihe von sexuellen Randerscheinungen: Nekrophilie – vor allem in der Totenmesse –, Inzest, sexuell konnotierter Satanismus, aber auch und gerade Sadomasochismus. In *De Profundis*, einem

Werk, das der Autor selbst für so unerhört hielt, dass er sicherheitshalber nur 200 Exemplare davon drucken ließ, geht es um die zerstörerische, leidenschaftliche Liebe des Erzählers zu seiner Schwester Agaj, der er sich in seiner hier wiedergegebenen sadomasochistischen Vision[91] erstmals bewusst wird. Man kann bei dieser Stelle vielleicht sogar insofern von einer ultimativen SM-Erfahrung sprechen, als nicht eine Peitsche oder ein anderes Folterwerkzeug, sondern allein der Körper der Geliebten als direktes Instrument zum Hervorrufen schmerzhaftester Qualen dient.

Jörg Marx[92] sieht in der hier diskutierten Szene ein grausames «Zwangsverhältnis», das den «Mann zu einem unfreien Objekt [...] in der Geschlechtertrennung» erniedrigt, wobei er «der Frau alle Schuld an diesem Geschehen» zuweist[93].

Przybyszewski greift damit einen zentralen Topos der Jahrhundertwende auf. Vor allem in Otto Weiningers damals sehr auflagenstarkem Werk *Geschlecht und Charakter* wird die Frau zum erotisch unersättlichen, besessenen, seelenlos amoralischen Wesen erklärt, das dem Tier näher steht als der Mann. Der feministischen Bewegung der Jahrhundertwende gelang es zwar, mit dem althergebrachten Frauenbild des unschuldig naiven, sanft harmlosen und sentimentalen Geschöpfes aufzuräumen, sie sah sich aber – als männliche Reaktion darauf – mit einem noch wesentlich diffamierenderen Gegenklischee der berechnenden, zerstörerischen und gefühlskalten Frau konfrontiert.

War alles Sexuelle vor nicht allzu langer Zeit noch ein absoluter Tabubereich, kam es jetzt – als anderes Extrem – zu einer mit Angst aufgeladenen Überschätzung alles Sexuellen. Das zeigte sich auch in einer größeren Menge populärwissenschaftlicher Studien zu diesem Thema, u. a. Krafft-Ebings *Psychopathia Sexualis*, eine Fallsammlung der ungewöhnlichsten erotischen Ausnahmeerscheinungen – bis hin etwa zum Vampirismus –, bei der die aussagestärksten Passagen aber sicherheitshalber in Latein gehalten waren. Marx weiter: «Die Dämonisierung des Erotischen hat nicht nur gesellschaftliche Ursachen, sondern muß aus der – mit Blick auf Freud – für das Bewusstsein der Zeit schockierenden Erfahrung der

Triebautonomie verstanden werden, die parallel zu den Zwängen einer positivistisch ‹denaturierten Welt› den Zwang einer unterbewussten Determiniertheit offenbart und so erst die Freiheit des männlichen Subjekts gefährdet.»[94] Der Dekadent benutzt mithin die Frau als Sündenbock für seine erotische Verfallenheit und seine Machtlosigkeit ihr gegenüber, mit der er auf andere Weise nicht fertig zu werden scheint.

De Profundis

Und er sah einen Zug von Tausenden von Menschen vorbeirasen, gepeitscht von einer brutalen Ekstase des Unterganges, unter einem Himmel, der das Feuer und die Pest auf sie herabspie. Er sah die Seele dieser Kreaturen in dem ekelhaften Veitstanz des Daseins sich wälzen und zucken, er sah den zerfleischten Rücken einer ganzen Menschheit und die Verzückung des Wahnsinns in dem vertierten Auge.

Und langsam hörte er den Zug sich entfernen, die dumpfen, qualtrunkenen Töne klangen wie das Röcheln der letzten Agonie und die kupferrote Flammensonne warf grüne, schillernde Lichtstreifen über die Sümpfe von Blut.

Ad te clamamus exules filii Hevae! hörte er plötzlich in sein Ohr kichern: ein Weib glitt in sein Bett. Ihre Glieder wanden sich langsam um seinen Körper, zwei schmale Arme umklammerten ihn fest, schmerzhaft fest, und er fühlte die Spitzen zweier Mädchenbrüste sich in seinen Körper hineinglühen.

Er erstickte. Sein Herz schlug nicht mehr, nur ein geller Sturm der Wollust zerwühlte sein Hirn. Ihr heißer Atem versengte sein Gesicht, und ihre Lippen saugten sich ächzend an seinem Munde fest. Wie weißes Eisen glühte ihr Leib.

Da fühlte er wieder den Zug herannahen, sich wie einen Knäuel von verstrickten Leibern dumpf und schwer heranwälzen: ein Knäuel von Leibern, die sich bissen, mit rasenden Fäusten auf einander losschlugen, sich zerstampften und in Höllenqualen auseinanderrissen, aber sich nicht zu trennen vermochten. Der Gesang wurde zu einem Geheul von wilden Bestien, die Verzweiflung kreischte grell in einem Triumph der Tollwut und die Finger brachen in dem verblutenden Hallelujah des Vergehens.

Er lachte, er schrie mit, aber er ließ das Weib nicht los. Er fraß sich mit den Fingern in ihren Leib. Ihr Herz fühlte er in seinem Körper klopfen, schwer, dumpf wie einen Klöppel gegen die geborstene Metallwand der Glocke, zwei Herzen fühlte er plötzlich Blut in sein Gehirn emporschießen, sich an einanderreiben, und einander wund zerschürfen.

„Ad te supiramus gementes et flentes in hac lacrymarum valle" ...

Die Verzweiflung kippte um in einen Abgrund von Haß, in eine zuckende, geifernde Blasphemie, er fühlte den Menschenknäuel den Himmel anspeien, er hörte ihre Lungen in einem gräßlichen Schrei auseinanderreißen: Mörder! Mörder!

Jetzt erlahmten seine Hände, er ließ sie los. Und da wälzte sie sich über ihn, er hörte sie schreien, er fühlte, wie sie mit den Zähnen ihm die Halsadern zerschnitt, wie sie ihre Hände wühlend in seinen Körper vergrub.

Und von Neuem steifte sich sein Körper. Er warf sich über sie her, er legte sich über sie mit verzweifelter Kraft: ihr Leib wand und bäumte sich. Aber er war stärker. Er fesselte den widerspenstigen, zuckenden Körper mit Händen und Beinen, sein Leib warf sich ein paar Mal auf und ab im schmerzhaften brutalen Krampf: der wilde Sturm barst in einem langen, verröchelnden Laut.

Noch hielt er fest ihren Leib umschlungen. Ihre Glieder lösten sich. In ihren Händen zuckte sein Herz wie eine verlöschende Flamme. Die letzte Schauerwoge verebbte: ein unsagbar ruhiges Glück tauchte in sein Blut.

Da: plötzlich fühlt' er sie entweichen, ihre Glieder glitten langsam an seinem Körper entlang; er griff nach ihr, verzweifelt sprang er ihr nach ...

Agaj! schrie er, Agaj!

Im selben Nu stolperte er, stürzte lang hin und kam zu Bewußtsein. Er lag auf dem Boden.

Da warf er sich auf das Bett, die Angst nestelte auflösend an seinem Hirn.

Das war nicht Traum, das war mehr wie es jemals in der Wirklichkeit sein konnte, tausendmal mehr, schrie er in sich hinein ... Sollte er wirklich wahnsinnig werden?

Mit letzter Kraft warf er alle Gedanken aus dem Kopf, mit Verzweiflung klammerte er sich an eine dumme Erinnerung, aber das Hirngespinst seines Fiebers goß sich schäumend über seine Seele: er fühlte so lebendig die Wollustraserei ihres Körpers, seine Lippen waren wund, sein Körper wie gebrochen von der Brunst ihrer Umarmung.

Das war Agaj – der Alp Agaj – der Vampir Agaj!

3.9 Octave Mirbeau: Le jardin des supplices (1899)

Octave Mirbeau wird der so genannten Bas-Décadence, also der literarisch weniger hoch stehenden Form der Décadence, zugerechnet. Trotz oder vielleicht gerade wegen seiner Nähe zum Trivialen konnte Mirbeaus *Le jardin des supplices*[95] 1899 einen Aufsehen erregenden Erfolg verzeichnen.

Der namenlose Erzähler wird auf einer China-Reise von einer jungen Engländerin, Miss Clara, in einen wunderschönen Garten geführt, der Teil eines chinesischen Gefängniskomplexes ist. In ihm verarbeitet ein Folterknecht im Laufe grausam exzentrischer Torturen die Körper seiner Opfer zu Kunstwerken. Damit liegt bereits ein Kernmotiv der Décadence vor: die Überlegenheit des Artifiziellen über das Natürliche. Aber auch die Natur selbst kommt in einem Transformationsprozess, der Leiden, Tod, Eros und Kunst verbindet, wieder zu ihrem Recht: Die prächtigen Blumen und Blüten des Gartens gedeihen auf einem Boden, der mit dem Fleisch der hingerichteten Häftlinge gedüngt wird. Miss Clara indessen wird durch die bizarre Sinnlichkeit der an diesem Tag erblickten Folterungen dermaßen angeheizt, dass sie erst in einer abendlichen Orgie ihre Ruhe wiedergewinnen kann.

Kindlers Literatur Lexikon[96] interpretiert die dargestellte «Phantasmagorie des Schreckens» als «eine Allegorie auf das sterbende

Europa» zu Mirbeaus Zeit. Michel Delon sieht in seinem Essay *Im Pflanzendschungel schwarzer Träume*[97] vielmehr Mirbeaus «China gleichermaßen als Antithese und als Metapher Europas»[98]. Die in Europa zur damaligen Jahrhundertwende grassierende staatliche und antistaatliche Gewalt werden ebenso attackiert, wie kulturelle Vorurteile gegen das durch Kolonialisierung zu zivilisierende China aufgegriffen werden: «Mirbeau hält seinen Zeitgenossen ihre eigenen Phantasien über China entgegen, verschärft und übersteigert bis an die Grenzen des Möglichen.»[99] Ebenso übersteigert wird das Bild, das die klassische Literatur vom Orient als Reich des erotisierten Despotismus hat, wie es vielleicht am deutlichsten in der Vorstellung vom Sultan und seinem Harem zum Ausdruck kommt.

Und schließlich führt Delon aus, dass Mirbeaus Ästhetisierung der politischen Gräueltaten in Form von Blumen- und Pflanzenpracht auch heute nichts an Aktualität verloren hat: «*Der Garten der Qualen* mag in unserem ausgehenden 20. Jahrhundert bisweilen Anlass zum Lachen geben durch seine bombastischen und grotesken Übertreibungen, doch das Lachen bleibt einem im Halse stecken durch die Mischung aus *Emanuelle* und Vietnamkrieg. Diese Verbindung von Vilmorin-Verzeichnis und Amnesty-International-Bericht, diese Zwangshochzeit zwischen Ästhetik und Militanz, diese Äußerung des Naturalismus innerhalb der Décadence will uns provozieren und verbietet uns gleichzeitig einseitige Schlussfolgerungen.»[100] Auch der Atompilz über Hiroshima soll ein wunderschönes Spektakel gewesen sein, wenn man nicht darüber nachdenkt, dass sein Farbenspiel Kilotonnen menschlichen Blutes zu verdanken war. Und im Deutschland des dritten Jahrtausends paktiert man mit Folterstaaten und berauscht sich derweil an der artifiziellen Ästhetik von O.C. California.

Im Folgenden sind die Seiten 172-177 des Romans abgedruckt.

Le jardin des supplices

Als wir aus dem strahlenden, blendenden Sonnenlicht endlich in den Gang eintraten, erschien er mir mit dichtem Nebel verhangen.

Dann lösten sich die Nebelschleier allmählich, und ich konnte erkennen, wo ich mich befand.

Es war ein sehr breiter Gang, in den von oben durch trübe Glasfenster ein gedämpfes Licht einfiel, wir in einem Velarium. Eine feuchte Kühle, ja beinahe Kälte umfing mich wie die Liebkosung einer Quelle. Die Mauern schwitzten wie die Felswände unterirdischer Grotten. Der Sand unter meinen von den glühenden Kieselsteinen verbrannten Füße, der über die Bodenfliesen des Ganges gestreut war, war so sanft und weich wie der am Strand des Meeres ... Ich atmete die kühle Luft in vollen Zügen ein. Clara sagte:

»Du siehst, wie nett man hier zu den Sträflingen ist ... Wenigstens haben sie es kühl.«

»Aber wo sind sie denn? ... « fragte ich ... »Links und rechts sehe ich nichts als Mauern!«

Clara lächelte.

»Wie neugierig du bist! ... Nun bist du sogar noch ungeduldiger als ich! ... Warte ... warte noch einen Augenblick! ... Gleich wirst du sie sehen, mein Liebling ... Da! ...«

Sie war stehengeblieben und deutete auf einen unbestimmten Fleck im Gang. Ihre Augen funkelten, ihre Nasenflügel bebten, und sie spitzte die Ohren wie ein Rehkitz im Wald.

»Hörst du? ... Das sind sie! ... Hörst du? ...«

Aus dem Lärmen der Menge, die den Gang gestürmt hatte, aus dem allgemeinen Stimmengewirr hörte ich Schreie, dumpfe Klagerufe, Kettengeklirr, lautes Keuchen wie von Blasebälgen und das seltsame, langgezogene Heulen wilder Tiere heraus. Dieses schien aus dem dicken Gemäuer, aus der Tiefe der Erde zu kommen ... aus den Abgründen des Todes ... aus keinem erkennbaren Ort ...

»Hörst du? ...« fragte mich Clara wieder. »Das sind sie . . . du wirst sie gleich sehen ... komm, laß uns weitergehen! Nimm meinen Arm ... Schau gut hin ... Das sind sie! ... Das sind sie! ...«

Wir setzten uns wieder in Bewegung, gefolgt von dem Boy, der aufmerksam auf die Gesten seiner Herrin achtete. Und der schreckliche Aasgestank, angereichert mit anderen Gerüchen, die die Luft mit beißenden Ammoniakdämpfen erfüllten und uns in Augen und Kehle brannten, folgte uns ebenfalls, ließ uns nicht mehr los.

Die Glocke läutete noch immer, in weiter Ferne . . . in weiter, weiter Ferne ... langsam und matt, halb erstickt wie die Klage eines im Sterben Liegenden. Und zum dritten Mal wiederholte Clara:

»Oh, diese Glocke! ... Er stirbt ... er stirbt, mein Liebling ... vielleicht werden wir ihn noch sehen können!«

Plötzlich spürte ich, wie sich ihre Finger in mein Fleisch krallten.

»Mein Liebster! ... mein Liebster! ... Zu deiner Rechten! ... Wie schrecklich! ... «

Schnell wandte ich den Kopf ... Ein Höllenspektakel begann an uns vorüberzuziehen.

Auf der rechten Seite befanden sich in der Wand riesige Zellen oder vielmehr riesige Käfige, die mit Eisenstäben vergittert und durch dicke Wände aus Stein voneinander getrennt waren. In den ersten zehn Käfigen hausten je zehn Sträflinge; und in allen zehn bot sich das gleiche grausame Schauspiel. Der Hals der Verdammten war in so mächtige Zwingeisen gepreßt, daß man ihre Körper nicht mehr sehen konnte und daher den Eindruck hatte, als seien die grauenvollen, lebenden Köpfe Enthaupteter auf Tische gestellt worden. Inmitten ihres Unrats kauerten sie auf dem Boden, Hände und Beine angekettet, was es ihnen unmöglich machte, sich auszustrecken oder sich hinzulegen und jemals im Schlaf Ruhe zu finden. Da bei der geringsten Bewegung das Zwingeisen auf den wunden, blutenden Stellen an Hals und Nacken scheuerte, stießen sie fortwährend ein entsetzliches Scherzensgeheul aus, in das sich abwechselnd gräßliche Beschimpfungen gegen uns und flehentliche Bitten zu den Göttern mischten.

Ich war starr vor Entsetzen.

Geschickt, mit leichtem Frösteln und zierlichen Bewegungen, spießte Clara einige winzige Fleischstücke aus dem Korb, den der Boy trug, auf und warf sie anmutig durch die Gitterstäbe in den Käfig. Gleichzeitig erbebten die zehn Köpfe auf den schwankenden Halszwingen; und gleichzeitig warfen die zwanzig aus den AugenhöhIen tretenden Augäpfel blutunterlaufene Blicke, Blicke voll Wut und Hunger auf das Fleisch ... dann entrang sich den zehn verzerrten Mäulern ein Schmerzensschrei ... Und die Verdammten, sich ihrer Ohnmacht bewußt, regten sich nicht mehr. Sie verharrten unbeweglich, den Kopf leicht geneigt, so als würde er jeden Moment die Halszwinge hinabrollen. Die Züge ihrer ausgemergelten und leichenblassen Gesichter waren wie zu einer verzerrten Fratze erstarrt, wie zu einem Grinsen festgefroren.

»Sie können nicht essen«, erklärte Clara ... »Sie können das Fleisch nicht erreichen ... Du meine Güte! ... mit diesen Geräten da, ist das auch nur zu verständlich ... Aber im Grunde ist das alles nichts Neues ... Es ist die Qual des Tantalus, noch gesteigert durch die grausame Phantasie der Chinesen ... Na? ... glaubst du trotzdem, daß es unglückliche Menschen gibt? ...«

Sie warf noch ein kleines Stück Aas durch die Gitter, das auf dem Rand einer Halszwinge landete und diese erzittern ließ ... Ein dumpfes Grollen scholl uns als Antwort entgegen; ein noch wilderer und verzweifelterer Haß flammte gleichzeitig in den zwanzig Augäpfeln auf ... Unwillkürlich wich Clara zurück:

»Siehst du ...« fügte sie, etwas unsicher geworden, hinzu ... »Es macht ihnen Spaß, daß ich ihnen Fleisch zuwerfe ... Das vertreibt den armen Teufeln ein wenig die Zeit ... und vermittelt ihnen ein paar Illusionen ... Komm, weiter ... weiter!«

Wir gingen langsam an den zehn Käfigen vorbei. Die Frauen, die davorstanden, stießen spitze Schreie oder gellendes Lachen aus, oder zeigten ein leidenschaftliches Mienenspiel auf ihren Gesichtern. Ich habe dort eine hellblonde Russin mit kaltem, glasigem Blick gesehen, die den Verdammten ein auf der Spitze ihres Sonnenschirmes aufgespießtes, ekelhaftes, grünliches, verdorbenes Stück Fleisch hinhielt und dann wieder zurückzog. Nichts Menschliches lag mehr in diesen Kreaturen mit ihren vor Hunger verzerrten Gesichtern, die die Zähne bleckten wie wilde Hunde und versuchten, die Fleischfetzen zu schnappen, die vor ihren speicheltriefenden Mäulern weggezogen wurden. Einige neugierige Frauen verfolgten dies grausame Spiel mit belustigter Aufmerksamkeit.

»Diese Weibsstücke!« schimpfte Clara, zutiefst empört ... »Es gibt wirklich Frauen, die vor nichts Achtung haben. Das ist eine Schande! ...«

Ich fragte sie:

»Welche Verbrechen können diese Geschöpfe nur begangen haben, daß sie solche Qualen erleiden müssen?«

Sie antwortete zerstreut:

»Ich weiß es nicht ... Vielleicht keine, oder wahrscheinlich nur ganz unbedeutende ... Kleine Diebstähle bei Händlern, nehme ich an ... Übrigens sind das alles nur einfache Leute des Volkes ... Hafenstrolche ... Vagabunden ... armes Gesindel! ... Sie interessieren mich nicht besonders ... Aber hier sind auch andere ... Du wirst gleich meinen Dichter sehen ... Ja, ich habe hier einen besonderen Liebling ... und er ist ausgerechnet ein Dichter! ... Ist das nicht komisch, was? ... Oh! er ist ein großer Dichter, weißt du! ... Er hat eine phantastische Satire gegen einen Prinzen geschrieben, der den Staatsschatz gestohlen hat ... Und er haßt die Engländer ... Vor zwei Jahren hat man ihn eines Abends in mein Haus gebracht ... Er trug wundervolle Verse vor ... Aber für die Satire hatte er eine besonders große Begabung ... Du wirst ihn sogleich sehen ... Er ist der schönste von allen ... Wenn nur nicht schon tot ist! ... Ach, bei diesen Lebensbedingungen hier würde es einen kaum verwundern ... Am meisten aber schmerzt mich, daß er mich nicht mehr erkennt ... Ich rede mit ihm ... ich singe ihm seine Gedichte vor ... Doch auch diese erkennt er nicht wieder ... Das ist entsetzlich, nicht wahr? ... Ach, was! Irgendwie ist es auch lustig ...«

Sie versuchte fröhlich zu sein ... Aber ihre Fröhlichkeit wirkte aufgesetzt ... Ihr Gesicht hatte einen düsteren Ausdruck ... Ihre Nasenflügel bebten noch heftiger ... Sie stützte sich stärker auf meinen Arm, und ich spürte die Schauder, die über ihren ganzen Körper liefen ...

3.10 Dolorosa: Mein Erlöser (1902)

Ich will deine Hände, die feinen, bleichen,
mit seidnen Stricken zusammenbinden,
das Blondhaar aus Deiner Stirne streichen
und sie mit Kränzen von Dornen umwinden.

Ich will Deine göttlichen edlen Glieder
mit Dornenzweigen grausam zerschlagen –

Dein Stöhnen klingt mir wie Krönungslieder,
Wie Liebesstammeln klingt mir Dein Klagen!

O Du! – wenn Du leidest am Kreuzespfahl
mit blutendem Leib, zerrissen von Schmerzen,
dann will ich den roten Wein Deiner Qual
trinken aus Deinem zuckenden Herzen.

Denn ich liebe das angstvolle Stöhnen,
denn ich liebe die fiebertollen,
wilden, nervenfolternden Thränen,
die aus heißen, flackernden Augen rollen ...

Ich werde den Brand, der Dich zerstört,
mit todestrunkenen Blicken schauen;
die Sehnsucht, die meine Jugend verzehrt,
schreit wie ein Tier nach Mord und Grauen!

– In rasendem Mitleid, in Liebesglut,
so laß mich zu Deinen Füßen sterben.
Wie purpurner Wein soll Dein heiliges Blut
meine erbleichenden Lippen färben.

Und sind meine Sünden auch scharlachrot
wie wilde Höllenrosen gewesen;
Du wirst mich durch Deinen Kreuzestod
Erlösen ...

Entnommen Paul Grabeins Anthologie *Liebeslieder moderner Frauen*, zitiert nach Dieter Bänschs Aufsatz *Naturalismus und Frauenbewegung*, enthalten in dem von Helmut Scheuer herausgegebenen Sammelband *Naturalismus. Bürgerliche Dichtung und soziales Engagement*.[101]

Grabein spricht im Zusammenhang mit diesem Gedicht von einem Bekenntnis, in dem sich «nicht [...] das sich in den normalen Bahnen bewegende Liebesleben des Weibes» ausdrückt, sondern «seine Steigerungen ins Dämonische und Verirrungen ins Krankhafte» darstellen. Bänsch führt im Zusammenhang mit der erstarkenden Frauenbewegung zum Zeitpunkt des Gedichtes aus: «Das ist Parodie des Liebestodes und Travestie der Kreuzmystik auf Strindbergschem Boden. Der Emanzipationsdrang hat sich aus seinem historischen Kontext gelöst und auf die Perspektive des ewigen gnadenlosen Kampfes zwischen den Geschlechtern eingelassen; halluziniert wird der Sieg des Weibes, aber als physische und moralische Selbstvernichtung. Auch im sadistischen Triumph – denn sonst wäre es keiner – bleibt die dem Patriarchat entsprechende Vergöttlichung des Mannes bestehen; umgekehrt hat sich das Weib, indem es über den Mann triumphiert, ganz auf die Personifikation der gegengöttlichen Macht des Triebes zusammengezogen.»[102] Und Jens Malte Fischer schließlich schreibt dazu in seinem *Fin de Siècle. Kommentar zu einer Epoche*[103]: «Dolorosa hat hier [...] den Fin-de-siècle-Spieß einfach umgedreht, diesmal ist sie es, ein Weib, das den Geliebten am Kreuze leiden lässt, ihn noch peinigt und sich daran goutiert, um schließlich die Unterwerfungsgeste zu vollziehen.»[104]

3.11 Thomas Mann: Bekenntnisse des Hochstaplers Felix Krull (1922-1954)

Wie schon Mechthild Curtius in ihrem Werk *Erotische Phantasien bei Thomas Mann*[105] eingehend analysiert, finden sich in Manns Werk vornehmlich Erscheinungsformen der Erotik, die in unserem Kulturkreis mit einem Tabu belegt sind. Curtius führt als Beispiele Inzest, Homoerotik und Liebe zu dritt auf. Dabei erstaunt es, dass sie in ihrer Beschäftigung mit den *Bekenntnissen des Hochstaplers Felix Krull* dessen Begegnung mit Madame Houpflé – er in seiner Rolle als Hotelpage, sie als Gast – zwar erwähnt, jedoch nur als Inzestmetapher und nicht, was viel nahe liegender wäre, sie im sadomasochistischen Zusammenhang interpretiert. Besonders interessant ist in dieser unten wiedergegebenen Szene[106] das dialektisch paradoxe Machtverhältnis zwischen Felix und der Madame. Während sie einerseits um Erniedrigungen und Schläge bittet, ist es offensichtlich, dass Madame Houpflé in Wahrheit die gesamte Situation unter ihrer Kontrolle behält und nur eine pseudoliterarische Inszenierung erschafft.

Dazu erklärt Werner Frizen in seiner Interpretation zu den *Bekenntnissen*[107]: Madame Houpflé «ist in der Weise Literatin, dass sie die Grenze zwischen Literatur und Leben ständig überschreitet, dass selbst die Liebesbegegnung zu einem literarischen Akt und zu einem Spiel mit literarischen Mustern gerät.[108] [...] Indem sie Krull zu einem Typus macht und darüber hinaus mit dem ‹Standbild der Schönheit› [...] identifiziert, entindividualisiert sie den Partner und entrückt ihn aus dem Bereich des Lebens in den der Kunst. [...] Das Wechselspiel von Masochismus und Sadismus, das sie betreibt, soll diesen Absturz aus den ätherischen Höhen wirklichkeitsreiner Kunst in die Erniedrigung des Lebens sexualpathologisch umschreiben.»[109] Wieder einmal ist es der masochistische Partner, der in Wirklichkeit bei allen Handlungen Regie führt. So wie die männlichen Autoren und Protagonisten der Décadence die plötzlich bedrohlich erscheinende Frau zur Femme fatale stilisierten, kreiert Madame Houpflé aus Felix ihren ‹Homme fatale›. Dabei, so führt Frizen weiter aus, gefällt sich die Madame in typisch Wagnerscher Pose und Wagnerschem Stabreim – «Du entkleidest mich, kühner Knecht?» –, denn «sie praktiziert schließlich die Perversionen, die Wagner auf die Bühne gebracht hat, diese ‹Häufung extremer und anstößiger Ausgefallenheiten› [...], die erst die Psychoanalyse so recht ans Licht gebracht hat.»[110]

Im Übrigen haben wir es hier mit einem kleinen Zeitsprung zu tun. Während die Décadence generell vor allem der vorletzten Jahrhundertwende zugeordnet wird, stammt *Felix Krull* aus den fünfziger Jahren des vorigen Jahrhunderts. Dies macht allerdings nur noch bemerkenswerter – auch darin kann man Frizen zustimmen –, dass es «geschrieben wurde zu einer Zeit, als in Amerika McCarthy und in Deutschland Konrad Adenauer den geistigen und moralischen Ton bestimmten. Es ist zu vermuten, dass Thomas Manns Zauberei eine Perversion überdeckt, die den Kanon gültiger Wertmaßstäbe außer Kraft setzt.»[111]

Zu welcher Stunde sie in ihre Zimmer zurückkehrte, blieb mir verborgen. Einmal aber mußte es elf Uhr werden, um welche Stunde der Dienst zwar weiterging, aber nur noch von einem Lift unterhalten wurde, während die Führer der beiden anderen Feierabend hatten. Ich war heute einer von ihnen. Um mich nach der Tagesfron zum zartesten aller Stelldichein etwas zu erfrischen, suchte ich zuerst unseren Waschraum auf und stieg dann zu Fuß in den zweiten Stock hinab, dessen Korridor mit seinem den Schritt zur Lautlosigkeit dämpfenden roten Läufer um diese Stunde schon in unbegangener Ruhe lag. Ich fand es schicklich, an der Tür von Madame Houpflés Salon, No.25, zu klopfen, erhielt aber dort keine Antwort. So öffnete ich die Außentür von 23, ihrem Schlafzimmer, und pochte mit hingeneigtem Ohr diskret an die innere.

Ein fragendes »Entrez?« von leise verwunderter Betonung kam zurück. Ich folgte ihm, da ich die Verwunderung in den Wind schlagen durfte. Das Zimmer lag im rötlichen Halbdunkel des seidenbeschirmten Nachttischlämpchens, von dem es allein erhellt war. Die kühne Bewohnerin – gern und mit Recht übertrage ich auf sie das Beiwort, das sie mir verliehen – erblickte mein rasch die Umstände erforschendes Auge im Bette, unter purpurner Atlas-Steppdecke, – in der prächtigen Messing-Bettstatt, die, das Kopfende zur Wand gekehrt und die Chaiselongue zu ihren Füßen, freistehend ziemlich nahe dem dicht verhangenen Fenster aufgeschlagen war. Meine Reisende lag dort, die Arme hinter dem Kopf verschränkt, in einem batistenen Nachtgewande mit kurzen Ärmeln und einem von Spitzen umrahmten quellenden Décolleté. Sie hatte ihren Haarknoten zur Nacht gelöst und die Flechten auf eine sehr kleidsame, lockere Art kranzförmig um den Kopf gewunden. Zur Locke gewellt ging die weiße Strähne von ihrer nicht mehr furchenfreien Stirn zurück. Kaum hatte ich die Tür geschlossen, als ich hinter mir den Riegel vorfallen hörte, der vom Bette aus durch einen Zug zu dirigieren war.

Sie riß die goldenen Augen auf, für einen jähen Moment nur, wie gewöhnlich; aber ihre Züge blieben in einer Art nervöser Lügenhaftigkeit leicht verzerrt, als sie sagte:

»Wie? Was ist das? Ein Hausangestellter, ein Domestik, ein junger Mann vom Gesinde tritt bei mir ein, zu dieser Stunde, da ich bereits der Ruhe pflege?«

»Sie haben den Wunsch geäußert, Madame –« erwiderte ich, indem ich mich ihrem Lager näherte.

»Den Wunsch? Tat ich das? Du sagst ›den Wunsch‹ und gibst vor, den Befehl zu meinen, den eine Dame einem kleinen Bedienten, einem Liftjungen erteilt, meinst aber in deiner ungeheueren Keckheit, ja Unverschämtheit ›das Verlangen‹, ›das heiße, sehnsüchtige Begehren‹, meinst es ganz einfach und mit Selbstverständlichkeit, weil du jung bist und schön, so schön, so jung, so dreist... ›den Wunsch‹! Sag mir doch wenigstens, du Wunschbild, Traum meiner Sinne, Mignun in Livree, süßer Helot, ob du in deiner Frechheit diesen Wunsch ein wenig zu teilen wagtest!«

Damit nahm sie mich bei der Hand und zog mich auf den Rand ihres Bettes nieder zu schrägem Kantensitz: ich mußte der Balance wegen meinen Arm ausstrecken über sie hin und mich gegen die Rückwand des Bettes stützen, so daß ich über ihre von feinem Leinen und Spitzen wenig verhüllte Nacktheit gebeugt saß, deren Wärme mich duftig berührte. Leicht gekränkt, wie ich zugebe, durch ihre immer wiederholte Erwähnung und Betonung meines niedrigen Standes – was hatte und wollte sie nur damit? – neigte ich mich statt aller Antwort vollends zu ihr hinab und senkte meine Lippen auf ihre. Nicht nur aber, daß sie den Kuß noch weitgehender ausgestaltete, als den ersten vom Nachmittag, wobei es an meinem Entgegenkommen nicht fehlte, – so nahm sie auch meine Hand aus ihrer Stütze und führte sie in ihr Décolleté zu ihren Brüsten, die sehr handlich waren, führte sie da am Gelenk herum auf eine Weise, daß meine Männlichkeit, wie ihr nicht entgehen konnte, in den bedrängendsten Aufstand geriet. Von dieser Wahrnehmung gerührt, gurrte sie weich, mit einer Mischung aus Mitleid und Freude:

»Oh, holde Jugend, viel schöner als dieser Leib, dem es vergönnt ist, sie zu entflammen!«

Damit begann sie, mit beiden Händen an dem Kragenverschluß meiner Jacke zu nesteln, ihn aufzuhaken und mit unglaublicher Geschwindigkeit ihre Knöpfe zu öffnen.

»Fort, fort, hinweg damit und damit auch«, hasteten ihre Worte.
»Ab und hinweg, daß ich dich sehe, daß ich den Gott erblicke! Hilf
rasch! Comment, à ce propos, quand l'heure nous appelle, n'êtes-
vous pas encore pret pour la chapelle? Déshabillez-vous vite! Je
compte les instants! La parure de noce! So nenn' ich deine Götter-
glieder, die anzuschaun mich dürstet, seit ich zuerst dich sah. Ah
so, ah da! Die heilige Brust, die Schultern, der süße Arm! Hinweg
denn endlich auch hiermit – oh la la, das nenne ich Galanterie! Zu
mir denn, bien-aimé! Zu mir, zu mir...«

Nie gab es eine ausdrucksvollere Frau! Das war Gesang, was sie
von sich gab, nichts anderes. Und sie fuhr fort, sich auszudrücken,
als ich bei ihr war, es war ihre Art, alles in Worte zu fassen. In ihren Armen hielt sie den Zögling und Eingeweihten der gestrengen
Rozsa. Er machte sie sehr glücklich und durft' es hören, daß er es
tat:

»O Süßester! O Engel du der Liebe, Ausgeburt der Lust! Ah, ah,
du junger Teufel, glatter Knabe, wie du das kannst! Mein Mann
kann gar nichts, überhaupt nichts, mußt du wissen. O du Beseliger,
du tötest mich l Die Wonne raubt mir den Atem, bricht mein Herz,
ich werde sterben an deiner Liebe!« Sie biß mich in die Lippe, in den
Hals. »Nenne mich du!« stöhnte sie plötzlich, nahe dem Gipfel.
»Duze mich derb zu meiner Erniedrigung! J'adore d'être humiliée! Je
t'adore! Oh, je t'adore, petit esclave stupide qui me déshonore... «

Sie verging. Wir vergingen. Ich hatte ihr mein Bestes gegeben,
hatte, genießend, wahrlich abgezahlt. Wie aber hätte es mich nicht
verdrießen sollen, daß sie auf dem Gipfel von Erniedrigung gestam-
melt und mich einen dummen kleinen Sklaven genannt hatte? Wir
ruhten noch verbunden, noch in enger Umarmung, doch erwiderte
ich aus Mißmut über dieses »qui me déshonore« nicht ihre Dankes-
küsse. Den Mund an meinem Körper hauchte sie wieder:

»Nenne mich du, geschwind! Ich habe dies Du von dir zu mir
noch nicht vernommen. Ich liege hier und mache Liebe mit einem
zwar göttlichen, doch ganz gemeinen Domestikenjungen. Wie
mich das köstlich entehrt! Ich heiße Diane. Du aber, mit deinen
Lippen, nenne mich Hure, ausdrücklich ›du süße Hure‹!«

»Süße Diane!«

»Nein, sag ›du Hure‹! Laß mich meine Erniedrigung recht im Worte kosten ... «

Ich löste mich von ihr. Wir lagen, die Herzen noch hoch klopfend, beieinander. Ich sagte:

»Nein, Diane, du wirst solche Worte von mir nicht hören. Ich weigere mich. Und ich muß gestehen, es ist für mich recht bitter, daß du Erniedrigung findest in meiner Liebe...«

»Nicht in deiner«, sagte sie, indem sie mich an sich zog. »In meiner! In meiner Liebe zu euch nichtigen Knaben! Ach, holder Dümmling, du verstehst das nicht!« Und dabei nahm sie meinen Kopf und stieß ihn mehrmals in einer Art von zärtlicher Verzweiflung gegen den ihren. »Ich bin Schriftstellerin, mußt du wissen, eine Frau von Geist. Diane Philibert – mein Mann, er heißt Houpflé, c'est du dernier ridicule – ich schreibe unter meinem Mädchennamen Diane Philibert, sous ce nom de plume. Natürlich hast du den Namen nie gehört, wie solltest du wohl? – der auf so vielen Büchern zu lesen ist, es sind Romane, verstehst du, voll Seelenkunde, pleins d'esprit, et des volumes de vers passionnés ... Ja, mein armer Liebling, deine Diane, sie ist d'une intelligence extreme. Der Geist jedoch – ach!« – und sie stieß wieder, etwas härter sogar als vorhin, unsere Köpfe zusammen – »wie solltest du das begreifen! Der Geist ist wonnegierig nach dem Nicht-Geistigen, dem Lebendig-Schönen dans sa stupidité, verliebt, oh, so bis zur Narrheit und letzten Selbstverleugnung und Selbstverneinung verliebt ist er ins Schöne und Göttlich-Dumme, er kniet vor ihm, er betet es an in der Wollust der Selbstentsagung, Selbsterniedrigung, und es berauscht ihn, von ihm erniedrigt zu werden... «

»Nun, liebes Kind«, so unterbrach ich sie denn doch. »Schön hin und her – wenn die Natur es mit mir recht gemacht – für gar so auf den Kopf gefallen solltest du mich nicht halten, auch wenn ich deine Romane und Gedichte...«

Sie ließ mich nicht weiterreden. Sie war auf unerwünschte Weise entzückt.

»Du nennst mich ›liebes Kind‹?« rief sie, indem sie mich stürmisch umfing und ihren Mund an meinem Hals vergrub. »Ah, das ist köstlich l Das ist viel besser noch als ›süße Hure‹ Das ist viel tiefere Wonne, als alle, die du Liebeskünstler mir angetan! Ein kleiner nackter Lifttreiber liegt bei mir und nennt mich ›liebes Kind‹, mich, Diane Philibert! C'est exquis... ça me transporte! Armand, chéri, ich wollte dich nicht kränken. Ich wollte nicht sagen, daß du besonders dumm bist. Alle Schönheit ist dumm, weil sie ganz einfach ein Sein ist, Gegenstand der Verherrlichung durch den Geist. Laß dich sehen, ganz sehen, – hilf Himmel, bist du schön! Die Brust so süß in ihrer weichen und klaren Strenge, der schlanke Arm, die holden Rippen, eingezogenen Hüften, und ach, die Hermes-Beine...«

»Aber geh, Diane, das ist nicht recht. Ich bin es doch, der alles Schöne in dir...«

»Unsinn! Das bildet ihr euch nur ein. Wir Weiber mögen von Glück sagen, daß unsere runden Siebensachen euch so gefallen. Aber das Göttliche, das Meisterstück der Schöpfung, Standbild der Schönheit, das seid ihr, ihr jungen, ganz jungen Männer mit den Hermesbeinen. Weißt du, wer Hermes ist?«

»Ach muß gestehen, im Augenblick –«

»Céleste! Diane Philibert macht Liebe mit einem, der von Hermes nie gehört hat! Wie das den Geist köstlich erniedrigt! Ich will dir sagen, süßer Tropf, wer Hermes ist. Er ist der geschmeidige Gott der Diebe.«

Ich stutzte und wurde rot. Ich sah sie nahe an, vermutete und ließ die Vermutung wieder fallen. Ein Gedanke kam mir, doch stellte ich ihn noch zurück; sie übersprach ihn auch mit den Geständnissen, die sie in meinem Arm ablegte, raunend und dann wieder die Stimme warm und sanghaft erhebend.

»Willst du glauben, Geliebter, daß ich nur dich, immer nur dich geliebt habe, seit ich empfinde? Will sagen, natürlich nicht dich, doch die Idee von dir, den holden Augenblick, den du verkörperst? Nenn es Verkehrtheit, aber ich verabscheue den Vollmann mit dem Vollbart, die Brust voller Wolle, den reifen und nun gar den bedeutenden Mann – affreux, entsetzlich! Bedeutend bin ich selbst, – das gerade würde ich als pervers empfinden: de me coucher avec un homme penseur. Nur euch Knaben hab' ich geliebt von je, – als Mädchen von dreizehn war ich vernarrt in Buben von vierzehn, fünfzehn. Der Typus wuchs ein wenig mit mir und meinen Jahren, aber über achtzehn hat er's, hat mein Geschmack, hat meiner Sinne Sehnsucht es nie hinausgebracht... Wie alt bist du?«

»Zwanzig«, gab ich an.

»Du siehst jünger aus. Beinahe bist du schon etwas zu alt für mich.«

»Ich, zu alt für dich?«

»Laß, laß nur! Wie du bist, bist du mir recht bis zur Glückseligkeit. Ich will dir sagen ... Vielleicht hängt meine Leidenschaft damit zusammen, daß ich nie Mutter war, nie Mutter eines Sohnes. Ich hätte ihn abgöttisch geliebt, wär' er nur halbwegs schön gewesen, was freilich unwahrscheinlich, wäre er mir von Houpflé gekommen. Vielleicht, sag' ich, ist diese Liebe zu euch versetzte Mutterliebe, die Sehnsucht nach dem Sohn... Verkehrtheit, sagst du? Und ihr? Was wollt ihr mit unseren Brüsten, die euch tränkten, unserem Schoß, der euch gebar? Wollt ihr nicht nur zurück zu ihnen, nicht wieder Brustkinder sein? Ist es nicht die Mutter, die ihr unerlaubterweise im Weibe liebt? Verkehrtheit! Die Liebe ist verkehrt durch und durch, sie kann gar nicht anders sein als verkehrt. Setze die Sonde an bei ihr, wo du willst, so findest du sie verkehrt... Aber traurig ist es freilich und schmerzensreich für eine Frau, den Mann nur ganz, ganz jung, als Knaben nur zu lieben. C'est un amour tragique, irraisonnable, nicht anerkannt, nicht praktisch, nichts fürs Leben, nichts für die Heirat. Man kann sich mit der Schönheit nicht verheiraten. Ich, ich habe Houpflé geheiratet, einen reichen Industriellen, damit ich im Schutze seines Reichtums meine Bücher schreiben kann, qui sont énormément intelligents. Mein Mann kann gar nichts, wie ich dir sagte, wenigstens bei mir. Il me trompe, wie man das nennt, mit einer Demoiselle vom Theater. Vielleicht kann er was bei der – ich möchte es bezweifeln. Es ist mir auch gleichviel, – diese ganze Welt von Mann und Weib und Ehe und Betrug ist mir gleichviel. Ich lebe in meiner sogenannten Verkehrtheit, in meines Lebens Liebe, die allem zum Grunde liegt, was ich bin, in dem Glück und Elend dieses Enthusiasmus mit seinem teuren Schwur, daß nichts, nichts in dem ganzen Umkreis der Phänomene dem Reiz gleichkommt jugendlicher Früh-Männlichkeit, – in der Liebe zu euch, zu dir, du Wunschbild, dessen Schönheit ich küsse mit meines Geistes letzter Unterwürfigkeit! Ich küsse deine anmaßenden Lippen über den weißen Zähnen, die du im

Lächeln zeigst. Ich küsse die zarten Sterne deiner Brust, die goldenen Härchen auf dem brünetten Grunde deines Unterarms. Was ist das? Woher nimmst du bei deinen blauen Augen und blonden Haaren diesen Teint, den hellen Bronzeton deiner Haut? Du bist verwirrend. Ob du verwirrend bist! La fleur de ta jeunesse remplit mon coeur âgé d'une éternelle ivresse. Nie endigt dieser Rausch; ich werde mit ihm sterben, doch immer wird mein Geist, ihr Ranken, euch umwerben. Du auch, bien aimé, du alterst hin zum Grabe gar bald, doch das ist Trost und meines Herzens Labe: ihr werdet immer sein, der Schönheit kurzes Glück, holdseliger Unbestand, ewiger Augenblick!«

»Wie sprichst du nur?«

»Wie denn? Bist du verwundert, daß man in Versen preist, was man so heiß bewundert? Tu ne connais pas donc le vers alexandrin – ni le dieu voleur, toi-même si divin?«

Beschämt, wie ein kleiner junge, schüttelte ich den Kopf. Sie wußte sich darob nicht zu lassen vor Zärtlichkeit, und ich muß gestehen, daß so viel Lob und Preis, in Verse ausartend zuletzt sogar, mich stark erregt hatte. Obgleich das Opfer, das ich bei unserer ersten Umarmung gebracht, nach meiner Art der äußersten Verausgabung gleichgekommen war, fand sie mich wieder in großer Liebesform, – fand mich so mit jener Mischung aus Rührung und Entzücken, daß ich schon an ihr kannte. Wir einten uns aufs neue. Ließ sie aber von dem, was sie die Selbstentäußerung des Geistes nannte, von dieser Erniedrigungsnarretei wohl ab? Sie tat es nicht.

»Armand«, flüsterte sie an meinem Ohr, »treibe es wüst mit mir! Ich bin ganz dein, bin deine Sklavin! Geh mit mir um wie mit der letzten Dirne! Ich verdiene es nicht anders, und Seligkeit wird es mir sein!«

Ich hörte darauf gar nicht. Wir erstarben wieder. In der Ermattung aber grübelte sie und sagte plötzlich:

»Hör, Armand.«

»Was denn?«

»Wenn du mich etwas schlügest? Derb schlügest, meine ich? Mich, Diane Philibert? So recht geschähe mir, ich würde es dir danken. Da liegen deine Hosenträger, nimm sie, Liebster, drehe mich um und züchtige mich aufs Blut!«

4. Die Moderne

Auch die Moderne ist eine Epoche, in der sadomasochistische Literatur recht stark vertreten war. Als bester Beleg dafür gelten vielleicht die Worte des damaligen Literaturpapstes Saint-Beuves, der de Sade «einen der größten Anreger der Moderne» nannte – eine Meinung, mit der er nicht alleine stand. Wie bereits ausgeführt, nannte auch Ihab Hassan, der bedeutende US-amerikanische Literaturwissenschaftler, de Sade einen zentralen Begründer dieser Epoche – und ihrer Nachfolgeperiode, der Postmoderne.

Konstituierend für die Moderne ist ein nahezu traumatischer Umbruch des gesamten Weltbildes, eine Verabschiedung von jahrtausendelang festgefügten Werten und Sicherheiten. Freud, Marx, Nietzsche, Darwin, Spencer und etliche andere Wissenschaftler und Philosophen trugen dazu bei, dass der Mensch aus dem Mittelpunkt des Universums gerückt und die Existenz Gottes und damit einer höheren Ordnung und Moral in Frage gestellt wurden. Infolge dessen kam es zu einem für viele erschreckenden Mangel an Sinnzusammenhang, Stabilität und Sicherheit in der Gesellschaft. Unter anderem Freuds Psychoanalyse führte dazu, dass der Mensch sich nur noch seiner Triebstruktur und anderen mysteriösen, dem Verstand unzugänglichen Kräften unterworfen fühlte. Die Erfahrung des Ersten Weltkriegs mit tragisch katastrophalen Höhepunkten wie der Schlacht von Verdun verankerte dieses Trauma in den Köpfen der Allgemeinheit. Alles menschliche Schaffen und Streben, Religion, Wissenschaft und Kunst schien lediglich in gegenseitigen Massenmorden zu enden. Gott war tot, und das Universum zeigte sich in keinerlei Hinsicht dem Menschen gegenüber zu irgendetwas verpflichtet, wie Stephen Crane es formulierte. All diese Gedanken hatte der Marquis de Sade schon über ein Jahrhundert zuvor in seinen Werken vorweggenommen.

Nicht zu vergessen ist die immer weiter voranschreitende Emanzipation der Frau, bis hin zur Erlangung des Wahlrechts, was die Ängste der Décadence am Leben hielt und verstärkte. Auch das empfanden viele – Männer und Frauen – als eine bedrohliche Neuordnung aller Werte.

Eben jene hier sehr kurz umrissene Umwertung sämtlicher Regeln und Normen bereitete den Nährboden für vormals als extrem anstößig und krankhaft empfundene Texte, so auch bestimmte Formen sadomasochistischen Erzählens. Die Darstellungsweise der Décadence rückte vielfach von den Randbereichen der Literatur in den Mittelpunkt. Typische stilistische und inhaltliche Kennzeichen der Moderne wie etwa die subjektive Schilderung des menschlichen Seelenlebens und inneren Empfindens oder die häufige Verwendung von Bildern und Symbolen sind auch zentrale Merkmale der SM-Literatur. Das alles wird im Folgenden an einzelnen Beispielen konkret auszuführen sein.

Es gibt zwei Werke der Moderne, die im Rahmen einer sadomasochistischen Literaturtheorie von Bedeutung wären, die wir hier aber aus Copyright-Gründen leider nicht auszugsweise zitieren können:

– Robert Musils *Die Verwirrungen des Zöglings Törleß* ist wohl einer der wenigen ebenso offen wie durchgängig sadomasochistischen Romane der allgemein anerkannten Weltliteratur. Es geht darin um die geistig-seelische Entwicklung eines pubertierenden Knaben, der sich in einem Internat zwei jungen Sadisten, Reiting und Beineberg, dabei anschließt, wie sie ihren Mitschüler Baisini – mit dem Wissen über von diesem begangene Diebstähle – erpressen, sich von ihnen quälen zu lassen.

Musils Roman bezieht seinen Wert zum einen aus der schon zu diesem Zeitpunkt (1906) bemerkenswert scharfen und differenzierten psychologischen Wahrnehmung Heranwachsender, zum anderen aber aus der Darstellung gruppendynamischer Prozesse, welche die später im Dritten Reich stattfindenden Ausgrenzungsmechanismen und Vergewaltigungen von Individuen durch das System vorwegnehmen. Es geht hier also eher um den faschistoiden Aspekt von Sadomasochismus.

- James Joyce' in siebenjähriger Arbeit geschaffenes Epos *Ulysses* gilt als das Meisterwerk der Moderne schlechthin. Es ist – vielleicht abgesehen von Pynchons *Gravity's Rainbow* – in der Literatur des 20. Jahrhunderts ohne Beispiel. Die Handlung des Romans, der an Vielschichtigkeit und Beziehungsreichtum so gut wie unüberbietbar erscheint, orientiert sich an den Erlebnissen dreier Einwohner Dublins am 16. Juni 1904 – ein Datum, das in Dublin in Würdigung von Joyce' Roman inzwischen zum allgemeinen Feiertag erhoben wurde.

Wie es sich für das internationale Meisterwerk einer Epoche gehört, findet sich in *Ulysses* eine ganze Anzahl sexueller Normabweichungen verschiedenen Grades, von Homosexualität über Voyeurismus und Zoophilie bis zum Pygmalionismus. Eine herausragende Stellung hat aber der Sadomasochismus inne. Immer wieder gibt es Verweise auf *Venus im Pelz* oder SM-Magazine aus Joyce' Zeit, wie *Fair Tyrants* und *Bits of Fun*, sowie Anspielungen auf berühmte Literaten mit einer Leidenschaft für dominante Frauen, wie etwa Shakespeare, Sokrates oder Aristoteles. Richard Browns *James Joyce and Sexuality*[112] zufolge war in Joyce' Bibliothek unter anderem Jacques Desroix' masochistischer Roman *La Gynéocratie* zu finden sowie Thomas Otways *Venice Preserved*, ein Drama mit zwei eindeutig masochistischen Szenen[113]. Brown weist ferner auf Joyce' Briefe an seine Geliebte Nora hin, denen eine Neigung zu sexuellen Varianten wie Koprophilie und Masochismus deutlich zu entnehmen ist. So drückt Joyce etwa sein Verlangen aus: «to feel you flog, flog, flog me viciously on my naked quivering flesh»[114].

Joyce stand wohl nicht nur der Emanzipationsbewegung wohlwollend gegenüber, sondern hätte wohl auch gegen eine regelrechte Frauenherrschaft politisch, ökonomisch und erotisch wenig einzuwenden gehabt.[115].

Auf eine weitere Verwendung sadomasochistischer Ästhetik weist Suzette A. Henkes *James Joyce and the Politics of Desire*[116] hin: Im Kapitel *Penelope* spielt Blooms Frau Molly mit dem Gedanken, ihren Gemahl mit der ausführlichen Schilderung eines von ihr begangenen Seitensprunges zunächst aufzugeilen, um ihn dann à la *Venus im Pelz* zu sexuellen Diensten zu zwingen.[117]

Es folgen jene Werke aus der Epoche der Moderne, die wir anhand von Textauszügen illustrieren können.

4.1 Marquis de Sade: Les cent-vingt journées de Sodome ou L'école du libertinage (1785)

«Gewissen Autoren ist es gegeben, die Dunkelheit in unseren Träumen zu enthüllen und somit aus Geschichte Prophezeiung zu machen. Dies sind nicht immer die Autoren, welche am höchsten in unserer Wertschätzung stehen.» – so beginnt Ihab Hassans Kapitel *SADE: The Prison of Consciousness* in seinem literaturwissenschaftlichen Klassiker *The Dismemberment of Orpheus*[118]. In der Tat hat der Name de Sade auch in unserer Zeit immer noch einen sehr negativen Beigeschmack, und das obwohl sich einige der klügsten und kritischsten Köpfe unserer Kultur sehr gründlich mit seinem Werk auseinander gesetzt haben. An erster Stelle zu nennen wären hier etwa Simone de Beauvoirs *Soll man de Sade verbrennen?*[119], die von Roland Barthes und anderen Vertretern der französischen Linken erstellte Essaysammlung *Das Denken des Marquis de Sade*[120] und Angela Carters *The Sadeian Woman*[121]. Tatsächlich aber sind die Schriften zu de Sade so mannigfach, dass es sehr schwierig ist, in nur wenigen Zeilen etwas Entscheidendes über ihn zu sagen.

Vermutlich ist es daher am sinnvollsten, mit Ihab Hassans Worten den literarischen Einfluss de Sades einmal kurz zu umreißen, denn darum genau geht es ja vor allem in der vorliegenden Anthologie: «Wir sehen in Sade fast den ersten Avantgardisten, den Dämon der Romantik und der Gothic Fiction, einen Surrealisten vor unserer Zeit und einen Herald der Anti-Literatur. Wir können ihn uns als Vorläufer von Darwin, Freud und Nietzsche vorstellen und als einen Wegbereiter der Anarchisten Max Stirner und Bakunin. Wir spüren sein Genie in Dachau, Belsen und Auschwitz und in jeder Form von apokalyptischer Politik. Wir akzeptieren ihn gleichzeitig als einen Apostel Pornotopias, als ein Kind der Aufklärung und ein Beispiel der metaphysischen Rebellion. Mit all diesem sei gesagt, dass wir noch heute darum ringen, Sade durch seinen empörenden Mythos hindurch überhaupt klar wahrzunehmen. Dennoch gibt es keinen Zweifel daran, dass sich sein Geist in unserer Kultur bewegt und dass er, weit mehr als nur im Sinne eines pathologischen Symptoms, ein zentrales Element unseres Bewusstseins bildet.»[122] De Sade habe die komplette Moderne vorbereitet, so Hassan, dies aber sei nur der eine Teil, die seinen Status als Faszinosum ausmache. Der andere bestehe in dem unlösbar scheinenden Paradox, das seine Schriften aufwürfen. Dass Sade ein Meister der ‹transgression› sei, der Grenzüberschreitung also, sei klar, das Problem sei nur, dass diese Überschreitung kein Ende finde. Wie Hassan – in Anlehnung an Blanchot – ausführt, leugne der Sadesche Held zuerst jede menschliche Autorität, dann Gott selbst im Namen der Natur, schließlich die Natur, indem er sie mit der absoluten Negation identifiziert. Diese Kette führe letztlich dazu, dass sie sich selbst verleugnet, dass eine absolute Leere entstehe, die sogar die Vorstellung von der Sadeschen Allmacht verschlinge. Auf seinem höchsten Niveau sei das von de Sade propagierte Bewusstsein ein Anti-Bewusstsein, seine Literatur eine Anti-Literatur[123]. Deshalb, so folgert Hassan[124], sei es ein Paradox, wenn der Marquis überhaupt über irgendetwas schreibe – warum? wozu? –, ebenso, dass er selbst, Hassan, über de Sade schreibe, ebenso, dass in einer SM-Anthologie über Hassan geschrieben wird, wie er über de Sade schreibt ... Paradoxien aber – auch darin ist Hassan zuzustimmen – trotzen lediglich den Grenzen der Logik, nicht denen der Realität. Eine angemessene Antwort auf das Denken de Sades muss erst noch gefunden werden.[125]

Im Folgenden finden sich zwei Auszüge aus *Les cent-vingt journées de Sodome ou l'école du libertinage*[126]. In dieser Erzählung holen sich vier Libertins vier der besten Prostituierten von Paris auf das abgeschiedene Schwarzwaldschloss Silling, um zusammen mit etlichen anderen Frauen und Sklavinnen das zu verbringen, was sie sich als eine schöne Zeit vorstellen: eine Mischung aus alle Grenzen überschreitender Orgie und einem ebenso hemmungslosen Massaker. Die vier Prostituierten sind die einzigen Frauen, die diesen Holocaust überleben werden – soweit man das sagen kann, solange von der kompletten Geschichte nur das erste Viertel voll ausformuliert vorliegt –, weil sie, wie Sheherazade in Tausendundeiner Nacht, ihre Herren mit der Macht des Wortes kontrollieren und sie mit Schilderungen ihrer sexuellen Erlebnisse zu bannen verstehen. Der erste hier aufgenommene Auszug ist die Rede eines der Libertins an seine unfreiwilligen Untertanen[127], der zweite eine der geschilderten sexuellen Anekdoten[128].

Les cent-vingt journées de Sodome ou L'école du libertinage

Nachdem das Reglement festgelegt worden war, verteilte man es im Laufe des 30. Oktober, und der Herzog verbrachte den Morgen des 31. damit, alles zu verifizieren, sich alles wiederholen zu lassen und vor allem die Lokalitäten sorgfältig zu prüfen, um zu sehen, ob nicht doch noch irgendwelche Möglichkeiten eines Angriffs von außen oder einer Fluchtbegünstigung bestünden.

Als er festgestellt hatte, daß man entweder ein Vogel oder der Teufel sein mußte, um hinaus oder herein zu gelangen, erstattete er seinen Auftraggebern Bericht; am Abend des 31. hielt er eine Ansprache an die weiblichen Wesen. Sie kamen auf seinen Befehl alle im Erzählungssalon zusammen; er stieg auf den erhöhten Sitz (oder den Thron), der für die Erzählerinnen bestimmt war, und hielt ihnen ungefähr folgende Rede:

»Schwache und unfreie Wesen, die ihr einzig zu unserer Lust bestimmt seid, ihr habt euch, will ich hoffen, nicht geschmeichelt, daß die ebenso lächerliche wie absolute Herrschaft, die man euch in der Gesellschaft läßt, euch auch hierorts zugestanden würde. Tausendmal geknechteter als Sklaven, dürft ihr nichts erwarten als Demütigung, und der Gehorsam soll die einzige Tugend sein, deren Ausübung ich euch anrate: Es ist die einzige, die eurer augenblicklichen Lage entspricht. Ihr dürft nicht glauben, Vorteil aus euren Reizen schlagen zu können. Wir sind für dergleichen Fallen zu blasiert und ihr solltet euch vorstellen können, daß diese Art Köder bei uns nicht verfängt. Behaltet stets in Erinnerung, daß wir uns euer aller bedienen, aber daß auch nicht eine einzige von euch sich schmeicheln darf, uns das geringste Gefühl des Mitleids einzuflößen. Zornig auf Altäre, die uns einige Tropfen Weihrauch kosten konnten, zerbrechen unser Stolz und unsere Libertinage dieselben, sobald die Illusion die Sinne befriedigt hat, und die Verachtung, der fast immer der Haß folgt, löst alsbald das Blendwerk der Phantasie in uns ab. Und im übrigen, was bietet ihr uns schon anderes, als wir von Grund auf kennen, ja, was bietet ihr uns schon anderes, als wir oft im Augenblick des Taumels mit Füßen treten?

Unnütz, es euch zu verhehlen: Euer Dienst wird rauh sein, peinsam und unerbittlich, und die geringsten Verfehlungen werden sofort mit schmerzlichen Leibesstrafen gesühnt werden. Ich muß euch also Pünktlichkeit, Unterwerfung und eine vollständige Verneinung eurer selbst ans Herz legen, um statt dessen nur unseren Lüsten zu lauschen; macht sie zu euren einzigen Gesetzen, kommt ihnen zuvor, eilt ihnen voraus und erzeugt sie. Nicht, weil ihr viel durch ein solches, Betragen zu gewinnen, sondern nur, weil ihr viel durch Nichtbeachtung zu verlieren habt.

Prüft eure Lage: Was ihr seid, und was wir sind. Diese Überlegungen sollen euch erzittern lassen: Ihr befindet euch außerhalb Frankreichs inmitten eines undurchdringlichen Waldes, jenseits von steilen Bergen, deren Übergänge sogleich nach eurer Ankunft abgebrochen wurden. Ihr seid eingeschlossen in eine uneinnehmbare Zitadelle, euren Freunden, euren Verwandten entzogen; niemand weiß euch hier; für die Welt schon gestorben, atmet ihr nur noch für unsere Lust. Und wie sehen die Wesen aus, denen ihr jetzt unterworfen seid? Eingefleischte und berüchtigte Schurken, die keinen anderen Gott als ihre Geilheit kennen, keine anderen Gesetze als ihre Perversion, keine anderen Vorsätze als ihr Laster; Wüstlinge ohne Glauben, ohne Prinzip, ohne Gott, von denen der Anständigste mit mehr Untaten besudelt ist, als ihr aufzählen könntet, und in dessen Augen das Leben einer Frau, was sage ich, aller Frauen, die

die Oberfläche der Erde bevölkern, ebenso gleichgültig ist wie der Tod einer Fliege. Es wird zweifellos kaum einen von ihnen verübten Exzeß geben, der euch nicht abstoßen muß. Gebt euch hin, ohne mit der Wimper zu zucken und begegnet allem mit Geduld, Unterwürfigkeit und Eifer. Sollte eine von euch unglückseligerweise der Maßlosigkeit unserer Leidenschaften zum Opfer fallen, so trage sie mutig ihr Los. Wir sind nicht auf der Welt, um ewig zu leben, und das größte Glück, das einer Frau widerfahren kann, heißt, jung zu sterben. Ihr habt unser durchaus weises Reglement gelesen, das ganz auf eure Sicherheit und unser Vergnügen zugeschnitten ist. Erfüllt blindlings die Gesetze und fürchtet das Schlimmste, falls ihr uns durch ein ungeziemendes Betragen erzürnt. Einige von euch sind mit uns durch Bande verknüpft – das weiß ich –, die vielleicht euren Stolz nähren und um derentwillen ihr Nachsicht erhofft. Ihr befindet euch leider in einem großen Irrtum, wenn ihr damit rechnet. Keine Bande gelten in den Augen von Leuten unseresgleichen als heilig, und je mehr sie euch so erscheinen, desto mehr wird ihr Bruch die Unnatur unserer Seelen kitzeln. Töchter und Gattinnen, an euch wende ich mich in diesem Augenblick: Erwartet keinerlei Vorrechte von uns; wir warnen euch, weil ihr sogar mit größerer Härte behandelt werdet als die anderen, und zwar einzig, um euch zu zeigen, wie verächtlich in unseren Augen die Bande sind, durch die ihr uns vielleicht gefesselt glaubt.

Hofft im übrigen nicht darauf, daß wir Befehle, die wir von euch ausgeführt haben wollen, deutlich bezeichnen. Eine Geste, ein Wink, oft nur eine einfache innere Regung unsererseits wird sie euch anzeigen, und ihr werdet, wenn ihr sie nicht erratet oder vorherseht, ebenso hart bestraft, als wenn ihr nach deutlicher Aufforderung ungehorsam gewesen wäret. An euch ist es, unsere Empfindungen, unsere Blicke und unsere Gesten zu durchschauen, ihre Bedeutung zu erkennen und euch vor allem nicht in unseren Wünschen zu täuschen. Denn nehmen wir zum Beispiel an, unser Wunsch wäre, eine bestimmte Partie eures Körpers, zu sehen und ihr bötet uns ungeschickterweise die entgegengesetzte, so könnt ihr euch vorstellen, bis zu welchem Grad ein solcher Mißgriff unsere Phantasie stören muß. Seid euch also darüber im klaren, was man riskiert, wenn man den Kopf eines Libertins abkühlt, indem man ihm – sofern er für seine Ejakulation einen Hintern wünscht – törichterweise eine Spalte präsentiert.

Zeigt euch im allgemeinen möglichst wenig von vorn; denkt daran, daß dieser ekelhafte Teil – von der Natur allein aus Vernunftsgründen geschaffen – uns am meisten abstößt. Und selbst hinsichtlich eurer Hinterseite gibt es noch Vorsichtsmaßregeln zu beachten; es gilt, wenn ihr sie anbietet, sowohl die widerwärtige Höhle daneben zu verbergen, als auch zu vermeiden, uns euer Gesäß in bestimmten Momenten so zu zeigen, wie andere es stets zu finden wünschen. Ihr versteht mich schon und werdet im übrigen von seiten der Duegnas weitere Instruktionen erhalten, die euch alles vollends klarmachen werden.

Mit einem Wort: zittert, erratet, gehorcht, kommt zuvor, und wenn ihr bei alledem auch nicht vom Schicksal begünstigt seid, so seid ihr vielleicht doch nicht ganz unglücklich. Im übrigen hat es keine Machenschaften unter euch zu geben, nicht diese albernen Mädchenfreundschaften, die auf der einen Seite das Herz erweichen und auf der anderen widerspenstiger und der Unterwerfung mit Haut und Haaren, zu der wir euch bestimmen, weniger geneigt machen. Denkt daran, daß wir euch keineswegs als menschliche Geschöpfe betrachten, sondern einzig wie Tiere, die man um des von ihnen erwarteten Dienstes willen ernährt und die man mit Schlägen zermalmt, wenn sie diesen Dienst verweigern.

Ihr habt gesehen, wie weitgehend man euch alles verbietet, was nur den Anflug einer religiösen Handlung hat. Ich warne euch: es gibt kaum härter bestrafte Verbrechen als dieses. Wir wissen nur zu gut, daß unter euch noch einige Dummköpfe sind, die es nicht auf sich nehmen wollen, der Idee dieses infamen Gottes abzuschwören und seine Religion zu verabscheuen: Sie werden sorgfältig beobachtet – ich verhehle es nicht –, und es wird keine Greuel geben, die man ihnen nicht zufügen wird, wenn sie unglückseligerweise auf frischer Tat ertappt werden sollten. Oh, möchten sie sich doch davon überzeugen, diese törichten Kreaturen, möchten sie sich doch davon überzeugen, wie sehr die Existenz Gottes ein Wahn ist, der auf der ganzen Welt heute zwanzig Anhänger hat, und wie sehr die Religion, die er ins Leben ruft, nur eine Fabel ist, lächerlicherweise von Betrügern erfunden, deren Absichten, uns zu täuschen, jetzt nur zu offenbar geworden sind. Kurz, entscheidet selbst: Gäbe es einen Gott, und besäße dieser Gott Macht, würde er dann erlauben, daß die Tugend – die ihr verehrt und zu der ihr euch bekennt – jetzt dem Laster und der Libertinage geopfert wird? Würde er, dieser allmächtige Gott, es erlauben, daß ein schwaches Geschöpf wie ich, das ihm gegenüber wie eine Mücke im Angesicht des Elefanten wirkt, würde er es erlauben – sage ich –, daß dieses schwache Geschöpf ihn lästert, ihn verhöhnt, ihn herausfordert, ihm trotzt und ihn beleidigt, wie ich es aus bloßem Vergnügen in jedem Augenblick des Tages tue?«

Nach dieser Predigt stieg der Herzog von dem Thron herab, und mit Ausnahme der vier Duegnas und der vier Erzählerinnen, die sehr wohl wußten, daß sie eher zu Priesterinnen als zu Opfern ausersehen waren, außer diesen acht – sage ich – brachen alle in Tränen aus; der Herzog bekümmerte sich jedoch recht wenig darum, ließ sie vielmehr rätseln, plappern und sich gegenseitig bemitleiden, wobei er nur zu sicher wußte, daß die acht Spioninnen ihm alsbald Bericht erstatten würden; er begab sich mit Hercule ins Bett, mit jenem der Beschäler, der sein intimster Günstling und Geliebter geworden war, während in seinem Herzen noch immer der kleine Zephyr als Mätresse den ersten Platz innehatte. Der folgende Morgen sollte von früh an alles in der aufgestellten Ordnung vorfinden, und so richtete sich jeder von selbst für die Nacht ein. Als es morgens zehn Uhr schlug, öffnete sich die Szene der Libertinage, um nun durch nichts mehr gestört zu werden, vor allem durch nichts, was bis zum 28. Februar untersagt war.

Nun, lieber Freund und Leser, bereite dein Herz und deinen Geist für den schmutzigsten Bericht, der je gegeben wurde, seit die Welt existiert. Ein ähnliches Buch findet sich weder bei den Alten, noch bei den Modernen. Halte dir vor Augen, daß jeder ehrenhafte Sinnengenuß – von jener Närrin vorgeschrieben, von der du ohne Unterlaß redest, ohne sie zu kennen, und die du Natur nennst –, daß jeder derartige Sinnengenuß, sage ich, ausdrücklich aus dieser Sammlung verbannt bleibt und daß, wenn du zufällig auf einen solchen treffen solltest, dies nur geschieht, wenn er von einem Verbrechen begleitet oder durch eine Niederträchtigkeit gefärbt ist. Ohne Zweifel werden dir viele der Abirrungen, die du beschrieben finden wirst, mißfallen – das weiß ich; es werden sich jedoch welche finden, die dich so erhitzen, daß sie dich Samen kosten; und das ist alles, was wir beabsichtigen; wenn wir nicht alles aussprechen, alles analysieren würden, wie sollten wir dann erraten können, was dir gebührt? An dir liegt es, auszuwählen und den Rest beiseite zu lassen; ein anderer täte desgleichen, und nach und nach würde jeder seinen Platz finden. Dies ist die Geschichte eines prächtigen Festmahles, während dessen 600 verschiedene Gerichte sich deinem Hunger anbieten: Willst du sie alle verzehren? Zweifellos nicht. Aber diese stattliche Zahl erweitert die Grenzen deiner Wahl, und begeistert von der Vielfalt deiner Möglichkeiten wirst du dem Wirt nicht grollen, der dich labt. Tue in diesem Fall das nämliche: wähle aus und lasse den Rest beiseite, ohne auf ihn zu schimpfen, nur weil er nicht das Talent hat; zu gefallen. Denke daran, daß er anderen gefällt, und sei Philosoph.

[...]

»Einige Zeit nach diesem Abenteuer war ich allein bei einem anderen Libertin«, sagte die Duclos, »dessen Manie wohl stärker demütigte, jedoch nicht so finster war. Er empfing mich in einem Salon, dessen Boden mit einem sehr schönen Teppich bedeckt war; er befahl mir, mich nackt auszuziehen und mich dann auf alle viere niederzulassen:

›Nun wollen wir einmal sehen‹, sagte er und sprach zugleich zu zwei großen Doggen, die er bei sich hatte, ›er von euch der Flinkeste ist, die Hunde oder du? Holt!‹

Und im gleichen Augenblick wirft er geröstete Maronen zu Boden und ruft mir wie einem Tier zu:

›Apporte! Apporte!‹ ruft er.

Ich laufe auf allen vieren hinter den Kastanien her, um seine Laune mitzumachen und ihm die Kastanien wiederzubringen; aber die beiden Hunde springen hinter mir her, sind sofort voraus, packen die Kastanien und bringen sie ihrem Herrn zurück.

›Sie sind eine Erztölpelin‹, sagt der Herr daraufhin zu mir, ›haben Sie Angst, meine Hunde könnten Sie fressen? Fürchten Sie nichts; sie werden Ihnen nichts tun; aber sie werden sich innerlich über Sie lustig machen, wenn sie sehen, daß Sie ungeschickter sind als sie; Los, wetzen Sie Ihre Scharte aus ... Apporte!‹ Er warf wieder eine Kastanie und wieder kamen mir die Hunde zuvor. Das Spiel dauerte schließlich zwei Stunden, während derer ich nur einmal geschickt genug war, die Kastanien zu ergreifen und sie mit dem Munde dem zuzutragen, der sie geworfen hatte. Aber ob ich ihnen zuvorkam oder nicht, nie fügten diese abgerichteten Tiere mir irgend etwas Übles zu; sie schienen im Gegenteil mit mir zu spielen und zu scherzen, als sei ich von ihrer Art.

›Nun‹, sagte der Herr, ›genug der Arbeit; jetzt gibt es Futter.‹

Er läutete; ein vertrauter Diener trat ein.

›Bring meinen Tieren zu fressen‹, sagte er.

Und der Diener brachte sofort einen Futtertrog aus Ebenholz, den er auf die Erde stellte und der mit sehr leckerem Fleischhaschee gefüllt war.

›Los‹, sagte er zu mir, ›iß mit meinen Hunden und sieh zu, daß sie beim Fressen nicht ebenso flink sind wie beim Wettlauf.‹

Man durfte kein Wort erwidern; es hieß gehorchen, und immer noch auf allen vieren steckte ich den Kopf in den Trog, und da alles sehr sauber und gut war, begann ich, mich mit den Hunden zu atzen, die mir sehr höflich meinen Teil ließen, ohne den geringsten Streit zu suchen. Das war der Augenblick der Krise unseres Libertins: die Demütigung und Erniedrigung, in die er eine Frau zwang, erhitzten ihn ganz ungeheuerlich.

›Die Dirne‹, sagte er und bohrte sich dabei, ›die Metze, wie sie mit meinen Hunden frißt! So sollte man alle Frauen behandeln; dann wären sie nicht so dreist, diese Haustiere, nicht anders als meine Hunde! Welchen Grund haben wir, sie anders als jene zu behandeln. Ha! Metze! Ha! Hure!‹ rief er aus, kam näher und ließ seinen Samen über meinen Hintern ab. ›Ha, Dirne, ich habe dich gezwungen, mit meinen Hunden zu fressen!‹

4.2 Comte de Lautréamont: Les Chants de Maldoror (1869)

Der Comte de Lautréamont, dessen eigentlicher Name Isidore Ducasse lautet, hat mit seinen *Les Chants de Maldoror*[129], einem Prosagedicht in sechs Gesängen, ein Werk vorgelegt, das seine Leser nachhaltig verstört zu haben scheint. Dies verwundert nicht, handelt es sich dabei doch um eine Art Hymne an das Böse, als dessen Verkörperung der rebellische, grausam zerstörerische Anti-Gott Maldoror erscheint. Was die sprachliche Gestaltung dieser Hymne anbelangt, erscheint sie für die damalige Zeit ausgesprochen kühn. Die 1869, also einige Zeit vor dem Höhepunkt der Sinnkrise der Moderne, erstmals gedruckte Gesamtausgabe der Gesänge schaffte nicht einmal den Weg in den Buchhandel; die ersten Interpreten waren sich ihres Urteils sicher, dass der Autor wahnsinnig gewesen sein müsse. Erst spätere Analysen enthüllten die Gesänge als ein stilistisch und syntaktisch sehr präzise durchkonstruiertes Werk. Lautréamont gelangte spätestens dann zu gebührenden literarischen Ehren, als ihn die Surrealisten – wie etwa auch der vom Surrealismus geprägte Autor Lewis Carroll – zu einem ihrer Vorläufer und Wegbereiter erklärten.

Viele bedeutende Schriftsteller haben mittlerweile lobend Lautréamonts literarische Leistungen gewürdigt, unter ihnen Breton, Aragon, Camus, Gide und Huysmans. Henry Miller zieht in seinem Essay *Begnügen wir uns mit drei kleinen Elefanten, die das Licht der Welt erblicken*[130] die offensichtlichen Parallelen zu den Werken de Sades und äußert sich anerkennend darüber, dass mit diesen beiden Autoren – und ihrem Vorgänger Jonathan Swift – ein Paradigmenwechsel in der Literatur eingeleitet wurde, weg von der Heuchelei, hin zur unverblümten Darstellung auch der hässlichsten Aspekte der menschlichen Existenz. Wolfgang Koeppen sieht in seinem Aufsatz *Der Großvater des Surrealismus*[131], in dem er die Gesänge «eine Dichtung voll Größe, Schönheit, Erhabenheit, Qual und blutiger Greuel» nennt, gleichfalls eine Nähe zu den Werken de Sades. Er wendet jedoch ein, dass Lautréamont eher «ein Moralist und ein Leidender» war – ein Unterschied zu de Sade, den unter anderem Jean-Joel Barbier in seinem Beitrag *Ein Dichter der*

Kindheit. Der transparente Lautréamont[132] wie folgt ausführt: «Unter dem Feuerwerk: welch immerfort flehende Grundhaltung! Die Worte ‹Mitleid›, ‹Bitte› kehren immer wieder. Die perfekt fabrizierte Grausamkeit Lautréamonts ist ganz einfach seine Art, sich selbst auszulachen. Sein Sadismus ist nichts als Masochismus. [...] Sein ‹Kosmos› ist kein Kosmos des Terrors, des Gestankes oder der Grausamkeit, es ist ein Kosmos der Zärtlichkeit.» Dem pflichtet Léon Pierre-Quint in seinem *Lautréamont 1938*[133] bei: Zwar sieht Lautréamont «die irdische Schöpfung» als «das Werk eines armseligen Geistes» und entwickelt somit Maldoror als einen gegengöttlichen Rebellen, der seinen Angriff auf Gott als einen Angriff auf die Zivilisation und auf die Moral, die «Quelle unseres Leidens» fortsetzt. «Zu diesem Zweck erscheint ihm keine Kraft wirksamer als der Sadismus. Zahlreich sind die Bilder, in denen das Blut fließt, an dem sich Maldoror weidet. [...] Aber der Sadismus Maldorors scheint nicht nur das Produkt einer zügellosen Phantasie zu sein. Vom ersten Gesang an konstatiert er mit Schrecken das wollüstige Vergnügen, das er daran empfindet, junge und wehrlose Wesen zu quälen.» De Sade argumentiert: Wenn Grausamkeit tatsächlich dem Willen Gottes widersprechen würde, dann würde dieser es nicht erlauben, dass man diese Taten so sehr genießen kann. Lautréamont hingegen teilt diesen Genuss nicht, sein Antiheld leidet ebenso wie dessen Opfer. Bei ihm gehen Sadismus und Masochismus stark ineinander über, bis sie beinahe deckungsgleich sind.

Die folgende Passage ist der Beginn des ersten Gesanges[134], deren Höhepunkt die Darstellung des wonnigen Gefühls bildet, «den Unschuldigen, dem man weh getan hat, trösten zu können».

Les Chants de Maldoror

Gebe der Himmel, daß der Leser, erkühnt und augenblicklich von grausamer Lust gepackt gleich dem, was er liest, seinen steilen und wilden Weg durch die trostlosen Sümpfe dieser finsteren und gifterfüllten Seiten finde, ohne die Richtung zu verlieren; denn wofern er nicht mit unerbittlicher Logik und einer geistigen Spannung, die wenigstens seinen Argwohn aufwiegt, an diese Lektüre geht, werden die tödlichen Emanationen dieses Buches seine Seele durchtränken wie das Wasser den Zucker. Es ist nicht gut, daß jedermann die folgenden Seiten lese; nur einzelne werden diese bittere Frucht gefahrlos genießen. Darum, bevor du, scheue Seele, tiefer eindringst in solch unerforschtes Ödland, lenke deine Schritte rückwärts und nicht vorwärts. Höre wohl, was ich dir sage: lenke deine Schritte rückwärts und nicht vorwärts, den Augen eines Sohnes gleich, der sich ehrfurchtsvoll von der erhabenen Betrachtung des mütterlichen Antlitzes abwendet; oder vielmehr wie ein unabsehbarer Winkel fröstelnder und sehr nachdenklicher Kraniche, der zur Winterszeit mit vollen Segeln gewaltigen Fluges durch das Schweigen zieht, einem bestimmten Punkt am Horizont entgegen, wo sich plötzlich ein seltsamer und heftiger Wind erhebt, Vorbote des Sturms. Der älteste Kranich, der allein die Vorhut bildet, wiegt, als er dies bemerkt, das Haupt wie eine vernünftige Person, infolgedessen auch seinen Schnabel, den er klappern läßt, und er ist nicht froh (ich wäre es an seiner Stelle auch nicht), während sein alter, von Federn entblößter Hals, Zeitgenosse dreier Kranichgenerationen sich in gereizten Kräuselungen bewegt, ahnendes Zeichen des schneller und schneller nahenden Gewitters. Kaltblütig spähen die erfahrenen Augen des ersten Kranichs (denn er ist es, der das Vorrecht genießt den anderen, ihm an Intelligenz unterlegenen Kranichen die Schwanzfedern zu zeigen) mehrmals nach allen Seiten, und mit dem Warnruf des melancholischen Vorpostens, Signal zum Gegenangriff auf den gemeinsamen Feind, schwenkt er, umsichtig und elastisch, die Spitze der geometrischen Figur (vielleicht ist es ein Dreieck, das diese seltsamen Zugvögel im Raume bilden, nur sieht man den dritten Schenkel nicht) bald nach Backbord, bald nach Steuerbord, wie ein gewandter Kapitän; und mit Flügeln manövrierend, die nicht größer scheinen als die eines Sperlings, nimmt er so, denn er ist nicht dumm, einen anderen Weg, der sicherer ist, einen philosophischen Weg.

Leser, vielleicht ist es dein Wille, daß ich zu Beginn dieses Werkes den Haß anrufe! Wer sagt dir, daß du mit deinen hochmütig geblähten, breiten und hageren Nüstern, in zahllosen Wonnen schwelgend, nicht nach Herzenslust, langsam und majestätisch, seine roten Emanationen schlürfen wirst, während dein Leib, gleich einem Hai, die schöne, schwarze Luft zerteilt, als verstündest du die Wichtigkeit dieses Aktes und die nicht geringere Wichtigkeit deines rechtmäßigen Appetits? Sei versichert, o Scheusal, daß sie die beiden unförmigen Löcher deiner gräßlichen Schnauze beglücken werden, wenn du dich vorher befleißigst, dreitausendmal hintereinander das verfluchte Gewissen des Ewigen einzuatmen! Deine in unaussprechlicher Befriedigung und unbeweglicher Ekstase maßlos geweiteten Nüstern werden sich nichts Besseres vom Weltenraum wünschen, den herrliche Düfte und Weihrauch erfüllen; denn ein vollkommenes Glück wird sie satt machen, den Engeln gleich, die in der Herrlichkeit und im Frieden sanfter Himmel wohnen.

Ich werde in wenigen Zeilen darlegen, wie gut Maldoror in seinen ersten Lebensjahren war, damals, als er glücklich lebte; dies ist getan. Später bemerkte er, daß er böse geboren war: unerhörtes Verhängnis! Jahrelang verbarg er seinen Charakter so gut er konnte; am Ende aber stieg ihm wegen dieser nicht natürlichen Anstrengung täglich das Blut zu Kopfe; bis er sich, unfähig, ein solches Leben länger zu ertragen, entschlossen in den Strom des Bösen warf...süße Hingabe! Wer hätte das gedacht! wenn er das rosige Antlitz eines Kindleins küßte, hätte er ihm gern die Wangen mit einem Rasiermesser herausgerissen, und er hätte es sehr oft getan, wenn Justitia mit ihrem langen Gefolge der Sühne, ihn nicht jedesmal daran gehindert hätte. Er war kein Lügner, er gestand die Wahrheit und sagte, daß er grausam sei. Menschen, habt ihr's gehört? mit dieser zitternden Feder wagt er, es nochmals zu sagen. Es gibt also eine Macht, die stärker ist als der Wille...Fluch und Verderben! Wollte der Stein sich den Gesetzen der Schwerkraft entziehen? Unmöglich. Unmöglich, wollte das Böse sich dem Guten verbünden. Das sagte ich vorhin.

Es gibt Leute, die schreiben, um mittels edler Herzenseigenschaften, die ihre Phantasie erfindet oder die sie besitzen, nach menschlichem Beifall zu trachten. Ich aber bediene mich meines Geistes, um die Wonnen der Grausamkeit zu schildern. Keine flüchtigen, künstlichen Wonnen, sondern solche, die mit dem Menschen begonnen haben, die mit ihm enden werden. Kann sich der Geist in den geheimen Beschlüssen der Vorsehung nicht der Grausamkeit verbünden? oder hat einer keinen Geist, weil er grausam ist? Den Beweis dafür wird man in meinen Worten finden; es hängt nur von euch ab, mir zuzuhören, wenn euch daran liegt... Pardon, mir schien, als sträubten sich die Haare meines Hauptes; aber es ist nichts, denn meine Hand brachte sie leicht in ihre vorige Lage zurück. Wer singt, behauptet nicht, daß seine Kavatinen unbekannt seien; im Gegenteil, er freut sich, daß die vermessenen und bösen Gedanken seines Helden allen Menschen eigen sind.

Mein ganzes Leben lang sah ich die Menschen mit engen Schultern, ohne eine einzige Ausnahme, stupide und zahlreiche Taten vollbringen, sah sie ihresgleichen verdummen und die Seelen mit allen Mitteln verderben. Das Motiv ihrer Handlungen nennen sie: Ruhm. Bei solchem Anblick wollte ich lachen wie die anderen; aber das, seltsame Nachahmung, war unmöglich. Ich nahm ein Federmesser mit scharf geschliffener Klinge, und dort, wo die Lippen sich vereinigen, durchschnitt ich das Fleisch. Einen Augenblick lang glaubte ich mein Ziel erreicht. In einem Spiegel betrachtete ich diesen durch eigenen Willen verletzten Mund! Es war ein Irrtum! Das Blut, das reichlich aus beiden Wunden floß, hinderte mich übrigens zu erkennen, ob dies wirklich das Lachen der anderen sei. Aber nach kurzen Vergleichen sah ich genau, daß mein Lachen dem der Menschen nicht glich, das heißt, ich lachte nicht. Ich sah die Menschen mit häßlichem Haupt und mit schrecklichen, tief in finsterer Höhle liegenden Augen, die Härte des Felsens, die Starre gegossenen Stahls, die Grausamkeit des Haifisches, die Arroganz der Jugend, die Raserei der Verbrecher, den Verrat der Heuchler, die ungewöhnlichsten Komödianten, die Charakterstärke der Priester und die höchste Verstellungskunst, die kältesten Wesen der Welten und des Himmels übertreffen; sah die Moralisten erlahmen, ihr Herz zu entdecken und unversöhnlichen Zorn von oben herabbeschwören. Ich habe sie alle auf einmal gesehen, bald die derbe Faust wider den Himmel erhoben wie die eines schon perversen Kindes wider die Mutter, wahrscheinlich von einem Dämon der Hölle getrieben, die Augen schwer von nagender Reue und Haß zugleich, in eisigem Schweigen verharren, nicht wagend, die ungeheuerlichen und undankbaren Gedanken, voller Ungerechtigkeit und Grauen, die ihr Herz verbarg, zu äußern, um bei dem Gott der Barmherzigkeit trauerndes Mitleid zu wecken; bald, zu jeder Stunde des Tages, von Kindheit auf bis zum höchsten Greisenalter, unglaubliche Flüche verbreitend, ohne Sinn für Gemeinschaft, wider alles, was atmet, wider sich selbst und die Vorsehung, Frauen und Kinder prostituieren und so die Leibesteile entehren, die der Scham geweiht sind. Da erheben die Meere ihre Fluten, reißen die Planken in ihre Schlünde hinab: Orkane und Erdbeben zerschmettern die Häuser; die Pest und vielerlei Krankheit lichten die betenden Familien. Aber die Menschen achten dessen nicht. Ich sah sie auch vor Scham erröten und erbleichen wegen ihres Wandels auf dieser Erde; selter jedoch. Stürme, Brüder der Orkane, bläuliches Firmament, dessen Schönheit ich nicht anerkenne, heuchlerisches Meer, Ebenbild meines Herzens, Erde, geheimnisvoller Schoß, Bewohner der Sphären, gesamtes Universum, Gott, der du es so herrlich geschaffen hast, dich rufe ich an: zeige mir einen Menschen, der gut ist!...Aber möge deine Gnade meine natürlichen Kräfte verzehnfachen; denn beim Anblick dieses Scheusals könnte ich vor Staunen sterben: man stirbt an weniger.

4.3 Guillaume Apollinaire: Les onze mille verges (1907)

«DIE FLAGELLATION, diese Kunst der Wollust, von der man hat sagen können, dass diejenigen, die nicht in ihr bewandert sind, nichts von Liebe verstehen, wird hier auf völlig neue Weise behandelt.»[135]

Obwohl die Pornographie ein zentraler Schwerpunkt im Interesse Guillaume Apollinaires war und er unter anderem auch als Herausgeber der Schriften de Sades fungierte, ist sein 1907 erschienener Roman *Les onze mille verges ou les amours d'un hospodar*[136] von vielen Li-

teraturwissenschaftlern niemals fugenlos ins Oeuvre des Autors ein-
geordnet worden, sondern wurde ausgegliedert oder übergangen. Lediglich andere Künstler wie Louis Aragon, der ein Vorwort zu diesem
Buch verfasste, oder Pablo Picasso, der es Apollinaires Meisterwerk
nannte, schienen sich seiner Bedeutung bewusst gewesen zu sein.
Die verzweigte Handlung der Erzählung besteht, kurz gefasst, darin,
dass ihr Protagonist, der vermögende Mony Vibescu, auf der Suche
nach immer perverseren Ausschweifungen quer durch Europa und
den halben Orient zieht und sich dabei seine sexuellen Eskapaden in
ihrer Gewalttätigkeit mehr und mehr steigern. Ein unveröffentlich-
ter Verlagsprospekt bewirbt den Roman folgendermaßen: «Er lässt
die schrecklichsten Werke des göttlichen Marquis weit hinter sich
[...]. Doch hat der Autor das Bezaubernde mit dem Fürchterlichen
mischen können. [...] Ob sadistisch oder masochistisch, die Figuren
der *Elftausend Ruten* gehören von nun an ins Reich der Literatur.»[137]

Es gibt prinzipiell vier unterschiedliche Reaktionsweisen der
Kritik. Während die eine Fraktion Vibescus Queste nach sexueller
Erfüllung mit einer Suche nach dem Gral, nach einem letzten und
höchsten Lebenssinn versteht[138], interpretiert ihn die andere als
«eine gekonnte Parodie von Klischees des erotischen, pornographischen, ja des Schauerromans»[139]. Grimm vermisst zwar eindeutige
Ironiesignale in den *Elftausend Ruten*, dennoch könnte es sich beispielsweise um einen Pastiche, also eine verfremdende Imitation,
handeln. Eine dritte Leseweise der Erzählung versteht sie als ge-
nuin erotischen Roman, der sich in die Tradition der Belle Epoque
einreiht, bürgerliche Tabus wie zuvor etwa das der Homosexualität
oder des sexuellen Begehrens der Frau zu sprengen. Wenn Apollinaire hier sexuelle Leidenschaft und Gewalt in positivem Sinne
miteinander verknüpft, könnte man ihn sogar in die Nähe des
italienischen Futurismus einordnen: Die Futuristen zeigten sich
begeistert von ekstatisch entfalteter männlicher Gewalt, wie sie am
extremsten und authentischsten im Krieg erwartet wurde. Apollinaires Roman wäre es also immerhin gelungen, «latente Triebstruk-
turen zu zeigen, die wenige Jahre später in mörderische Gewalt umschlagen»[140]. Die vierte Reaktion auf die *Elftausend Ruten* verzichtet

gänzlich auf eine tiefer gehende Auseinandersetzung mit dem Werk und äußert sich vorrangig in Zensur. Es überrascht nicht, dass sich vor allem Bayern einmal mehr als kritische Instanz hervorgetan hat. Laut *Kindlers Literatur Lexikon*[141] wurde die deutsche Ausgabe jeweils nach ihrem Erscheinen als «völlig verzerrtes Bild zwischenmenschlicher Beziehungen» beziehungsweise als «gewaltpornographisch» vom Markt gezogen. Grimm zufolge hat das Münchner Landgericht den Roman noch 1971, also vierundsechzig Jahre nach seinem Erscheinen und zu einem Zeitpunkt, als er längst zur Weltliteratur gehörte, verboten und beschlagnahmt.

Im Folgenden sind die Seiten 163 bis 171 der deutschen Ausgabe abgedruckt.

Les onze mille verges

Inzwischen hatte der Däne, der Mann der Stummen, deren Verschwinden bemerkt, denn das Töchterchen schrie nach der Mutterbrust. Er nahm den Säugling auf den Arm und ging seine Frau suchen.

Ein Soldat bezeichnete ihm das Zelt, in dem sie sich befand, aber sagte ihm nicht, was sie dort tat. Verrückt vor Eifersucht, rannte der Däne dorthin, hob den Zeltvorhang und stürzte hinein. Der Anblick, der sich ihm bot, war nicht gerade alltäglich: seine Frau, bluttriefend und nackt, in Gesellschaft eines ebenfalls bluttriefenden und nackten Tataren, peitschte einen jungen Mann aus.

Die Knute lag auf dem Boden; der Däne setzte sein Kind ab, ergriff die Knute und peitschte damit aus Leibeskräften seine Frau und den Tatar, die vor Schmerzen schreiend zu Boden taumelten.

Unter den Hieben hatte Monys Glied sich wieder aufgerichtet, und er spannte, als er sich diese Eheszene betrachtete.

Das auf dem Boden liegende kleine Mädchen schrie. Mony hob es auf, wickelte es aus seinen Windeln und küßte sein kleines rosa Popüchen und seine fette und kahle Spalte. Danach setzte er es sich auf seinen Phallus, hielt ihm mit einer Hand den Mund zu und vergewaltigte es, sein mächtiges Glied zerriß das zarte Fleisch des Babys. Mony brauchte nicht lange, um zum Genuß zu kommen. Er entlud sich, als Vater und Mutter, die dieses Verbrechen zu spät bemerkten, sich auf ihn stürzten.

Die Mutter riß das Kind an sich. Der Tatar zog sich in aller Eile an und stahl sich davon; aber der Däne schwang mit blutunterlaufenen Augen die Knute. Gerade wollte er Mony damit einen tödlichen Schlag auf den Kopf versetzen, als er am Boden die Offiziersuniform bemerkte. Sein Arm senkte sich, denn er wußte, daß ein russischer Offizier heilig ist, er durfte vergewaltigen und plündern, doch wehe dem Marketender, der es wagte, Hand an ihn zu legen, er würde sofort gehenkt werden.

Mony begriff, was im Kopf des Dänen vor sich ging. Er nutzte die Gelegenheit, sprang auf und griff nach seinem Revolver. Mit verächtlicher Miene befahl er dem Dänen, sich die Hosen herunterzulassen. Dann, den Revolver im Anschlag, hieß er ihn, seine Tochter von hinten zu nehmen. Der Däne mochte noch so sehr flehen, er mußte sein armseliges Glied in den zarten Popo des ohnmächtigen Säuglings einführen.

Unterdessen schlug Mony, mit einer Rute bewaffnet, während er in der Linken den Revolver hielt, unentwegt auf den Rücken der Stummen, die schluchzte und sich vor Schmerzen krümmte. Die Rute peitschte das von den vorangegangenen Schlägen geschwollene Fleisch, und es war schrecklich anzusehen, welche Schmerzen die arme Frau aushalten mußte. Mony ertrug diesen Anblick mit erstaunlichem Mut, und sein Arm schlug unbeirrt bis zu dem Augenblick, da der unglückselige Vater sich in den Popo seines Töchterchens entlud.

Mony zog sich daraufhin an und hieß den Dänen, das gleiche zu tun. Darin half er dem Paar netterweise, das Kind wiederzubeleben.

»Herzlose Mutter«, herrschte er die Stumme an, »Ihr Kind will die Brust haben, sehen Sie das nicht?«

Der Däne machte seiner Frau ein Zeichen, die daraufhin tüchtig ihre Brust hervorholte und sie dem Säugling gab.

»Und was Sie betrifft«, sagte Mony zu dem Dänen, »seien Sie auf der Hut, Sie haben Ihre Tochter vor meinen Augen vergewaltigt.

Ich könnte Sie hängen lassen. Seien Sie also verschwiegen, mein Wort wird immer mehr wiegen als das Ihre. Gehen Sie in Frieden. Ihr Geschäft hängt fortan von meinem Wohlwollen ab. Wenn Sie verschwiegen sind, werde ich Sie protegieren, doch wenn Sie ausplaudern, was sich hier abgespielt hat, werden Sie aufgeknüpft.«

Der Däne vergoß Tränen der Dankbarkeit, küßte dem forschen Offizier die Hand und machte sich mit seiner Frau und seinem Kind schleunigst davon. Mony ging in Fedors Zelt.

Die Schläfer waren erwacht, hatten Toilette gemacht und sich angezogen.

Den ganzen Tag über bereitete man sich auf die Schlacht vor, die gegen Abend begann. Mony, Cornaboeux und die beiden Frauen waren in Fedors Zelt geblieben, während Fedor sich in die vorderste Linie begeben hatte, um zu kämpfen. Bald hörte man Kanonendonner und Sanitäter brachten die ersten Verwundeten zurück.

Das Zelt wurde zum Lazarett. Cornaboeux und die beiden Frauen wurden abbeordert, die Sterbenden aufzulesen. So blieb Mony mit drei russischen Verwundeten, die im Delirium lagen, allein.

Da kam eine Schwester vom Roten Kreuz in einer grobleinernen aber gefälligen Tracht, eine Binde am rechten Arm.

Es war ein ausnehmend hübsches Mädel von polnischem Adel. Ihre Stimme war sanft wie die der Engel, und wenn die Verwundeten sie hörten, hefteten sie ihre moribunden Augen auf sie und glaubten, die Madonna zu sehen.

Sie gab Mony mit ihrer lieblichen Stimme kurze Anweisungen. Er gehorchte wie ein Kind, verwundert über die Tatkraft dieses schönen Mädchens und über den seltsamen Glanz, der manchmal in ihre grünen Augen kam.

Von Zeit zu Zeit bekam ihr seraphisches Antlitz harte Züge und es sah so aus, als verdüstere eine Wolke unverzeihlicher Laster ihre Stirn. Die Unschuld dieser Frau schien verbrecherische Aspekte zu haben.

Mony beobachtete sie; ihm fiel bald auf, daß ihre Finger länger als nötig in den Wunden verweilten.

Man brachte einen fürchterlich anzusehenden Verwundeten. Sein Gesicht war blutüberströmt und eine Granate hatte ihm die Brust aufgerissen.

Die Krankenschwester verband ihn mit Wonne. Sie hatte ihre rechte Hand in die klaffende Wunde getaucht und schien die Berührung mit dem zuckenden Fleisch zu genießen.

Plötzlich hob das vampirhafte Wesen die Augen und bemerkte auf der anderen Seite der Tragbahre Mony, der sie verächtlich lächelnd ansah.

Sie errötete, doch er beruhigte sie:

»Seien Sie unbesorgt, Sie haben nichts zu befürchten. Ich habe für die Wollust, die Sie empfinden müssen, mehr Verständnis als irgend jemand sonst. Auch meine Hände sind nicht rein. Haben Sie an diesen Verwundeten Ihre Freude, aber lassen Sie zu, daß ich Sie umarme.«

Sie senkte schweigend die Augen. Schnell trat Mony hinter sie. Er schürzte ihre Röcke und entblößte einen herrlichen Hintern, dessen Backen so fest zusammengepreßt waren, als hätten sie geschworen, sich niemals zu trennen.

Sie zerriß nun fiebernd und mit einem engelhaften Lächeln auf den Lippen die entsetzliche Wunde des Moribunden. Dabei beugte sie sich vor, so daß Mony den Anblick ihres Hinterteils besser genießen konnte.

Er schob ihr seinen Schwengel von hinten zwischen die seidigen Lippen der Fotz und streichelte mit der rechten Hand ihre Hinterbacken, während die Linke unter den Röcken die Klitoris suchen ging. Die Krankenschwester genoß schweigend; wobei sich ihre Finger in die Wunde des Sterbenden krallten, der fürchterlich röchelte. Er hauchte seine Seele in dem Augenblick aus, als Mony sich entlud. Die Krankenschwester schüttelte ihn ab, zog dem Toten die Hosen aus und steckte sich dessen stahlhartes Glied in die Fotz. Dann genoß sie schweigend weiter, und ihr Gesicht war engelhafter denn je zuvor.

Mony schlug ihr auf den großen Hintern, der sich hob und senkte, so daß die Schamlippen den wie eine Säule aufragenden Penis der Leiche abwechselnd ausspuckten und wieder schluckten. Monys Glied war bald wieder so stramm wie vorher, und sich hinter die wollüstig genießende Krankenschwester stellend, fickte er sie wie ein Wahnsinniger in den Hintern.

Als sie ihre Kleider wieder in Ordnung gebracht hatten, trug man einen schönen Jüngling herein, dem eine Granate Arme und Beine abgerissen hatte. Dieser menschliche Torso besaß jedoch noch ein herrliches Glied, dessen Standhaftigkeit ideal war.

Sobald die Krankenschwester mit Mony wieder allein war, setzte sie sich auf den Phallus des röchelnden Rumpfmenschen und saugte während dieses wüsten Ritts Mony den Schwanz, der sich ergoß wie ein Karmeliter. Der Schwerverwundete war nicht tot, aber er blutete furchtbar aus den Stümpfen seiner vier Glieder. Das vampirhafte Wesen saugte ihm den Penis und ließ ihn unter dieser schrecklichen Liebkosung sterben. Das Sperma, das sie geschlutzt hatte, war, wie sie Mony gestand, fast kalt, und sie schien dadurch so erregt, daß sie Mony, der sich erschöpft fühlte, bat, ihr Mieder aufzuhaken. Er lutschte ihr eine Weile die Titzen, doch dann ging sie in die Knie und versuchte, den fürstlichen Schwanz dadurch wiederzuleben, daß sie ihn zwischen ihren Brüsten masturbierte.

»Ach!« keuchte Mony, »grausame Frau, die Gott gesandt hat, den Verwundeten den Rest zu geben, wer bist du nur?«

»Ich bin«, sagte sie, »die Tochter von Jean Morneski, des revolutionären Fürsten, den der verruchte Gourko nach Tobolsk schickte, damit er dort sterbe.

4.4 Rainer Maria Rilke: Duineser Elegien (1912)

Wer, wenn ich schriee, hörte mich denn aus der Engel
Ordnungen? und gesetzt selbst, es nähme
einer mich plötzlich ans Herz; ich verginge von seinem
stärkeren Dasein. Denn das Schöne ist nichts
als des Schrecklichen Anfang, den wir noch grade ertragen,
und wir bewundern es so, weil es gelassen verschmäht,
uns zu zerstören. Ein jeder Engel ist schrecklich.[142]

4.5 Franz Kafka: Amerika (1912-1927), Der Prozeß (1914-1925)

Gerade als Sadomasochist wird man ja leicht etwas rappelig, wenn man Heerscharen von Interpreten jahrzehntelang in erkennbarer Hilflosigkeit an Kafkas literarischer Hinterlassenschaft herumfuhrwerken sieht. Bemerkenswerterweise erschienen erst im Laufe des letzten Jahrzehnts einige erhellende Arbeiten, die den sadomasochistischen Hintergrund des kafkaschen Werkes klar ins Auge fassen. Dies ist wohl ohne Zweifel hauptsächlich dem Umstand zu verdanken, dass erst in den letzten beiden Jahrzehnten das Thema ‹Psychologie des Sadomasochismus› verstärkt ins öffentliche Bewusstsein trat. All die Jahre zuvor war dieser Bereich menschlicher Sexualität noch so sehr mit Tabus belegt, dass er für interpretatorische Ansätze ganz offensichtlich einfach nicht zur Verfügung stand. Man vermag es kaum zu prophezeien, welchen Nutzen die Etablierung einer sadomasochistischen Literaturtheorie für den Zugang zu anderen klassischen Werken bedeuten könnte.

Gerade das Oeuvre Franz Kafkas ist mit einer SM-Motivik durchsetzt wie kein anderes von Schriftstellern mit Weltruhm. Am unverblümtesten kommt diese noch in seiner Kurzgeschichte *In der Strafkolonie* zum Ausdruck. Hierzu Auszüge einer Analyse Reiner Stachs aus seiner aufschlussreichen Abhandlung *Kafkas erotischer Mythos*[143]: «Die Erzählung *In der Strafkolonie* ist die wohl eindrucksvollste Vorstellung der perversen Erotik des Gesetzes ebenso wie der perversen Gesetzmäßigkeit des Erotischen [...]. Dazu muss man wissen, dass die Strafkolonie eine literarische Vorlage hat, die Kafka in einer für ihn charakteristischen Weise ausgewertet hat. Es handelt sich um Octave Mirbeaus *Le Jardin des Supplices* von 1899.» Kafka habe bei diesem Werk «Dutzende, teils wörtliche Anleihen» gemacht; dennoch seien erkennbare Unterschiede zwischen den beiden Autoren auszumachen: «Gemeinsam ist beiden [...] die sadistische Akribie ihrer Fantasien; doch während Mirbeau eine zivilisationskritisch gemeinte Ästhetik der Folter entwirft, die den Körper ausbeutet, ihm noch im Zustand der Verwesung den letzten Tropfen Sinnlichkeit abzupressen sucht, geht es bei Kafka um einen Akt der Zurichtung, der Dressur, also um eine spezifische Form der Gewalt.» In der Strafkolonie zerfalle «die Erotik [...] in ein Spektrum sexuell instrumenteller Begierden: Voyeurismus, Masochismus, Sadismus, Maschinen-Fetischismus. Der untere Teil der Maschine, der eigentliche Ort der Qual, heißt nicht zufällig ‹das Bett› – hier amalgamieren sich Macht und Sexus im perversen Syndrom des Sado-Masochismus»[144].

Nicht viel versteckter tritt dieser Diskurs in Kafkas Kurzgeschichte *Die Verwandlung* auf. Die Metamorphose Gregor Samsas in ein Ekel erregendes Insekt lässt sich auch als die Transformation des freien Mannes in einen Sklaven lesen. Gregor – vielleicht nicht ganz zufällig der Name, den Severin als Sklave Wandas in *Venus im Pelz* annimmt – kann nach der Verwandlung sein enges Zimmer nicht mehr verlassen, es wird für ihn zur Zelle, er wird von seinen Familienmitgliedern gequält und gedemütigt, muss im Staub unter dem Kanapee dahinvegetieren. Seine Schwester schiebt morgens achtlos einen Napf mit Essen in sein Zimmer und fischt ihn abends, auch wenn die Speisen völlig unberührt blieben, mit dem Besen wieder heraus. Es nimmt nicht Wunder, dass Isolde Tröndle in ihrem *Die Differenz des Begehrens. Franz Kafka - Marguerite Duras*[145] in einer Kapitelüberschrift vom «Masochismus des Käfers» spricht.

Besonders klar erkennbar wird die SM-Motivik in Kafkas weniger bekanntem Roman *Amerika*, von dem hier ein Auszug des Kapitels Ein Asyl abgedruckt ist.

Der Auswanderer Karl Roßmann verdingt sich bei einer dominanten Dame namens Brunelda, über die Tröndle Folgendes zu sagen weiß: «Sie macht Männer zu Sklaven, hält sie gefangen und erniedrigt sie zu hündischen Existenzen. Wer sich ihr freiwillig unterordnet, ist ein Masochist. Sie ist die zur Romanfigur gewordene Dame im Pelz, ein Double von Sacher-Masochs Wanda»[146], ja in gewissem Sinne sogar eine Steigerung dieser Figur: «Masochs Despotinnen sind alle von außergewöhnlicher, üppiger Schönheit. In der Figur Brunelda - so wie Karl Roßmann sie beschreibt - ist diese Üppigkeit zur Fettleibigkeit gesteigert.»[147] Tröndle führt dies auf das älteste kulturgeschichtlich bekannte Schönheitsideal, die Steinzeitfigur der Venus von Millendorf zurück; aber in Brunelda könnte man es auch mit einer ins Groteske übersteigerten Mutterfigur zu tun haben[148]. Brunelda «produziert einen double-bind nach dem anderen und wiederholt so das mütterliche Verhaltensmuster (schon in der *Verwandlung* wurde klar, dass Mutter und Dame im Pelz aufeinander verweisen). Z. B. wischt sie dem weinenden Robinson einmal mit dem Saum ihres Kleides die Tränen ab, um ihn kurz darauf mit unglaublicher Kälte aus dem Zimmer zu weisen.»[149] Bei dem erwähnten Robinson handelt es sich um einen weiteren Diener, der es offensichtlich «genießt [...], von Brunelda malträtiert zu werden. Er ist ein Masochist. Wie Gregor in Sacher-Masochs *Venus im Pelz* muss er alle unangenehmen Arbeiten verrichten und wird stundenlang auf den Balkon gesperrt, wo er sich wie ein Hund von Speiseresten ernährt, die er unter einem Sessel hervorzieht. Er beklagt sich bei Karl darüber, aber nur um zu klagen. Als Karl ihn auffordert, wegzugehen, entgegnet er empört, dass ein anderer viel dafür geben würde, wie er auf Bruneldas Balkon liegen zu dürfen.»[150]

Etwas subtiler ist die Kombination von Macht und Eros in Kafkas bekanntere Romanfragmente *Der Prozeß* und *Das Schloß* eingewoben. Gleichwohl fällt auch bei diesen Werken sofort ins Auge, wie stark fast sämtliche Frauenfiguren mit den SM-Diskursen der Herrschaft und Unterwerfung konnotiert werden. Im *Schloß* sichern sich Frauen wie Frieda, indem sie sich bestimmten Beamten unterwerfen, den Zugang zur Sphäre der Macht und gelangen so auch in eine überlegene Rolle gegenüber dem Landvermesser K.. Eine Frau wie Amalia, die es wagt, einem Schlossbeamten seine vulgären Wünsche zu verweigern, wird von der gesamten Bevölkerung ihres Dorfes mit Verachtung gestraft. Die gesamte Erzählung liest sich wie eine sadomasochistische Parabel auf Gefangenschaft, Hörigkeit, Scham und Erniedrigung; immer wieder erscheinen unschuldige Opfer, die bei denjenigen um Vergebung betteln müssen, denen sie ihr Unheil letztlich zu verdanken haben.

Im *Prozeß* versucht der Bankangestellte K. verzweifelt herauszufinden, warum er überhaupt gerichtlich verfolgt wird, und scheitert daran, zu begreifen, dass es sich um ein Selbstgericht handelt. «Das Begehren, mit dem K. den Gerichtsinstanzen nachläuft, spiegeln diese zurück als sadistisch-masochistisches Syndrom und dechiffrieren damit das Strafbedürfnis des Angeklagten.»[151] An einer Stelle des Romans heißt es dabei ausdrücklich: «Das Gericht will nichts von dir. Es nimmt dich auf, wenn du kommst, und entlässt dich, wenn du gehst.» Peter Beicken führt in seiner *Interpretation zu Der Prozeß*[152] aus, dass der «Roman [...] die Beziehungen zu Frauen einer selbstquälerischen Zerstörung» unterwirft.[153] Einerseits sei K.s Denken begrenzt «in Begriffen von Macht und Herrschaft»[154], und er versucht, sich verschiedene Frauen, denen er im Laufe seines Kampfes gegen die Gerichtsinstanzen begegnet, dienstbar zu machen, «alle zwischenmenschlichen Beziehungen [...] herabzumindern, andere Menschen zu instrumentalisieren»[155]. Dies gelingt ihm aber letztlich nicht. Die Frau des Gerichtsdieners, «die aufgrund ihrer Beherrschung durch einen dominierenden Mann» als «Reizobjekt rivalisierender Gefühle und Begierden» und «aufgrund ihrer Stellung als ausbeutbares und ausgebeutetes Wesen» erscheint, gibt sich zunächst verbal in den Besitz K.s – «(I)ch gehe, wohin Sie wollen, Sie können mit mir tun, was Sie wollen, ich werde glücklich sein» – fällt aber sehr bald wieder in ihre alte Unterwürfigkeit gegenüber dem Gericht zurück[156]. Leni, Stubenmädchen und Pflegerin des alten Advokaten Huld, «verkörpert den Doppelaspekt der Frau als Dienerin und Beherrscherin, Sklavin und Dominatrix. [...] Leni macht sich denn auch K. ohne Hemmung untertan und meldet ihren Besitzanspruch an mit den Worten: ‹Jetzt gehörst du mir.›»[157] K.s Versuche der Herrschaftsaneignung enden in seiner Unterwerfung.

Wenn das Gericht vermittels seiner Repräsentanten mit K. in Kontakt tritt, tut es das in einer Vielzahl der Fälle auf der Ebene des Sexuellen. Die frühreifen Mädchen, die den Maler Titorelli umschwärmen und K. mehrfach belästigen und verhöhnen, werden von dem Maler als zur Gerichtssphäre zugehörig bezeichnet. Die vermeintlichen Gesetzesbände, die K. in einem Verhandlungssaal aufschlägt, enthalten in Wahrheit obszöne Schriften mit eindeutigen SM-Titeln wie «Die Plagen, welche Grete von ihrem Manne Hans zu erleiden hatte». Selbst das Verhältnis zu K.s offenbar erotisch attraktiver Zimmernachbarin Fräulein Bürstner scheint entsprechend dem Prozessverlauf zu schwanken.[158] Bevor K. von den beiden Schauspielern/Scharfrichtern «wie ein Hund» ums Leben gebracht wird – die sadomasochistische Inszenierung eines ultimativen Opferganges? –, taucht Fräulein Bürstner wie eine Erscheinung ein letztes Mal vor seinen Augen auf.

Leider fehlt hier der Platz für eine Auseinandersetzung mit dem SM-Charakter von Kafkas Werken in angemessener Gründlichkeit, eine solche wäre aber für die Literaturwissenschaft mit Sicherheit gewinnbringend. Unter anderem könnte auch zu der in den *Prozeß* eingearbeiteten Parabel ‹Vor dem Gesetz› endlich ein Zugang gefunden werden, wenn man sie als Allegorie der Selbstunterwerfung versteht und beispielsweise den Mann vom Lande als einen Masochisten und das Gesetz als eine abstrahierte Domina zu lesen bereit ist. Immerhin ist das Thema dieser Erzählform das lebenslange Warten und das dadurch hervorgerufene Leiden. Deleuze schließlich führt in seinem Nachwort zur *Venus im Pelz* mit dem Titel *Sacher-Masoch und der Masochismus* aus: «Die Form des Masochismus ist das Warten. Der Masochist erlebt das Warten im Reinzustand.»[159] Monika Treut ergänzt Deleuzes Darlegungen in ihrer Studie *Die grausame Frau*[160]: «Die Lust des Wartens soll endlos sein.»[161] Damit sind die Parallelen zu Kafkas angeblich paradoxer Parabel klar erkennbar.

Bei dem für diese Anthologie zum Abdruck ausgewählten Kapitel handelt es sich um Die Prügler[162], in dem K. einer Strafaktion beiwohnt, die von zwei mit einer ‹Rute› ausgestatteten Lederkerlen vorgenommen wird und gegen deren Ende er kurz erwägt, sich selbst als Opfer für die Fortsetzung dieser Bestrafung anzudienen.

»Siehst du, Roßmann«, sagte Robinson, während er Sardine nach Sardine hinunterschlang und hie und da die Hände vom Öl an einem Wolltuch reinigte, das offenbar Brunelda auf dem Balkon vergessen hatte. »Siehst du, Roßmann, so muß man sich sein Essen aufheben, wenn man nicht verhungern will. Du, ich bin ganz beiseite geschoben. Und wenn man immerfort als Hund behandelt wird denkt man schließlich, man ist's wirklich. Gut daß du da bist, Roßmann, ich kann wenigstens mit jemandem reden. Im Hause spricht ja niemand mit mir. Wir sind verhaßt. Und alles wegen der Brunelda. Sie ist ja natürlich ein prächtiges Weib. Du-« und er winkte Karl zu sich herab, um ihm zuzuflüstern, – »ich habe sie einmal nackt gesehen. O!« Und in der Erinnerung an diese Freude fing er an, Karls Beine zu drücken und zu schlagen, bis Karl ausrief: »Robinson, du bist ja verrückt«, seine Hände packte und zurückstieß.

»Du bist eben noch ein Kind, Roßmann«, sagte Robinson, zog einen Dolch, den er an einer Halsschnur trug, unter dem Hemd hervor, nahm die Dolchkappe ab und zerschnitt die harte Wurst. »Du mußt noch viel zulernen. Bist aber bei uns an der richtigen Quelle. Setz dich doch. Willst du nicht auch etwas essen? Nun, vielleicht bekommst du Appetit, wenn du mir zuschaust. Trinken willst du auch nicht, Du willst aber rein gar nichts. Und gesprächig bist du gerade auch nicht besonders. Aber es ist ganz gleichgültig, mit wem man auf dem Balkon ist, wenn nur überhaupt jemand da ist. Ich bin nämlich sehr oft auf dem Balkon. Das macht der Brunelda solchen Spaß. Es muß ihr nur etwas einfallen, einmal ist es ihr kalt, einmal heiß, einmal will sie schlafen, einmal will sie sich kämmen, einmal will sie das Mieder öffnen, einmal will sie es anziehen, und da werde ich immer auf den Balkon geschickt. Manchmal tut sie wirklich das, was sie sagt, aber meistens liegt sie nur so wie früher auf dem Kanapee und rührt sich nicht. Früher habe ich öfters den Vorhang so ein wenig weggezogen und durchgeschaut, aber seit einmal Delamarche bei einer solchen Gelegenheit – ich weiß genau, daß er es nicht wollte, sondern es nur auf Bruneldas Bitte tat – mir mit der Peitsche einige Male ins Gesicht geschlagen hat – siehst du die Striemen? –, wage ich nicht mehr, durchzuschauen. Und so liege ich dann hier auf dem Balkon und habe kein Vergnügen außer essen. Vorgestern, wie ich des Abends so allein gelegen bin, damals war ich noch in meinen eleganten Kleidern, die ich leider in deinem Hotel verloren habe – diese Hunde; reißen einem die teueren Kleider vom Leib! – wie ich also da so allein gelegen bin und durch das Geländer hinuntergeschaut habe, war mir alles so traurig und ich habe zu heulen angefangen. Da ist zufällig, ohne daß ich es gleich bemerkt habe, die Brunelda zu mir herausgekommen in dem roten Kleid – das paßt ihr doch von allen am besten –, hat mir ein wenig zugeschaut und hat endlich gesagt: ›Robinson warum weinst du?‹ Dann hat sie ihr Kleid gehoben und hat mir mit dem Saum die Augen abgewischt. Wer weiß, was sie noch getan hätte, wenn nicht Delamarche nach ihr gerufen hätte und sie nicht sofort wieder ins Zimmer hätte hineingehen müssen. Natürlich habe ich gedacht, jetzt sei die Reihe an mir, und habe durch den Vorhang gefragt, ob ich schon ins Zimmer darf. Und was meinst du, hat die Brunelda gesagt: ›Nein!‹ hat sie gesagt, und ›Was fällt dir ein?‹ hat sie gesagt.«

»Warum bleibst du denn hier, wenn man dich so behandelt?« fragte Karl.

»Verzeih, Roßmann, du fragst nicht sehr gescheit«, antwortete Robinson. »Du wirst schon auch noch hierbleiben, und wenn man dich noch ärger behandelt. Übrigens behandelt man mich gar nicht so arg.«

»Nein«, sagte Karl, »ich gehe bestimmt weg, und womöglich noch heute abend. Ich bleibe nicht bei euch.«

»Wie willst du denn zum Beispiel das anstellen, heute abend wegzugehen?« fragte Robinson, der das Weiche aus dem Brot herausgeschnitten hatte und sorgfältig in dem Öl der Sardinenbüchse tränkte. »Wie willst du weggehen, wenn du nicht einmal ins Zimmer hineingehen darfst?«

»Warum dürfen wir denn nicht hineingehen?«

»Nun, solange es nicht geläutet hat, dürfen wir nicht hineingehen«, sagte Robinson, der mit möglichst weit geöffnetem Munde das fette Brot verspeiste, während er mit einer Hand das vom Brot herabtropfende Öl auffing, um von Zeit zu Zeit das noch übrige Brot in diese, als Reservoir dienende, hohle Hand zu tauchen. »Es ist hier alles strenger geworden. Zuerst war da nur ein dünner Vorhang, man hat zwar nicht durchgesehen, aber am Abend hat man doch die Schatten erkannt. Das war der Brunelda unangenehm, und da habe ich einen ihrer Theatermäntel zu einem Vorhang umarbeiten und statt des alten Vorhanges hier aufhängen müssen. Jetzt sieht man gar nichts mehr. Dann habe ich früher immer fragen dürfen, ob ich schon hineingehen darf, und man hat mir, je nach den Umständen, ja oder nein geantwortet, aber dann habe ich das wahrscheinlich zu sehr ausgenützt und zu oft gefragt. Brunelda konnte das nicht ertragen – und sie ist trotz ihrer Dicke sehr schwach veranlagt, Kopfschmerzen hat sie oft und Gicht in den Beinen fast immer – und so wurde bestimmt, daß ich nicht mehr fragen darf, sondern daß, wenn ich hineingehen kann, auf die Tischglocke gedrückt wird. Das gibt ein solches Läuten, daß es mich selbst aus dem Schlafe weckt – ich habe einmal eine Katze zu meiner Unterhaltung hier gehabt, die ist vor Schrecken über dieses Läuten weggelaufen und nicht mehr zurückgekommen; also, geläutet hat es heute noch nicht, wenn es nämlich läutet, dann darf ich nicht nur, sondern muß hineingehen – und wenn es einmal so lange nicht läutet, dann kann es noch sehr lange dauern.«

»Ja«, sagte Karl, »aber was für dich gilt, muß doch noch nicht für mich gelten. Überhaupt gilt so etwas nur für den, der es sich gefallen läßt.«

»Aber«, rief Robinson, »warum sollte denn das nicht auch für dich gelten? Selbstverständlich gilt es auch für dich. Warte hier nur ruhig mit mir, bis es läutet. Dann kannst du ja versuchen, ob du wegkommst.«

»Warum gehst du denn eigentlich nicht fort von hier? Nur deshalb, weil Delamarche dein Freund ist oder, besser, war. Ist denn das ein Leben? Wäre es da nicht in Butterford besser, wohin ihr zuerst wolltet? Oder gar in Kalifornien, wo du Freunde hast?«

»Ja«, sagte Robinson, »das konnte niemand voraussehen.« Und ehe er weiter erzählte, sagte er noch: »Auf dein Wohl, lieber Roßmann« und nahm einen langen Zug aus der Parfümflasche. »Wir waren ja damals, wie du uns so gemein hast sitzenlassen, sehr schlecht daran. Arbeit konnten wir in den ersten Tagen keine bekommen, Delamarche übrigens wollte keine Arbeit, er hätte sie schon bekommen, sondern schickte nur immer mich auf die Suche, und ich habe kein Glück. Er hat sich nur so herumgetrieben, aber es war schon fast Abend, da hatte er nur ein Damenportemonnaie mitgebracht. Es war zwar sehr schön, aus Perlen, jetzt hat er es der Brunelda geschenkt, aber es war fast nichts darin. Dann sagte er, wir sollten in die Wohnungen betteln gehen, bei dieser Gelegenheit kann man natürlich manches Brauchbare finden, wir sind also betteln gegangen, und ich habe, damit es besser aussieht, vor den Wohnungstüren gesungen. Und wie schon Delamarche immer Glück hat, kaum sind wir vor der zweiten Wohnung gestanden, einer sehr reichen Wohnung im Parterre, und haben an der Tür der Köchin und dem Diener etwas vorgesungen, da kommt die Dame, der diese Wohnung gehört, eben Brunelda, die Treppe herauf. Sie war vielleicht zu stark geschnürt und konnte die paar Stufen gar nicht heraufkommen. Aber wie schön sie ausgesehen hat, Roßmann! Sie hat ein ganz weißes Kleid mit einem roten Sonnenschirm gehabt. Zum Ablecken war sie. Zum Austrinken war sie. Ach Gott, ach Gott, war sie schön. So ein Frauenzimmer! Nein, sag mir nur, wie kann es so ein Frauenzimmer geben? Natürlich ist das Mädchen und der Diener ihr gleich entgegengelaufen und haben sie fast hinaufgetragen. Wir sind rechts und links von der Tür gestanden und haben salutiert, das macht man hier so. Sie ist ein wenig stehengeblieben, weil sie noch immer nicht genug Atem hatte, und nun weiß ich nicht, wie das eigentlich geschehen ist, ich war durch das Hungern nicht ganz bei Verstand, und sie war eben in der Nähe noch schöner und riesig breit und infolge eines besonderen Mieders, ich kann es dir dann im Kasten zeigen, überall so fest; kurz, ich habe sie ein bißchen hinten angerührt, aber ganz leicht, weißt du, nur so angerührt. Natürlich kann man das nicht dulden, daß ein Bettler eine reiche Dame anrührt. Es war ja fast keine Berührung, aber schließlich war es eben doch eine Berührung. Wer weiß, wie schlimm das ausgefallen wäre, wenn mir nicht Delamarche sofort eine Ohrfeige gegeben hätte, und zwar eine solche Ohrfeige, daß ich sofort meine beiden Hände für die Wange brauchte.«

»Was ihr getrieben habt!« sagte Karl, von der Geschichte ganz gefangen genommen, und setzte sich auf den Boden.

»Das war also Brunelda?«

»Nun ja«, sagte Robinson, »das war Brunelda.«

»Sagtest du nicht einmal, daß sie eine Sängerin ist?« fragte Karl.

»Freilich ist sie eine Sängerin, und eine große Sängerin«, antwortete Robinson, der eine große Bonbonmasse auf der Zunge wälzte und hie und da ein Stück, das aus dem Mund gedrängt wurde, mit dem Finger wieder zurückdrückte. »Aber das wußten wir natürlich damals noch nicht, wir sahen nur, daß es eine reiche und sehr feine Dame war. Sie tat, als wäre nichts geschehen, und vielleicht hatte sie auch nichts gespürt, denn ich hatte sie tatsächlich nur mit den Fingerspitzen angetippt. Aber immerfort hat sie den Delamarche angesehen, der ihr wieder – wie er das schon trifft – gerade in die Augen zurückgeschaut hat. Darauf hat sie zu ihm gesagt: ›Komm mal auf ein Weilchen hinein‹ und hat mit dem Sonnenschirm in die Wohnung gezeigt, wohin Delamarche ihr vorangehen sollte. Dann sind sie beide hineingegangen, und die Dienerschaft hat hinter ihnen die Tür zugemacht. Mich haben sie draußen vergessen, und da habe ich gedacht, es wird nicht gar so lange dauern, und habe mich auf die Treppe gesetzt, um Delamarche zu erwarten. Aber statt Delamarches ist der Diener herausgekommen und hat mir eine ganze Schüssel Suppe herausgebracht. ›Eine Aufmerksamkeit Delamarches!‹ sagte ich mir. Der Diener blieb noch, während ich aß, ein Weilchen bei mir stehen und erzählte mir einiges über Brunelda, und da habe ich gesehen, welche Bedeutung der Besuch bei Brunelda für uns haben könnte. Denn Brunelda war eine geschiedene Frau, hatte ein großes Vermögen und war vollständig selbständig! Ihr früherer Mann, ein Kakaofabrikant, liebte sie zwar noch immer, aber sie wollte von ihm nicht das geringste hören. Er kam sehr oft in die Wohnung, immer sehr elegant, wie zu einer Hochzeit, angezogen – das ist Wort für Wort wahr, ich kenne ihn selbst –, aber der Diener wagte trotz der größten Bestechung nicht, Brunelda zu fragen, ob sie ihn empfangen wollte, denn er hatte schon einige Male gefragt, und immer hatte ihm Brunelda das, was sie gerade bei der Hand hatte, ins Gesicht geworfen. Einmal sogar ihre große gefüllte Wärmflasche, und mit der hatte sie ihm einen Vorderzahn ausgeschlagen. Ja, Roßmann, da schaust du!«

Der Prozeß

Als K. an einem der nächsten Abende den Korridor passierte, der sein Büro von der Haupttreppe trennte – er ging diesmal fast als der letzte nach Hause, nur in der Expedition arbeiteten noch zwei Diener im kleinen Lichtfeld einer Glühlampe –, hörte er hinter einer Tür, hinter der er immer nur eine Rumpelkammer vermutet hatte, ohne sie jemals selbst gesehen zu haben, Seufzer ausstoßen. Er blieb erstaunt stehen und horchte noch einmal auf, um festzustellen, ob er sich nicht irrte – es wurde ein Weilchen still, dann waren es aber doch wieder Seufzer. Zuerst wollte er einen der Diener holen, man konnte vielleicht einen Zeugen brauchen, dann aber faßte ihn eine derart unbezähmbare Neugierde, daß er die Tür förmlich aufriß. Es war, wie er richtig vermutet hatte, eine Rumpelkammer. Unbrauchbare, alte Drucksorten, umgeworfene leere irdene Tintenflaschen lagen hinter der Schwelle. In der Kammer selbst aber standen drei Männer, gebückt in dem niedrigen Raum. Eine auf einem Regal festgemachte Kerze gab ihnen Licht. »Was treibt ihr hier,« fragte K., sich vor Aufregung überstürzend, aber nicht laut. Der eine Mann, der die anderen offenbar beherrschte und zuerst den Blick auf sich lenkte, stak in einer Art dunkler Lederkleidung, die den Hals bis tief zur Brust und die ganzen Arme nackt ließ. Er antwortete nicht. Aber die zwei anderen riefen: »Herr! Wir sollen geprügelt werden, weil du dich beim Untersuchungsrichter über uns beklagt hast.« Und nun erst erkannte K., daß es wirklich die Wächter Franz und Willem waren, und daß der dritte eine Rute in der Hand hielt, um sie zu prügeln. »Nun«, sagte K. und starrte sie an, »ich habe mich nicht beklagt, ich habe nur gesagt, wie es sich in meiner Wohnung zugetragen hat. Und einwandfrei habt ihr euch ja nicht benommen.« »Herr«, sagte Willem, während Franz sich hinter ihm vor dem dritten offenbar zu sichern suchte, »wenn Ihr wüßtet, wie schlecht wir bezahlt sind, Ihr würdet besser über uns urteilen.

Ich habe eine Familie zu ernähren, und Franz hier wollte heiraten, man sucht sich zu bereichern, wie es geht, durch bloße Arbeit gelingt es nicht, selbst durch die angestrengteste. Euere feine Wäsche hat mich verlockt, es ist natürlich den Wächtern verboten, so zu handeln, es war unrecht, aber Tradition ist es, daß die Wäsche den Wächtern gehört, es ist immer so gewesen, glaubt es mir; es ist ja auch verständlich, was bedeuten denn noch solche Dinge für den, welcher so unglücklich ist, verhaftet zu werden? Bringt er es dann allerdings öffentlich zur Sprache, dann muß die Strafe erfolgen.« »Was ihr jetzt sagt, wußte ich nicht, ich habe auch keineswegs eure Bestrafung verlangt, mir ging es um ein Prinzip.« »Franz«, wandte sich Willem zum anderen Wächter, »sagte ich dir nicht, daß der Herr unsere Bestrafung nicht verlangt hat? Jetzt hörst du, daß er nicht einmal gewußt hat, daß wir bestraft werden müssen.« »Laß dich nicht durch solche Reden rühren«, sagte der dritte zu K., »die Strafe ist ebenso gerecht als unvermeidlich.« »Höre nicht auf ihn«, sagte Willem und unterbrach sich nur, um die Hand, über die er einen Rutenhieb bekommen hatte, schnell an den Mund zu führen, »wir werden nur gestraft, weil du uns angezeigt hast. Sonst wäre uns nichts geschehen, selbst wenn man erfahren hätte, was wir getan haben. Kann man das Gerechtigkeit nennen? Wir zwei, insbesondere aber ich, hatten uns als Wächter durch lange Zeit sehr bewährt – du selbst mußt eingestehen, daß wir, vom Gesichtspunkt der Behörde gesehen, gut gewacht haben – wir hatten Aussicht, vorwärtszukommen und wären gewiß bald auch Prügler geworden wie dieser, der eben das Glück hatte, von niemandem angezeigt worden zu sein, denn eine solche Anzeige kommt wirklich nur sehr selten vor. Und jetzt, Herr, ist alles verloren, unsere Laufbahn beendet, wir werden noch viel untergeordnetere Arbeiten leisten müssen, als es der Wachdienst ist, und überdies bekommen wir jetzt diese schrecklich schmerzhaften Prügel.« »Kann denn die Rute solche Schmerzen machen?« fragte K. und prüfte die Rute, die der Prügler vor ihm schwang. »Wir werden uns ja ganz nackt ausziehen müssen«, sagte Willem. »Ach so«, sagte K. und sah den Prügler genau an, er war braun gebrannt wie ein Matrose und hatte ein wildes, frisches Gesicht. »Gibt es keine Möglichkeit, den beiden die Prügel zu ersparen?« fragte er ihn. »Nein«, sagte der Prügler und schüttelte lächelnd den Kopf »Zieht euch aus!« befahl er den Wächtern. Und zu K. sagte er: »Du mußt ihnen nicht alles glauben, sie sind durch die Angst vor den Prügeln schon ein wenig schwachsinnig geworden. Was dieser hier, zum Beispiel« er zeigte auf Willem – »über seine mögliche Laufbahn erzählt hat, ist geradezu lächerlich. Sieh an, wie fett er ist – die ersten Rutenstreiche werden überhaupt im Fett verlorengehen. – Weißt du, wodurch er so fett geworden ist? Er hat die Gewohnheit, allen Verhafteten das Frühstück aufzueessen. Hat er nicht auch dein Frühstück aufgegessen, Nun, ich sagte es ja. Aber ein Mann mit einem solchen Bauch kann nie und nimmermehr Prügler werden, das ist ganz ausgeschlossen.« »Es gibt auch solche Prügler«, behauptete Willem, der gerade seinen Hosengürtel löste. »Nein«, sagte der Prügler und strich ihm mit der Rute derartig über den Hals, daß er zusammenzuckte, »du sollst nicht zuhören, sondern dich ausziehen.« »Ich würde dich gut belohnen, wenn du sie laufen läßt«, sagte K. und zog, ohne den Prügler nochmals anzusehen – solche Geschäfte werden beiderseits mit niedergeschlagenen Augen am besten abgewickelt – seine Brieftasche hervor. »Du willst wohl dann auch mich anzeigen«, sagte der Prügler, »und auch noch mir Prügel verschaffen. Nein, nein!« »Sei doch vernünftig«, sagte K., »wenn ich gewollt hätte, daß diese beiden bestraft werden, würde ich sie doch jetzt nicht loskaufen wollen. Ich könnte einfach die Tür hier zuschlagen, nichts weiter sehen und hören wollen und nach Hause gehen. Nun tue ich das aber nicht, vielmehr liegt mir ernstlich daran, sie zu befreien; hätte ich geahnt, daß sie bestraft werden sollen oder auch nur bestraft werden können, hätte ich ihre Namen nie genannt. Ich halte sie nämlich gar nicht für schuldig, schuldig ist die Organisation, schuldig sind die hohen Beamten.« »So ist es!« riefen die Wächter und bekamen sofort einen Hieb über ihren schon entkleideten Rücken. »Hättest du hier unter deiner Rute einen hohen Richter«, sagte K. und drückte, während er sprach, die Rute, die sich schon wieder erheben wollte, nieder, »ich würde dich wahrhaftig nicht hindern, loszuschlagen, im Gegenteil, ich würde dir noch Geld geben, damit du dich für die gute Sache kräftigst.« »Was du sagst, klingt ja glaubwürdig«, sagte der Prügler, »aber ich lasse mich nicht bestechen. Ich bin zum Prügeln angestellt, also prügle ich.« Der Wächter Franz, der vielleicht in Erwartung eines guten Ausgangs des Eingreifens von K. bisher ziemlich zurückhaltend gewesen war, trat jetzt, nur noch mit den Hosen bekleidet, zur Tür, hing sich niederkniend an K.s Arm und flüsterte: »Wenn du für uns beide Schonung nicht durchsetzen kannst, so versuche wenigstens, mich zu befreien. Willem ist älter als ich, in jeder Hinsicht weniger empfindlich, auch hat er schon einmal vor ein paar Jahren eine leichte Prügelstrafe bekommen, ich aber bin noch nicht entehrt und bin doch zu meiner Handlungsweise nur durch Willem gebracht worden, der im Guten und Schlechten mein Lehrer ist. Unten vor der Bank wartet meine arme Braut auf den Ausgang, ich schäme mich ja so erbärmlich.« Er trocknete mit K.s Rock sein von Tränen ganz überlaufenes Gesicht. »Ich warte nicht mehr«, sagte der Prügler, faßte die Rute mit beiden Händen und hieb auf Franz ein, während Willem in einem Winkel kauerte und heimlich zusah, ohne eine Kopfwendung zu wagen. Da erhob sich der Schrei, den Franz ausstieß, ungeteilt und unveränderlich, er schien nicht von einem Menschen, sondern von einem gemarterten Instrument zu stammen, der ganze Korridor tönte von ihm, das ganze Haus mußte es hören. »Schrei nicht«, rief K., er konnte sich nicht zurückhalten, und während er gespannt in die Richtung sah, aus der die Diener kommen mußten, stieß er an Franz, nicht stark, aber doch stark genug, daß der Besinnungslose niederfiel und im Krampf mit den Händen den Boden absuchte; den Schlägen entging er aber nicht, die Rute fand ihn auch auf der Erde; während er sich unter ihr wälzte, schwang sich ihre Spitze regelmäßig auf und ab. Und schon erschien in der Ferne ein Diener und ein paar Schritte hinter ihm ein zweiter. K. hatte schnell die Tür zugeworfen, war zu einem der Hoffenster getreten und öffnete es. Das Schreien hatte vollständig aufgehört. Um die Diener nicht herankommen zu lassen, rief er: »Ich bin es!« »Guten Abend, Herr Prokurist!« rief es zurück. »Ist etwas geschehen?« »Nein, nein«, antwortete K., »es schreit nur ein Hund auf dem Hof.« Als die Diener sich doch nicht rührten, fügte er hinzu: »Sie können bei Ihrer Arbeit bleiben.« Um sich in kein Gespräch mit den Dienern einlassen zu müssen, beugte er sich aus dem Fenster. Als er nach einem Weilchen wieder in den Korridor sah, waren sie schon weg. K. aber blieb nun beim Fenster, in die Rumpelkammer wagte er nicht zu gehen und nach Hause gehen wollte er auch nicht. Es war ein kleiner viereckiger Hof, in den er hinunter sah, ringsherum waren Büroräume untergebracht, alle Fenster waren jetzt schon dunkel, nur die obersten fingen einen Widerschein des Mondes auf K. suchte angestrengt mit den Blicken in das Dunkel eines Hofwinkels einzudringen, in dem einige Handkarren ineinandergefahren waren. Es quälte ihn, daß es ihm nicht gelungen war, das Prügeln zu verhindern, aber es war nicht seine Schuld, daß es nicht gelungen war, hätte Franz nicht geschrien – gewiß, es mußte sehr weh getan haben, aber in einem entscheidenden Augenblick muß man sich beherrschen – hätte er nicht geschrien, so hätte K., wenigstens sehr wahrscheinlich, noch ein Mittel gefunden, den Prügler zu überreden. Wenn die ganze unterste Beamtenschaft Gesindel war, warum hätte gerade der Prügler, der das unmenschlichste Amt hatte, eine Ausnahme machen sollen, K. hatte auch gut beobachtet, wie ihm beim Anblick der Banknote die Augen geleuchtet hatten, er hatte mit dem Prügeln offenbar nur deshalb Ernst gemacht, um die Bestechungssumme noch ein wenig zu erhöhen. Und K. hätte nicht gespart, es lag ihm wirklich daran, die Wächter zu befreien; wenn er nun schon angefangen hatte, die Verderbnis dieses Gerichtswesens zu bekämpfen, so war es selbstverständlich, daß er auch von dieser Seite eingriff. Aber in dem Augenblick, wo Franz zu schreien angefangen hatte, war natürlich alles zu Ende. K. konnte nicht zulassen, daß die Diener und vielleicht noch alle möglichen Leute kämen und ihn in Unterhandlungen mit der Gesellschaft in der Rumpelkammer überraschten. Diese Aufopferung konnte wirklich niemand von K. verlangen. Wenn er das zu tun beabsichtigt hätte, so wäre es ja fast einfacher gewesen, K. hätte sich selbst ausgezogen und dem Prügler als Ersatz für die Wächter angeboten. Übrigens hätte der Prügler diese Vertretung gewiß nicht angenommen, da er dadurch, ohne einen Vorteil zu gewinnen, dennoch seine Pflicht schwer verletzt hätte, und wahrscheinlich doppelt verletzt hätte, denn K. mußte wohl, solange er im Verfahren stand, für alle Angestellten des Gerichts unverletzlich sein. Allerdings konnten hier auch besondere Bestimmungen gelten. Jedenfalls hatte K. nichts anderes tun können, als die Tür zuschlagen, obwohl dadurch auch jetzt noch für K. durchaus nicht jede Gefahr beseitigt blieb. Daß er noch zuletzt Franz einen Stoß gegeben hatte, war bedauerlich und nur durch seine Aufregung zu entschuldigen.

In der Ferne hörte er die Schritte der Diener; um ihnen nicht auffällig zu werden, schloß er das Fenster und ging in der Richtung zur Haupttreppe. Bei der Tür zur Rumpelkammer blieb er ein wenig stehen und horchte. Es war ganz still. Der Mann konnte die Wächter totgeprügelt haben, sie waren ja ganz in seine Macht gegeben. K. hatte schon die Hand nach der Klinke ausgestreckt, zog sie dann aber wieder zurück. Helfen konnte er niemandem mehr, und die Diener mußten gleich kommen; er gelobte sich aber, die Sache noch zur Sprache zu bringen und die wirklich Schuldigen, die hohen Beamten, von denen sich ihm noch keiner zu zeigen gewagt hatte, soweit es in seinen Kräften war, gebührend zu bestrafen. Als er die Freitreppe der Bank hinunterging, beobachtete er sorgfältig alle Passanten, aber selbst in der weiteren Umgebung war kein Mädchen zu sehen, das auf jemanden gewartet hätte. Die Bemerkung Franzens, daß seine Braut auf ihn warte, erwies sich als eine allerdings verzeihliche Lüge, die nur den Zweck gehabt hatte, größeres Mitleid zu erwecken.

Auch noch am nächsten Tage kamen K. die Wächter nicht aus dem Sinn; er war bei der Arbeit zerstreut und mußte, um sie zu bewältigen, noch ein wenig länger im Büro bleiben als am Tag vorher. Als er auf dem Nachhausewege wieder an der Rumpelkammer vorbeikam, öffnete er sie wie aus Gewohnheit. Vor dem, was er statt des erwarteten Dunkels erblickte, wußte er sich nicht zu fassen. Alles war unverändert, so wie er es am Abend vorher beim Öffnen der Tür gefunden hatte. Die Drucksorten und Tintenflaschen gleich hinter der Schwelle, der Prügler mit der Rute, die noch vollständig ausgezogenen Wächter, die Kerze auf dem Regal, und die Wächter begannen zu klagen und riefen: »Herr!« Sofort warf K. die Tür zu und schlug noch mit den Fäusten gegen sie, als sei sie dann fester verschlossen. Fast weinend lief er zu den Dienern, die ruhig an den Kopiermaschinen arbeiteten und erstaunt in ihrer Arbeit innehielten. »Räumt doch endlich die Rumpelkammer aus!« rief er. »Wir versinken ja im Schmutz!« Die Diener waren bereit, es am nächsten Tag zu tun, K. nickte, jetzt spät am Abend konnte er sie nicht mehr zu der Arbeit zwingen, wie er es eigentlich beabsichtigt hatte. Er setzte sich ein wenig, um die Diener ein Weilchen lang in der Nähe zu behalten, warf einige Kopien durcheinander, wodurch er den Anschein zu erwecken glaubte, daß er sie überprüfe, und ging dann, da er einsah, daß die Diener nicht wagen würden, gleichzeitig mit ihm wegzugehen, müde und gedankenlos nach Hause.

4.6 Georges Bataille: Histoire de l'œil (1928)

Georges Batailles *Histoire de l'oeil*[163] ist ein Teil seiner Anthologie von Erzählungen *Das obszöne Werk*[164]. Der *Brockhaus* nennt Bataille eine «Schlüsselfigur in der Ideengeschichte um die Mitte d. 20. Jahrh.», dessen Bemühen es sei, «durch das Erleben der Liebe auch in ihren extremen u. perversen Formen in (den) Bereich des Absoluten (zu) gelangen». Foucault nennt Bataille einen «der wichtigsten Schriftsteller seines Jahrhunderts», Sartre einen «neuen Mystiker», Susan Sontag bezeichnet seine Erzählungen als «Kammermusik der pornographischen Literatur». Es ist insofern sehr schwierig, in wenigen Sätzen Batailles komplexe Philosophie des Eros zu umschreiben. Etwas verkürzt könnte man davon sprechen, dass Bataille im körperlichen Exzess eine Form der Ekstase zu finden hoffte, die ihm eine Transzendierung des Ichs erlaubte. Zum Erlangen dieser Ekstase sind zwei Hauptmaximen von Bedeutung: die der Tabuverletzung, als erster Akt der Transgression, und die der Verschwendung, als anarchische Selbstentäußerung, die sich den bürgerlich-calvinistischen Prinzipien immer größerer Kapitalanhäufung widersetzt. Verschwendung wiederum drückt sich in Batailles Philosophie vor allem im Masturbieren, Urinieren und Defäkieren aus.

Die im Folgenden wiedergegebene Szene aus Batailles *Geschichte des Auges*[165] illustriert die literarische Umsetzung dieser Gedanken wohl am besten.

Für eine tiefer gehende Auseinandersetzung mit der angeschnittenen Thematik sei hier auf Batailles eigene philosophische Schriften verwiesen. Von seinem ökonomischen Werk einmal abgesehen, wären das *L'Érotisme*[166] sowie *Les larmes d'Éros*[167]. Für eine sadomasochistische Literaturtheorie wäre ferner Batailles *La littérature et le mal*[168] von Interesse; dort werden unter anderem die Werke Blakes, de Sades, Baudelaires, Kafkas und Genets analysiert.

Histoire de l'œil

Simones Beichte und Sir Edmonds Messe

Man kann sich leicht meine Bestürzung vorstellen. Simone kniete hinter dem Vorhang nieder. Während sie flüsternd sprach, wartete ich ungeduldig auf die Wirkungen dieses teuflischen Spiels. Der schmierige Kerl, malte ich mir aus, würde aus seiner Kiste springen, sich auf die Frevlerin stürzen. Nichts dergleichen geschah. Simone sprach vor dem kleinen, vergitterten Fenster, mit leiser Stimme, endlos.

Ich wechselte mit Sir Edmond gerade noch fragende Blicke, als die Dinge sich endlich klärten. Simone tastete langsam nach ihrem Schenkel, spreizte die Beine. Sie bewegte sich hin und her, nur noch das eine Knie auf dem Betstuhl. Mit ihrem Bekenntnis fortfahrend, hob sie ihren Rock weit hoch. Und wie ich zu erkennen glaubte, rieb sie sich.

Auf Zehenspitzen trat ich näher.

Und in der Tat, Simone rieb sich, eng an das Gitter gepreßt, dicht vor dem Priester, den Körper angespannt, die Schenkel gespreizt, die Finger wühlend im Fell vergraben. Ich konnte sie berühren, meine Hand zwischen ihren Hinterbacken fand das Loch. In diesem Moment hörte ich sie vernehmlich sagen:

– Pater, die größte Sünde habe ich noch nicht gebeichtet.

Es folgte ein Schweigen.

– Die größte Sünde, Pater, ist, daß ich mich befriedige, während ich zu Ihnen spreche.

Diesmal folgte einige Sekunden lang Geflüster. Schließlich mit fast lauter Stimme:

– Wenn du es nicht glaubst, zeige ich es dir.

Und Simone erhob sich, spreizte vor dem Auge des Beichtstuhls die Beine, rieb sich und trieb sich mit geschickter, schneller Hand zum Genuß.

– Schau her, Priester, rief Simone und hieb mehrmals kräftig gegen den Schrank, was machst du da in deiner Bude? Wichst du dich auch? Aber der Beichtstuhl blieb stumm.

– Dann mache ich eben die Tür auf.

Drinnen saß der Seher mit gesenktem Kopf und tupfte sich die von Schweiß triefende Stirn. Das junge Mädchen wühlte in der Soutane: er rührte sich nicht. Sie schlug den unsauberen schwarzen Rock hoch und zog eine lange rosafarbene, harte Rute hervor: er warf nur den Kopf zurück, das Gesicht verzerrt, und ein Pfeifen ging ihm durch die Zähne. Er ließ Simone, die das Biest in den Mund nahm, gewähren. Vor Bestürzung erstarrt, standen Sir Edmond und ich noch immer regungslos da. Bewunderung lähmte mich. Ich wußte nicht, was tun, als der rätselhafte Engländer näher trat. Behutsam schob er Simone zur Seite. Dann ergriff er die Larve am Handgelenk, zog sie aus dem Loch und ließ sie vor unseren Füßen auf die Fliesen niederfallen: da lag das schändliche Individuum wie ein Toter, und aus seinem Mund rann der Speichel auf den Boden. Der Engländer und ich packten ihn unter den Armen und trugen ihn in die Sakristei. Mit offenem Hosenschlitz und hängendem Schwanz, das Gesicht leichenblaß, wehrte er sich nicht mehr, aber sein Atem ging stoßweise; wir ließen ihn auf einem mit Schnörkeln verzierten Armstuhl nieder.

– Señores, sagte der Elende, Sie glauben, daß ich ein Heuchler bin!

– Nein, sagte Sir Edmond in kategorischem Ton.

Simone fragte ihn:

– Wie heißt du?

– Don Aminado, antwortete er.

Simone ohrfeigte das Priesteraas. Dabei bekam das Aas wieder einen steifen Schwanz. Es wurde ausgezogen; Simone, die sich hingehockt hatte, pißte wie eine Hündin auf die am Boden liegenden Kleider. Dann rieb sie den Schwanz des Priesters und nahm ihn in den Mund. Ich schob Simone meinen Schwanz in den Hintern. Sir Edmond betrachtete die Szene mit einem typischen hard labour-Ausdruck. Er schaute sich in dem Raum um, in den wir geflüchtet waren. Er entdeckte an einem Nagel einen Schlüssel.

– Was ist das für ein Schlüssel? fragte er Don Aminado.

An der Angst, die das Gesicht des Priesters verzerrte, erkannte er, daß es der Schlüssel zum Tabernakel war.

Wenige Augenblicke darauf kam der Engländer zurück und trug ein goldenes Ziborium herbei, das mit Engeln, nackt wie Amoretten, verziert war.

Don Aminado blickte starr auf dieses Gefäß Gottes, das nun auf dem Fußboden stand; sein idiotisches, schönes Gesicht, das unter den Bissen zuckte, mit denen Simone seinen Schwanz erregte, schien vollkommen verstört.

Der Engländer hatte die Tür verbarrikadiert. Er durchwühlte die Schränke und fand einen großen Kelch. Darauf bat er uns, für einen Augenblick von dem Elenden abzulassen.

– Schau her, sagte er zu Simone, das sind die Hostien in ihrem Ziborium, und dies ist der Kelch, in den man den Wein tut.

– Die riechen nach Samen, sagte sie, an den Oblaten schnuppernd.

– Richtig, fuhr der Engländer fort, die Hostien, die du hier siehst, sind das Sperma Christi in Gestalt kleiner Plätzchen. Und was den Wein angeht, so behaupten die Geistlichen, es sei sein Blut. Sie täuschen uns. Wenn es wirklich das Blut wäre, würden sie Rotwein trinken, aber sie trinken Weißwein, wohl wissend, daß es sein Urin ist.

Die Demonstration war überzeugend. Simone bewaffnete sich mit dem Kelch, und ich nahm das Ziborium an mich: Don Aminado in seinem Armstuhl wurde von einem leichten Zittern geschüttelt. Simone versetzte ihm zunächst mit dem Fuß des Kelches einen heftigen Schlag über den Schädel, der ihn aus dem Gleichgewicht brachte und ihn vollends stumpf machte. Abermals begann sie an ihm zu saugen. Er gab ein schmähliches Röcheln von sich. Sie brachte ihn auf den Gipfel der Sinneswut, dann:

– Das ist nicht alles, sagte sie, er muß pissen.

Sie schlug ihn ein zweites Mal ins Gesicht.

Sie entblößte sich vor ihm, und ich erregte sie.

Der Blick des Engländers war so hart, so starr auf die Augen des abgestumpften jungen Mannes gerichtet, daß die Sache ohne Schwierigkeiten vonstatten ging.

Geräuschvoll füllte Aminado den Kelch, den Simone ihm unter die Rute hielt, mit Urin.

– Und nun trink, sagte Sir Edmond.

Der Elende trank in unreiner Ekstase.

Simone leckte ihn abermals; unglücklich schrie er auf vor Lust. Mit der Gebärde eines Wahnsinnigen schleuderte er das heilige Nachtgeschirr gegen die Wand, so daß es zersprang. Vier robuste Arme ergriffen ihn. Mit gespreizten Beinen und eingeknicktem Körper, spritzte er, schreiend wie ein Schwein, seinen Samen über die Hostien, während Simone, die ihn wichste, das Ziborium darunter hielt.

Fliegendreck

Wir ließen das Aas fallen. Krachend schlug es auf die Fliesen. Wir waren beseelt von einer klaren Entschlossenheit, zu der sich Erregung gesellte. Der Priester erschlaffte. Die Zähne auf die Steine gepreßt, lag er am Boden, geschlagen von der Schmach. Seine Hoden waren leer, und sein Verbrechen begann ihn zu zersetzen. Man hörte ihn stöhnen:

– Elende Gotteslästerer ...

Und andere gestammelte Klagen.

Sir Edmond stieß mit dem Fuß nach ihm; das Monstrum zuckte zusammen und schrie vor Wut. Es war so lächerlich, daß wir in Lachen ausbrachen.

– Erhebe dich, befahl Sir Edmond, du sollst das girl beschlafen.

– Ihr Elenden, drohte die erstickte Stimme des Priesters, die spanische Justiz ... das Zuchthaus ... die Garotte ...

– Er vergißt offenbar, daß es sein Samen ist, bemerkte Sir Edmond.

Eine Grimasse, ein tierisches Zittern antworteten ihm, dann:

–... die Garotte ... auch für mich ... aber für euch ... zuerst ...

– Idiot, sagte der Engländer und lachte höhnisch, zuerst! Glaubst du etwa, daß dir noch soviel Zeit bleibt?

Der Dummkopf sah Sir Edmond an; sein schönes Gesicht drückte äußerste Einfalt aus. Eine seltsame Freude öffnete ihm den Mund; er kreuzte die Hände, warf einen verzückten Blick gen Himmel. Dann murmelte er mit schwacher, ersterbender Stimme:

–... das Martyrium ...

Eine Hoffnung auf Heil kam auf den Elenden herab: seine Augen blickten wie erleuchtet.

– Ich will dir vorher noch eine Geschichte erzählen, sagte Sir Edmond. Du weißt doch, daß die Gehenkten oder die Garottierten im Augenblick des Erdrosselns ein so steifes Glied bekommen, daß sie ejakulieren. Du sollst ein Märtyrer werden, aber ein fickender Märtyrer.

Der von Schrecken ergriffene Priester richtete sich auf, aber der Engländer drehte ihm den Arm um und stieß ihn auf die Fliesen zurück. Sir Edmond band ihm die Arme hinten zusammen. Ich stopfte ihm einen Knebel in den Mund und fesselte seine Beine mit meinem Gürtel. Der Engländer, der sich selbst auf dem Boden ausgestreckt hatte, hielt ihm mit den Händen die Arme wie im Schraubstock. Er sorgte dafür, daß der Pater die Beine nicht bewegen konnte, indem er sie mit den eigenen Beinen umschloß. Kniend hielt ich den Kopf zwischen den Schenkeln.

Der Engländer sagte zu Simone:

– Jetzt hock dich rittlings auf diese Kirchenratte.

Simone zog ihren Rock aus. Sie setzte sich auf den Bauch des Märtyrers, den Arsch dicht an seinem weichen Schwanz.

Der Engländer fuhr fort, unter dem Körper des Opfers hervor zu sprechen.

– Jetzt würge ihm die Kehle, das Röhrchen gleich hinter dem Adamsapfel: dann ein kräftiger, nach und nach stärkerer Druck.

Simone würgte ihn; ein Beben durchzuckte den unbeweglich gemachten Körper, und die Rute richtete sich auf. Ich nahm sie in meine Hände und führte sie in das Fleisch von Simone ein. Sie würgte ihm weiter die Kehle.

Ungestüm, trunken bis zum Blut, ließ das Mädchen den steifen Schwanz in ihrer Vulva auf und ab gehen. Die Muskeln des Priesters spannten sich.

Schließlich würgte sie so entschlossen, daß ein noch heftigerer Schauer den Sterbenden erbeben ließ: sie spürte, wie der Samen ihren Arsch überschwemmte. Darauf ließ sie ihn los, entkräftet, zurückgesunken in einem Sturm der Lust.

Simone blieb auf den Fliesen liegen, den Leib nach oben gekehrt, die Schenkel tropfend vom Sperma des Toten. Ich legte mich über sie, um meinerseits meinen Samen in sie zu ergießen. Ich war wie gelähmt. Ein Übermaß an Liebe und der Tod des Elenden hatten mich erschöpft. Ich war noch nie so zufrieden gewesen. Ich beschränkte mich darauf, Simone auf den Mund zu küssen.

Das junge Mädchen hatte Lust, ihr Werk zu betrachten, und schob mich zur Seite, um aufstehen zu können. Sie setzte sich mit ihrem nackten Hintern auf den nackten Kadaver. Sie schaute das Gesicht an, tupfte den Schweiß von der Stirn. Eine Fliege, die in einem Sonnenstrahl summte, kehrte immer wieder zurück, um sich auf dem Toten niederzulassen. Sie verjagte das Insekt, plötzlich aber stieß sie einen leichten Schrei aus. Etwas Seltsames war geschehen: die Fliege hatte sich auf das Auge des Toten gesetzt und kroch langsam über die glasige Kugel. Simone griff mit beiden Händen an den Kopf und schüttelte ihn schaudernd. Ich sah sie in einen Abgrund von Gedanken versunken.

So bizarr das scheinen mag, wir hatten gar nicht darüber nachgedacht, wie die Geschichte wohl enden könnte. Wäre irgendein Störenfried aufgetaucht, wir hätten ihm gewiß nicht lange Zeit gelassen, sich zu entrüsten ... Gleichviel. Simone, die sich aus ihrer Stumpfheit zu lösen begann, erhob sich und ging zu Sir Edmond hinüber, der mit dem Rücken an der Wand lehnte. Man hörte die Fliege summen.

– Sir Edmond, sagte Simone, und legte ihre Wange an seine Schulter, werden Sie alles tun, was ich sage?

– Ich werde es tun ... wahrscheinlich, sagte der Engländer.

Sie winkte mich an die Seite des Toten, kniete nieder, zog die Lider auseinander und öffnete ganz weit das Auge, auf dessen Oberfläche sich die Fliege niedergelassen hatte.

– Siehst du das Auge?

– Ja, und?

– Es ist ein Ei, sagte sie in aller Natürlichkeit.

Verstört fragte ich weiter.

– Worauf willst du hinaus?

– Ich will mich damit amüsieren.

– Und dann?

Sie richtete sich auf und schien erhitzt (sie war auf furchtbare Weise nackt).

– Hören Sie, Sir Edmond, sagte sie. Sie müssen mir sofort das Auge geben, reißen Sie es ihm aus.

Sir Edmond nahm, ohne mit der Wimper zu zucken, eine Schere aus seiner Brieftasche, kniete sich hin, schnitt das Fleisch zurück, grub dann die Finger in die Augenhöhle und zog das Auge heraus, indem er die gespannten Sehnen durchtrennte. Dann legte er die kleine weiße Kugel in die Hand meiner Freundin.

Sie betrachtete diese Extravaganz offensichtlich verstört, zögerte aber nicht einen Moment. Sie streichelte sich die Beine und schob das Auge an ihnen entlang. Die Liebkosung des Auges auf der Haut ist von einer unendlichen Sanftheit ... mit einer schrecklichen Nähe zum Hahnenschrei.

Simone jedoch amüsierte sich, ließ das Auge in die Spalte ihrer Hinterbacken gleiten. Sie streckte sich aus, hob die Beine und den Hintern an. Sie versuchte, die Kugel unbeweglich zu machen, indem sie die Hinterbacken zusammenpreßte, aber sie sprang daraus hervor – wie ein Kern zwischen den Fingern – und fiel auf den Bauch des Toten.

Der Engländer hatte mich ausgezogen.

Ich warf mich über das junge Mädchen, und ihre Vulva verschlang meinen Schwanz. Ich begann sie zu stoßen: der Engländer ließ das Auge zwischen unseren Leibern rollen.

– Stecken Sie es mir in den Hintern, schrie Simone.

Sir Edmond steckte die Kugel in die Spalte und schob sie tief hinein. Am Ende ließ Simone von mir ab, nahm Sir Edmond das Auge aus den Händen und führte es in ihr Fleisch ein. In diesem Moment zog sie mich an sich, küßte mich und ließ dabei ihre Zunge mit so viel Leidenschaft in meinen Mund gleiten, daß mir der Orgasmus kam: ich spritzte meinen Samen über ihr Fell.

Ich stand auf, ich spreizte Simones Schenkel: sie lag ausgestreckt auf der Seite; und ich sah vor mir, was ich – so bilde ich mir ein – seit jeher erwartet hatte: wie eine Guillotine den abzuschneidenden Kopf erwartet. Meine Augen, schien mir, waren vor Schrecken angeschwollen; in der behaarten Vulva Simones erblickte ich das blaßblaue Auge Marcelles, das mich anschaute und Tränen von Urin vergoß. Spuren von Samen in dem dampfenden Haar verliehen dieser Vision vollends den Charakter schmerzlicher Trauer. Ich hielt Simones Schenkel geöffnet: der heiße Urin strömte unter dem Auge hindurch auf den niedriger liegenden Schenkel ...

Wir verließen Sevilla in einem Mietwagen: Sir Edmond und ich mit schwarzen Bärten geschmückt, Simone mit einem lächerlichen schwarzen Seidenhut mit gelben Blumen auf dem Kopf. Beim Betreten einer neuen Stadt wechselten wir jedesmal unsere Rollen. Ronda durchquerten wir als spanische Priester verkleidet, trugen flauschige schwarze Filzhüte, hatten uns einen Priesterrock umgehängt und rauchten männlich dicke Zigarren; Simone in ihrem Seminaristengewand war so engelsschön wie je.

So flohen wir endlos durch Andalusien. Land der gelben Erde und des gelben Himmels, unermeßliches Nachtgeschirr, überströmt von Licht, wo ich jeden Tag in einer neuen Rolle eine neue Simone vergewaltigte, und vor allem gegen Mittag, auf dem Erdboden, in der Sonne und unter den roten Augen Sir Edmonds.

Am vierten Tag kaufte der Engländer eine Yacht in Gibraltar.

4.7 Pauline Réage: L'histoire d'O (1954)

Über *Die Geschichte der O* wurde sowohl von sadomasochistischer als auch von feministischer Seite bereits so viel geschrieben, dass es – wie dies auch bei den Schriften de Sades der Fall ist – unmöglich erscheint, es in wenigen Sätzen zusammenzufassen. Selbst der literarische Wert dieser Erzählung scheint zumindest in Deutschland – nicht so in Frankreich – immer noch umstritten zu sein. Daran ändert es offenbar auch nichts, dass das Vorwort zur O von Jean Paulhan, einem Mitglied der Académie Francaise, verfasst wurde, dass die amerikanische Autorin und Literaturkritikerin Susan Sontag in ihrem bekannten Aufsatz über die pornographische Phantasie Réages Roman als einen exemplarischen Text aufführt, der zugleich pornographisch und künstlerisch bedeutsam ist, und dass der renommierte Rhetorikprofessor Walter Jens *Die Geschichte der O* in seinem Gutachten als einen «schwarzen Entwicklungsroman» klassifiziert und ihn mit Goethe, Kafka, Thomas Mann und Flaubert vergleicht – womit Jens übrigens zu einem zentralen Wegbereiter der sadomasochistischen Literaturtheorie werden könnte.

Erwähnenswert ist in diesem Zusammenhang Frederick Wyatts Aufsatz *Der Triumph des Masochismus, oder das Alpha in der Geschichte der O*[169]. Wyatt analysiert vor allem die letztlich fast wundersame Unverwundbarkeit der O, die alle Qualen ohne erkennbare Schädigungen übersteht: «O's Unterwerfung unter den gewalttätigen Missbrauch und die Misshandlungen der Männer wird für sie zur Hingabe, die sie erhöht und schöner macht. Der Leser kann sich nicht dem merkwürdigen Eindruck entziehen, dass O nicht nur mehr erlebt, sondern auch mehr Lust empfindet als diese Männer, die eher wie Schreckmasken auf einem Faschingsumzug wirken. O erweist sich allen Angriffen gegenüber als unverletzbar – sie bleibt unversehrt.»[170] Diese Unverwüstbarkeit erleichtere den Genuss von SM-Literatur, da man sich als Rezipient keine ernsthaften Sorgen zu machen brauche. Darin erkennt Wyatt eine Nähe der *Geschichte der O* zur klassischen Theorie von der Wirkung der Tragödie: «Katharsis heißt, gestützt auf fiktive Ereignisse (wie im Theater) Impulse in der Phantasie ausleben zu können»[171]. Dem Leser/Zuschauer werde die Tabuverletzung und damit das innere Ausagieren seiner Konflikte erlaubt, solange es im Rahmen des Fiktiven bleibe und keinerlei negative Ausflüsse im wirklichen Leben zeitige. Dadurch könne das gestörte Gleichgewicht zwischen Es, Ich und Über-Ich wiederhergestellt und vielleicht sogar ein Stück Selbsterkenntnis gewonnen werden.

Ob man Réages Roman wegen seiner Übertragung ursprünglich religiöser Versatzstücke und Metaphern auf die sexuelle Ebene – Demut, Martyrium, Unterwerfung etc. – nun eher in die Epoche der Moderne oder der Postmoderne einordnen möchte, ist in diesem Fall wohl eine reine Geschmacksfrage. Argumentativ belegen ließe sich beides.

In dieser Anthologie findet allerdings die Zuordnung zur Moderne aufgrund der sprachlichen Ebene des Werkes, des Fehlens ausgeprägter Stilmittel der Postmoderne bzw. des Nouveau romans und des Zeitpunkts der Veröffentlichung statt.

Im Folgenden ist die Szene wiedergegeben, in der O von ihrem Geliebten René seinem alten Freund Sir Steven zur Verfügung gestellt wird. Sie wurde dem Band *Die O hat mir erzählt* entnommen[172], der ein ausführliches Gespräch mit ‹Pauline Réage› bzw. Dominique Aury, der Autorin des Romans, enthält.

L'histoire d'O

Sir Stephens gelassene Stimme klang in eine absolute Stille. Selbst die Flammen im Kamin brannten lautlos. O war auf das Sofa gespießt wie ein Schmetterling an einer Nadel, einer langen Nadel aus Worten und Blicken, die sie in der Mitte des Körpers durchbohrte und ihre nackten und bereiten Lenden an die laue Seide preßte. Sie wußte nicht, wo ihre Brüste waren, ihr Nacken, ihre Hände. Sie zweifelte jedoch nicht, daß die Gewohnheiten und Riten der Besitzergreifung, von denen man ihr gesprochen hatte, unter anderen Teilen ihres Körpers auch ihre langen, unter dem schwarzen Rock verborgenen und bereits halb geöffneten Schenkel zum Ziel haben würden. Die beiden Männer waren ihr zugewandt. Rene rauchte, hatte jedoch neben sich eine rauchverzehrende, schwarzbeschirmte Lampe angezündet, und die bereits durch das Holzfeuer gereinigte Luft roch nach der Frische der Nacht. »Werden Sie mir antworten oder wollen Sie erst noch mehr wissen?« fragte Sir Stephen. – Wenn du einwilligst, sagte René, erkläre ich dir Sir Stephens Neigungen. – »Forderungen«, korrigierte Sir Stephen. Das

Schwerste, sagte sich O, war nicht, einzuwilligen, und sie wußte, daß keinem der beiden, so wenig wie ihr selbst, auch nur eine Sekunde der Gedanke kam, sie könne sich weigern. Das Schwerste war, überhaupt zu sprechen. Ihre Lippen brannten und ihr Mund war trocken, ohne Speichel, ein Gefühl aus Furcht und Verlangen schnürte ihr die Kehle zu und ihre Hände, die sie jetzt wieder spürte, waren kalt und feucht. Hätte sie wenigstens die Augen schließen dürfen! Aber nein. Zwei Blicke, denen sie sich nicht entziehen konnte – gar nicht entziehen wollte – hielten den ihren fest. Sie führten O wieder hin zu dem, was sie glaubte, für lange Zeit, vielleicht für immer in Roissy gelassen zu haben. Denn seit ihrer Rückkehr hatte René sich auf die bloße Berührung ihres Körpers beschränkt und niemand hatte von dem Recht Gebrauch gemacht, das ihr Ring, Symbol der Hörigkeit, jedem einräumte, der sein Geheimnis kannte. Entweder war sie mit niemandem zusammengekommen, der es gekannt hatte oder die betreffenden hatten geschwiegen – als einzigen Menschen verdächtigte sie Jacqueline (aber wenn Jacqueline in Roissy gewesen war, warum trug dann nicht auch sie den Ring? Zudem, würde Jacqueline als Eingeweihte irgendein Recht über O haben, das O nicht auch über Jacqueline hätte?). Würde Sie sprechen können, wenn sie sich bewegte? Aber sie konnte sich nicht aus eigenem Antrieb bewegen – ein Befehl hätte sie sofort auf die Beine gebracht, doch diesmal sollte sie nicht einem Befehl gehorchen, sie sollte allen Befehlen zuvorkommen, sich selbst zur Sklavin machen, sich sklavisch ausliefern. Das nannten sie ihr Einverständnis. Sie erinnerte sich, zu René nie etwas anderes gesagt zu haben als »ich liebe dich« und »ich gehöre dir«. Anscheinend sollte sie heute sprechen, sollte in allen Einzelheiten und ausdrücklich akzeptieren, was sie bisher einzig durch ihr Schweigen akzeptiert hatte. Endlich richtete sie sich auf, öffnete die obersten Schließen ihrer Tunika bis zum Ansatz der Brüste, als ob das, was sie zu sagen hatte, sie erstickte. Dann stand sie ganz auf. Ihre Knie und Hände zitterten. »Ich gehöre dir, sagte sie schließlich zu René, ich werde sein, was du willst, das ich sein soll. – Nein, sagte er: uns; sprich mir nach: ich gehöre euch, ich werde sein, was ihr wollt, das ich sein soll.« Sir Stephens harte graue Augen ließen sie nicht los, sowenig wie Renés Augen, in denen sie sich verlor, während sie langsam die Sätze nachsprach, die er ihr vorsagte, und dabei das ganze, wie bei einer Grammatikübung, in die erste Person übertrug. »Du erkennst mir und Sir Stephen das Recht zu ...« sagte René und O wiederholte so klar sie konnte: »Ich erkenne dir und Sir Stephen das Recht zu ...« Das Recht, über ihren Körper zu verfügen, wo immer und wie immer sie wollten, das Recht, sie wie eine Sklavin auszupeitschen für das geringste Vergehen oder zu ihrem Vergnügen, das Recht, Flehen und Schreie, falls man sie zum Schreien brächte, nicht zu beachten. »Sir Stephen wünscht, sagte René, daß ich dich ihm übereigne, daß du selbst dich ihm übereignest und daß ich dir seine Forderungen im einzelnen darlege.« O hörte ihrem Geliebten zu und die Worte, die er zu ihr in Roissy gesprochen hatte, kamen ihr wieder ins Gedächtnis: es waren fast die gleichen gewesen. Aber als sie damals diesen Worten gelauscht hatte, war sie an ihn gepreßt gewesen, geschützt von einer Unwahrscheinlichkeit, die an Traum grenzte, von dem Gefühl, daß sie in einer anderen Existenz lebte, daß sie vielleicht überhaupt nicht lebte. Traum oder Alptraum, Kerkerszenerie, Galagewänder, maskierte Personen, alles distanzierte sie von ihrem eigenen Leben, sogar die Zeit war aufgehoben. Sie fühlte sich dort, wie man sich in der Nacht fühlt, mitten in einem Traum, den man wiedererkennt und der immer wiederkehrt: überzeugt, daß er existiert und überzeugt, daß er enden wird, und man sehnt dieses Ende herbei aus Furcht, ihn nicht länger ertragen zu können und wünscht zugleich, daß er weitergehe, um die Lösung zu erfahren. Nun war die Lösung erfolgt, die sie nicht mehr erwartet hatte in einer Form, die sie am wenigsten erwartet hätte (vorausgesetzt, so sagte sie sich jetzt, daß dies wirklich die Lösung war, daß sich nicht eine andere dahinter verbarg und vielleicht eine dritte hinter dieser nächsten). Diese Lösung bedeutete, daß sie aus der Erinnerung in die Gegenwart stürzte, bedeutete auch, daß alles das, was nur in einem geschlossenen Kreis, in einem geschlossenen Universum Wirklichkeit besessen hatte, nun plötzlich auf alle Zufälle und Gewohnheiten ihres täglichen Lebens übergreifen würde, sich an ihr und in ihr nicht mehr mit Symbolen begnügen – die nackten Lenden, die Mieder zum Aufhaken, den Eisenring – sondern Erfüllung fordern würde. Sicher, René hatte sie nie geschlagen und der Unterschied zwischen der Zeit vor Roissy und der Zeit nach ihrer Rückkehr hatte nur darin bestanden, daß er jetzt nicht wie vorher nur in ihren Schoß, sondern auch in ihren Mund eindrang. Sie hatte in Roissy nie erfahren, ob die Peitschenhiebe, die sie so regelmäßig erhielt, auch nur ein einziges Mal von ihm verabreicht worden waren (als sie sich die Frage stellen konnte, als sie selbst und alle Beteiligten maskiert gewesen waren), aber sie glaubte es nicht. Sicher war sein Genuß heim Anblick ihres gefesselten und ausgelieferten Körpers, der sich vergeblich wand, bei ihren Schreien, so stark, daß er den Gedanken nicht ertrug, sich durch eine aktive Teilnahme von diesem Genuß ablenken zu lassen. Ja, er bestätigte es jetzt, als er, ohne sich aus dem tiefen Sessel zu rühren, in dem er mit gekreuzten Beinen mehr lag als saß, ihr so sanft, so zärtlich sagte, wie sehr es ihn beglücke, sie Sir Stephens Wünschen und Befehlen auszuliefern, daß sie selbst sich ihnen ausliefere. Sollte Sir Stephen wünschen, daß sie die Nacht bei ihm verbringe oder auch nur eine Stunde, daß sie ihn außerhalb von Paris begleite oder in Paris mit ihm ein Restaurant oder Theater besuche, dann werde er sie anrufen oder ihr seinen Wagen schicken – sofern René nicht selbst sie abholen käme. Heute, jetzt, sei es an ihr zu sprechen. War sie einverstanden? Aber sie konnte nicht sprechen. Dieser Wille, den sie plötzlich äußern sollte, war der Wille zur Selbstaufgabe, das Ja zu allem, wozu sie zwar ja sagen wollte, wozu ihr Körper jedoch nein sagte, zumindest was die Peitsche anging. Denn was das übrige anging, so wollte sie ehrlich gegen sich selbst sein: das Verlangen, das sie in Sir Stephens Augen las, verwirrte sie in einem Maß, das keine Selbsttäuschung zuließ und obgleich sie zitterte, vielleicht gerade weil sie zitterte, wußte sie, daß sie die Berührung seiner Hände oder seiner Lippen mit größerer Ungeduld erwartete, als er. Zweifellos lag es an ihr, diese Erwartung zu verkürzen. So sehr sie es sich wünschte und allen Mut zusammennahm, verließen sie doch die Kräfte. Als sie endlich antworten wollte, sank sie zu Boden und ihr weiter Rock entfaltete sich rings um sie. Sir Stephen bemerkte mit gepreßter Stimme, daß auch die Furcht ihr gut stehe. Er wandte sich nicht an sie, sondern an René. O hatte den Eindruck, daß er auf sie zugehen wollte, sich aber mit Gewalt zurückhielt. Sie sah ihn jedoch nicht an, ließ René nicht aus den Augen aus Furcht, er könnte in den ihren lesen, was er vielleicht als Verrat betrachte. Dabei war es kein Verrat, denn vor die Wahl gestellt zwischen dem Begehren, Sir Stephen zu gehören und ihrer Zugehörigkeit zu René hätte sie keinen Augenblick gezögert. Sie hatte sich diesem Begehren nur überlassen, weil René es ihr erlaubt, bis zu einem gewissen Grad sogar zu verstehen gegeben hatte, daß er es von ihr fordere. Dennoch zweifelte sie, ob ein allzu schneller und allzu gefügiger Gehorsam ihn nicht doch kränken würde. Das geringste Zeichen von ihm hätte diesen Zweifel getilgt. Aber es gab kein Zeichen, der beschränkte sich darauf, zum dritten Mal eine Antwort von ihr zu fordern. Sie stammelte: »Ich füge mich allem, was ihr wollt.« Senkte den Blick auf ihre Hände, die in ihren Kniekehlen ruhten, gestand dann flüsternd: »Ich möchte wissen, ob ich gepeitscht werde... « In dem langen Schweigen, das darauf folgte, konnte sie ihre Frage zwanzigmal bereuen. Schließlich sagte Sir Stephens Stimme langsam: »Manchmal.« O hörte dann, wie ein Streichholz angerissen und Gläser aneinandergestoßen wurden: sicher goß einer der beiden Männer sich Whisky nach. René kam O nicht zu Hilfe. René schwieg. »Selbst wenn ich jetzt einwillige, murmelte sie, selbst wenn ich es jetzt verspreche, ich könnte es nicht ertragen. – Sie sollen es nur hinnehmen und sich damit abfinden, daß Ihre Schreie und Klagen vergeblich sein werden fuhr Sir Stephen fort. – »Oh, bitte, sagte O, jetzt noch nicht«, denn Sir Stephen stand auf. Auch René stand auf, neigte sich zu ihr, nahm sie an den Schultern. »Antworte, sagte er, bist du einverstanden?« Endlich sagte sie ja. Er zog sie sanft in die Höhe, setzte sich auf das Sofa und ließ sie neben sich knien; vor das Sofa, auf das sie Oberkörper und Kopf legte, mit gebreiteten Armen und geschlossenen Augen. Ein Bild kam ihr in den Sinn, das sie vor einigen Jahren gesehen hatte, ein Kupferstich, der eine Frau zeigte, die vor einem Stuhl kniete, in einem gekachelten Zimmer, wo ein Kind und ein Hund in einer Ecke spielten; sie hatte die Röcke geschürzt und neben ihr stand ein Mann, der ein Bündel Ruten schwang. Alle Personen waren nach der Mode des ausgehenden 17. Jahrhunderts gekleidet und der Stich trug einen Titel, der ihr abstoßend erschienen war: die häusliche Züchtigung. René preßte ihr mit einer Hand beide Armgelenke zusammen, während er mit der anderen ihren Rock hob, so hoch, daß sie spürte, wie die plissierte Gaze über ihre Wangen streifte. Er strich ihr über die Lenden und machte Sir Stephen auf die beiden Grübchen aufmerksam und auf die zarte Kerbe zwischen ihren Schenkeln. Dann preßte er ihr die gleiche Hand in Taillenhöhe in den Rücken, um die Lenden besser hervortreten zu lassen und befahl ihr, die Knie weiter zu öffnen. Sie gehorchte stumm. Die Art, wie René ihren Körper anpries, die Antworten Sir Stephens, die Brutalität der Ausdrücke, die beide Männer gebrauchten, lösten in ihr ein so heftiges und unerwartetes Gefühl der Scham aus, daß der Wunsch, Sir Stephen zu gehören, erlosch und sie die Peitsche ersehnte wie eine Erlösung, den Schmerz und die Schreie wie eine Rechtfertigung. Aber Sir Stephens Hände öffneten ihren Leib, zwängten sich zwischen ihre Lenden, ließen ab, packten wieder zu, immer wieder, bis sie stöhnte, beschämt über ihr Stöhnen und vernichtet. »Ich überlasse dich Sir Stephen, sagte René, bleib, wie du bist, er wird dich wegschicken, wann es ihm paßt.« Wie oft war sie in Roissy auf den Knien gelegen, jedem ausgeliefert; aber damals hatten immer Armreife ihre Hände gefesselt, glückliche Gefangene, die man zu allem zwang, die man um nichts bat. Hier dagegen war sie aus freiem Willen halbnackt, wo doch eine einzige Bewegung, die gleiche, die zum Aufstehen genügt hätte, auch genügt hätte, sie zu bedecken. Ihr Versprechen band sie genauso wie die Lederfesseln und Ketten. War es nur ihr Versprechen? War es nicht, bei aller Demütigung oder gerade wegen dieser Demütigung, auch ein süßes Gefühl, nur zu gelten, weil sie sich erniedrigte, sich willig beugte, sich willig öffnete? René war, von Sir Stephen zur Tür begleitet, weggegangen; sie wartete also allein und reglos, fühlte sich in ihrer Einsamkeit noch ausgesetzter und in der Erwartung noch dirnenhafter, als im Beisein der Männer. Die grau-gelbe Seide des Sofas war glatt unter ihre Wange, durch das Nylon ihrer Strümpfe spürte sie den hochflorigen Teppich und an ihrem linken Schenkel die Wärme des Kaminfeuers, auf das Sir Stephen noch drei Scheite gelegt hatte, die prasselnd flammten. Eine alte Wanduhr über einer Kommode tickte so leise, daß man sie nur hören konnte, wenn alles still war. O lauschte ihr aufmerksam und dachte dabei, wie absurd es sei, in diesem kultivierten und diskreten Salon in ihrer jetzigen Stellung zu verharren. Durch die geschlossenen Vorhänge hörte man das schläfrige Brummen des mitternächtlichen Paris. Würde sie morgen bei Tag den Platz wiedererkennen, wo ihr Kopf auf dem Sofakissen gelegen war? Würde sie jemals am hellen Tag wieder in diesen Salon kommen und in der gleichen Weise behandelt werden? Sir Stephen blieb lange aus und O, die sich mit solcher Gelassenheit für die Lust der Unbekannten von Roissy bereitgehalten hatte, wurde bei dem Gedanken, daß er in einer Minute, in zehn Minuten die Hände auf sie legen würde, die Kehle eng. Aber es kam nicht ganz so, wie sie erwartet hatte. Sie hörte, wie Sir Stephen die Tür wieder öffnete, durchs Zimmer ging. Er blieb einige Zeit mit dem Rücken zum Feuer stehen, sah O an und befahl ihr dann mit sehr leiser Stimme, aufzustehen und sich wieder zu setzen. Überrascht und fast betreten gehorchte sie. Er brachte ihr höflich ein Glas Whisky und eine Zigarette, die sie ebenfalls ablehnte. Sie sah jetzt, daß er einen Morgenrock trug, einen sehr streng geschnittenen Mantel aus grauem Wollstoff, vom gleichen Grau wie sein Haar. Seine Hände waren lang und knochig, die Nägel flach, kurz geschnitten, sehr weiß. Er fing Os Blick auf und sie errötete: diese harten und hartnäckigen Hände, die von ihrem Körper Besitz ergriffen hatten, fürchtete und ersehnte sie jetzt. Aber er kam nicht näher. »Ich möchte, daß Sie sich ganz ausziehen, sagte er. Aber zuerst legen Sie nur die Jacke ab, nicht aufstehen.« O löste die großen, vergoldeten Schließen, streifte das knappe Jäckchen von den Schultern und legte es ans andere Sofaende zu ihrem Pelz, ihren Handschuhen und ihrer Tasche. »Streicheln Sie die Spitzen ihrer Brüste«, sagte Sir Stephen und fügte hinzu: »Sie müssen eine dunklere Schminke auflegen, die Ihre ist zu hell.« Verblüfft strich O mit den Fingerspitzen über ihre Brustwarzen, die hart wurden und sich aufrichteten und wölbte dann ihre Hand darüber. »Ah! Nein«, sagte Sir Stephen. Sie zog die Hände zurück und ließ sich gegen die Rückenlehne des Sofas sinken: ihre Brüste waren schwer für den schmalen Oberkörper und spreizten sich sanft zu den Achseln hin. Ihr Nacken ruhte auf der Lehne, ihre Hände lagen rechts und links von ihr. Warum neigte Sir Stephen nicht den Mund über sie, streckte nicht die Hand nach den Spitzen aus, von denen er gewünscht hatte, daß sie sich aufrichteten und die O nun, so reglos sie auch verharrte, bei jedem Atemzug erzittern fühlte. Aber er war näher gekommen, saß schräg auf der Armlehne des Sofas, rührte sie jedoch nicht an. Er rauchte, und mit einer Handbewegung, von der O nicht zu sagen vermocht hätte, ob sie absichtlich war oder nicht, stäubte er ein wenig fast glühende Asche zwischen ihre Brüste. Sie hatte das Gefühl, daß er sie beleidigen wollte durch seine Verachtung, durch sein Schweigen, durch die Nonchalance seiner Haltung. Und doch hatte er sie vorhin begehrt, begehrte er sie jetzt noch, sie sah, wie er sich spannte unter dem weichen Stoff seines Morgenrocks. Warum nahm er sie nicht und wäre es auch nur, um sie zu verletzen? O haßte sich wegen ihres eigenen Begehrens und haßte Sir Stephen wegen seiner Selbstbeherrschung. Sie wollte, daß er sie liebte, das war die Wahrheit; daß er darauf brannte, ihre Lippen zu berühren und ihren Leib zu durchdringen, daß er sie, wenn nötig, verwüstete, aber daß er ihr gegenüber nicht seine Ruhe bewahren könne, seine Lust beherrschen. In Roissy war es ihr gleichgültig gewesen, ob die Männer, die sich ihrer bedienten, irgendein Gefühl für sie aufbrachten: sie waren die Instrumente, durch die ihr Geliebter Lust an ihr empfand, durch die sie wurde, wie er sie haben wollte, glatt poliert wie ein Kiesel. Die Hände dieser Männer waren seine Hände, ihre Befehle waren seine Befehle. Hier nicht. René hatte sie Sir Stephen übergehen, aber es war klar, daß er sie mit ihm teilen wollte, nicht um selbst mehr von ihr zu haben, sondern um mit Sir Stephen das zu teilen, was er heute am meisten liebte, so wie die beiden zweifellos in ihrer Jugend eine Reise geteilt hatten, ein Schiff, ein Pferd. Sie selbst war bei dieser Teilung weniger im Spiel, als Sir Stephen, jeder würde in ihr das Zeichen des anderen suchen, die Spur, die der andere zurückgelassen hatte. Vorhin, als sie halbnackt vor ihm gekniet war und Sir Stephen mit beiden Händen ihre Schenkel geöffnet hatte, hatte René Sir Stephen erklärt, warum Os Lenden so bequem waren und wie froh er sei, daß man sie so vorbereitet hatte; er wisse ja, wie angenehm es Sir Stephen sei, über diesen, von ihm bevorzugten Weg beliebig verfügen zu können. Er hatte hinzugefügt, wenn Sir Stephen das wünsche, werde er ihm die alleinige Benutzung überlassen. »Ah! Gern«, hatte Sir Stephen gesagt, aber hinzugefügt, daß er O wohl trotz allem verwunden würde. »O gehört Ihnen, hatte René geantwortet, O wird glücklich sein, von Ihnen verwundet zu werden.« Und er hatte sich über sie gebeugt und ihre Hände geküßt. Schon der Gedanke, daß Rene auf einen Teil ihres Körpers verzichten könnte, hatte O in Bestürzung versetzt. Es bedeutete für sie, daß ihrem Geliebten an Sir Stephen mehr lag als an ihr. Er hatte ihr immer wieder gesagt, daß er in ihr das Objekt liebe, zu dem er sie gemacht hatte, die absolute Verfügungsgewalt über sie, die Freiheit, mit der er über sie bestimmen konnte, wie man über ein Möbel bestimmt, das man zuweilen ebenso gern oder noch lieber verschenkt, wie für sich behält. Dennoch spürte sie jetzt, daß sie ihm nie ganz geglaubt hatte. Für das, was man kaum anders als Unterwürfigkeit gegenüber Sir Stephen nennen konnte, sah sie noch einen weiteren Beweis in dem Umstand, daß René, der sie so leidenschaftlich gern den Körpern und den Schlägen anderer ausgesetzt sah, der mit so beharrlicher Zärtlichkeit, mit so unerschöpflicher Dankbarkeit beobachtete, wie ihr Mund sich öffnete, um zu stöhnen oder zu schreien, wie ihre Augen sich über Tränen schlossen, daß dieser gleiche René fortgegangen war, nachdem er sie Sir Stephen zur Ansicht präsentiert, sie geöffnet hatte, wie man einem Gaul das Maul öffnet, zum Beweis, daß er noch jung ist, weil er sicher sein wollte, daß Sir Stephen sie hinlänglich schön oder doch hinlänglich bequem fand, um sie gnädigst zu akzeptieren. Dieses vielleicht kränkende Verhalten änderte nichts an Os Liebe zu René. Sie war glücklich, ihm so viel zu bedeuten, daß es ihm Freude machte, sie zu kränken, so wie die Gläubigen Gott dafür danken, daß er sie erniedrigt. Aber in Sir Stephen ahnte sie einen festen und eisigen Willen, den das Verlangen nicht beugen würde und dem sie, so rührend und fügsam sie auch sein mochte, nicht das geringste bedeutete. Warum hätte sie sonst so große Furcht empfunden? Die Peitsche am Gürtel der Knechte in Roissy, die Ketten, die sie fast ständig tragen mußte, waren ihr nicht so schrecklich erschienen, wie der ruhige Blick, den Sir Stephen auf ihre Brüste heftete, ohne sie zu berühren. Sie wuß-

te, daß die zarten Schultern, der schmale Leib, ihre glatte und ge-
spannte Fülle besonders zerbrechlich erscheinen ließen. Sie konnte
nicht verhindern, daß sie zitterte, sie hätte zu atmen aufhören müssen. Die Hoffnung, daß Sir Stephen so viel Zerbrechlichkeit rühren
würde, war eitel, sie wußte genau, daß das Gegenteil der Fall war:
ihre wehrlose Sanftheit war eine Herausforderung an die Zärtlichkeit, aber auch an die Grausamkeit, an die Lippen, aber auch an die
Nägel. Einen Augenblick lang gab sie sich einer Illusion hin: Sir
Stephens rechte Hand, die seine Zigarette hielt, streifte mit dem
Mittelfinger ihre Brustspitze, die gehorchte und noch steifer wurde.
O bezweifelte nicht, daß dies für Sir Stephen eine Art Spiel war,
weiter nichts, oder ein Test, wie man die Güte und das einwandfreie
Funktionieren einer Maschine testet. Ohne von der Lehne seines
Sessels aufzustehen befahl Sir Stephen ihr, den Rock auszuziehen.
Os feuchte Hände glitten an dem Verschluß ab und sie mußte
mehrmals versuchen, nach ihrem Rock den Unterrock aus schwar-
zem Taft aufzuhaken. Als sie ganz nackt war – die hochhackigen
Lacksandalen und die schwarzen, bis zum Knie heruntergerollten
Nylonstrümpfe betonten noch die Schlankheit ihrer Beine und die
Weiße ihrer Schenkel – griff Sir Stephen, der ebenfalls aufgestan-
den war, mit einer Hand in ihren Schoß und schob sie vor das Sofa.
Er ließ sie mit dem Rücken zum Sofa hinknien und befahl ihr, die
Schenkel leicht zu öffnen, die Schultern anzulehnen, nicht die Tail-
le. Ihre Hände lagen um die Fußgelenke, ihr Schoß war halb geöffnet und über den noch immer drängenden Brüsten war ihr Hals
nach hinten gebogen. Sie wagte nicht, Sir Stephen ins Gesicht zu
schauen, bemerkte aber, wie seine Hände den Gürtel des Schlaf-
rocks lösten. Er spreizte die Beine, so daß O zwischen ihnen kniete,
ergriff ihren Nacken und drang in ihren Mund ein. Er suchte nicht
die entlanggleitende Berührung ihrer Lippen, sondern stieß auf den
Grund ihrer Kehle vor. O fühlte, wie dieser Knebel aus Fleisch, der
sie erstickte und dessen langsame und stete Bewegung ihr Tränen in
die Augen trieb, in ihr anschwoll und hart wurde. Um besser in sie
eindringen zu können, hatte Sir Stephen sich schließlich so auf das
Sofa gekniet, daß ihr Gesicht zwischen seinen Schenkeln war und
seine Lenden manchmal Os Brüste berührten, die spürte, wie ihr

unnützer und verschmähter Schoß sie verbrannte. So lange Sir Stephen auch in ihr blieb, er genoß seine Lust nicht bis zum Ende, sondern zog sich schweigend aus ihr zurück und stand auf, ohne den Morgenrock wieder zu schließen. »Sie sind lüstern, O, sagte er zu ihr. Sie lieben René, aber Sie sind lüstern. Ist René sich darüber klar, daß Sie allen Männern gehören wollen, die Sie begehren und daß René, wenn er Sie nach Roissy schickt oder anderen ausliefert, Ihnen nur Alibis für Ihre eigene Lüsternheit verschafft? – Ich liebe René, erwiderte O. – Sie lieben René, aber sie wollen mir gehören, unter anderen«, fuhr Sir Stephen fort. Ja, sie wollte ihm gehören. Wie aber, wenn René, falls er es erführe, sich ändern würde? Sie konnte nichts anderes tun als schweigen, die Augen senken, allein ein Blick in Sir Stephens Augen wäre einem Geständnis gleichgekommen. Jetzt neigte Sir Stephen sich zu ihr hinunter, ergriff ihre Schultern und ließ O auf den Teppich gleiten. Sie lag auf dem Rücken mit hochgezogenen Beinen. Sir Stephen, der sich aufs Sofa gesetzt hatte, dorthin, wo sie noch vor einem Augenblick gelehnt war, packte ihr rechtes Knie und zog es zu sich heran. Da sie dem Kamin zugekehrt lag, beleuchtete das nahe Feuer grell die doppelte, klaffende Spalte ihres Schoßes und ihrer Lenden. Ohne sie loszulassen befahl Sir Stephen ihr abrupt, sie solle sich selbst berühren, aber dabei die Schenkel nicht wieder schließen. In ihrer Verblüffung streckte sie gehorsam die rechte Hand nach ihrem Schoß aus und ihre Finger berührten den bereits brennenden, von seinem schützenden Vlies entblößten Fleischkamm, wo die zarten Lippen ihres Leibes sich trafen. Doch dann fiel ihre Hand zurück und sie stammelte: »Ich kann nicht.« Sie konnte wirklich nicht. Sie hatte sich immer nur verstohlen in der Wärme und Dunkelheit ihres Bettes berührt, wenn sie allein schlief, ohne jemals dabei die letzte Befriedigung zu suchen. Sie fand sie zuweilen später im Traum und erwachte enttäuscht darüber, wie heftig und flüchtig zugleich sie gewesen war. Sir Stephens Blick ließ sie nicht los. Sie konnte ihn nicht ertragen, sagte nur immer wieder »ich kann nicht« und schloß die Augen. Mit quälender Hartnäckigkeit erschien vor ihr ein Bild, das ihr noch immer Schwindel und Ekel verursachte, das Bild der fünfzehnjährigen Marion, die im Lederfauteuil eines Hotelzimmers lag, ein Bein über der Stuhllehne und den Kopf halb über die andere Lehne hängend. Marion, die sich selbst reizte und dabei stöhnte. Sie hatte ihr erzählt, daß sie das einmal im Büro getan habe, als sie sich allein glaubte und daß der Chef unversehens hereingekommen war und sie überraschte. O erinnerte sich an dieses Büro, ein kahles Zimmer mit hellgrünen Wänden, das von Norden durch staubige Fenster das Tageslicht erhielt. Vor dem Schreibtisch stand ein Besuchersessel. »Bist du weggelaufen? hatte O gefragt. – Nein, hatte Marion geantwortet, er hat mich aufgefordert, es nochmals zu tun, zuvor hatte er die Tür abgeschlossen, mir befohlen, meinen Slip auszuziehen und den Sessel ans Fenster gerückt.« O war voller Bewunderung gewesen für das, was sie Marions Mut nannte, und voll Abscheu, und sie hatte energisch abgelehnt, sich vor Marion zu berühren und geschworen, daß sie das nie, niemals vor den Augen eines anderen tun würde. Marion hatte gelacht und gesagt: »Warte nur, bis dein Geliebter es von dir verlangt. Hätte sie gehorcht? Bestimmt, aber mit welcher Angst, in Renés Augen den gleichen Abscheu erwachen zu sehen, den sie vor Marion empfunden hatte. Was absurd war. Und bei Sir Stephen war es noch absurder, denn was machte sie sich aus dem Abscheu Sir Stephens? Nein, sie konnte einfach nicht. Zum dritten Mal flüsterte sie: »Ich kann nicht.« So leis sie es sagte, er hörte es, ließ sie los, stand auf, schloß seinen Morgenrock und befahl O, aufzustehen. »Ist das Ihr Gehorsam?« sagte er. Dann packte er mit der linken Hand ihre beiden Armgelenke, mit der rechten ohrfeigte er sie aus Leibeskräften. Sie schwankte und wäre gefallen, wenn er sie nicht gehalten hätte. »Knien Sie nieder, sagte er; und dann: Ich fürchte, René hat Sie sehr schlecht erzogen.«

4.8 Jean Genet: Le balcon (1956-1957)

Sadomasochistische Diskurse durchziehen in auffälliger Weise das Werk Jean Genets. Sie finden sich ebenso in den Abenteuern seines homosexuellen Matrosen *Querelle de Brest*[173] wie in seinem Einakter *Les Bonnes*[174]. Letzteren rühmt *Kindlers Literatur Lexikon*[175] als eine

Mischung aus «perversem Traum und grausiger Wirklichkeit», ein «sublime(s) Ineinanderspiel von Verdrängung und Ersatzhandlung, von sadistisch und masochistisch höchst real erlebter Wunschwelt».

Hier wiedergegeben ist das zweite Bild aus Genets *Le balcon*[176], ein Stück, das 1957 in London uraufgeführt wurde. Es spielt in einem Freudenhaus, welches seinen Besuchern die Inszenierung all ihrer ungewöhnlichen Phantasien verspricht. Das Thema des Stückes ist somit das SM-typische Spiel mit den Ebenen von Realität und Illusion und ihrer gegenseitigen Durchdringung. Nachdem 1985 *Le balcon* in das Repertoire der Comédie-Française aufgenommen wurde, kann man es wohl endgültig als einen modernen Klassiker bezeichnen.

Le balcon

ZWEITES BILD
Der gleiche Lüster. Drei braune Wandschirme. Kahle Wände. Der gleiche Spiegel rechts, in dem sich das ungemachte Bett spiegelt. Ein schönes junges Mädchen ist anscheinend gefesselt. Ihre Hände sind zusammengebunden. Ihr Mousselinkleid ist zerrissen. Ihre Brüste sind sichtbar. Vor ihr steht der Scharfrichter. Er ist ein Riese, bis zum Gürtel nackt, sehr muskulös. An seinem Gürtel eine Peitsche, sie ist nach hinten gerutscht und wirkt wie ein Schwanz. Der Richter – gleichfalls auf unsichtbaren Stelzen und übermäßig groß, wenn er sich erhebt – kriecht auf die Frau zu. Sein Gesicht ist übertrieben geschminkt. Das Mädchen weicht vor ihm zurück.

DIEBIN: (Ihren Fuß hinstreckend) Noch nicht! Lecken! Erst lecken! (Der Richter macht eine Anstrengung, weiterzukriechen, erhebt sich dann und setzt sich langsam und mühsam, aber augenscheinlich glücklich auf einen Schemel. Die Diebin ändert ihre Haltung. Ihre Überlegenheit schwindet, sie wird unterwürfig.)
RICHTER: (Streng) Denn du bist eine Diebin. Man hat dich überrascht. Wer? Die Polizei ... Du vergißt, daß ein feines undurch-

dringliches Netz meiner eisernen Polizisten alle eure Bewegungen einfängt. Vieläugige Insekten beobachten euch alle und überall. Und sie fangen euch ausnahmslos und bringen euch aufs Präsidium ... Was hast du zu antworten? Man hat dich überrascht ... Unter deinem Rock ... (Zum Scharfrichter) Fasse unter ihren Rock, dort wirst du den Beutel finden, den berühmten Beutel des Känguruhs. (Zur Diebin) In den du wahllos alles hineinstopfst, was du zusammenraffst. Denn du bist unersättlich und machst keine Unterschiede. Obendrein bist du schwachsinnig ... (Zum Scharfrichter) Was hat sie in diesem berühmten Beutel des Känguruhs? In diesem ungeheuren Wanst?

DER SCHARFRICHTER: Parfüm, Herr Richter, eine Laterne, eine Flasche Mottengift, Orangen, mehrere Paar Strümpfe, einen Seeigel, einen Schwamm, eine Schärpe. (Zum Richter) Haben Sie verstanden? Ich sagte: eine Schärpe!

RICHTER: (Auffahrend) Ah, ah, das ist es also. Und was wolltest du tun mit der Schärpe? He, was wolltest du tun? Wen erwürgen? Antworte! Wen erdrosseln? ... Bist du eine Diebin oder eine Mörderin? (Sehr sanft, flehend) Sag es, meine Kleine, ich flehe dich an, sag, daß du eine Diebin bist.

DIEBIN: Ja, Herr Richter.

SCHARFRICHTER: Nein!

DIEBIN: (Sieht ihn erstaunt an) Nein?

SCHARFRICHTER: Jetzt noch nicht. Später.

DIEBIN: Wie?

SCHARFRICHTER: Das Geständnis kommt zu seiner Zeit, sage ich. Leugne!

DIEBIN: Um noch mehr Schläge zu bekommen?

RICHTER: (Gleisnerisch) Ganz recht, meine Kleine: um Schläge zu bekommen. Du mußt zuerst leugnen, dann gestehen und schließlich bereuen. Ich will sehen, wie aus deinen schönen Augen salzige Tränen fließen. Oh, ich will dich von Tränen durchnäßt sehen. Die Macht der Tränen! ... Wo ist mein Gesetzbuch? (Er sucht in seinen Kleidern und zieht ein Buch hervor.)

DIEBIN: Ich habe schon geweint.

RICHTER: (Er scheint zu lesen) Unter den Schlägen. Ich will die

Tränen der Reue. Wenn du naß bist wie eine Wiese, werde ich glücklich sein.

DIEBIN: Das ist nicht so einfach. Ich habe eben erst versucht zu weinen ...

RICHTER: (Nicht mehr lesend, in einem fast vertraulichen Ton) Du bist sehr jung. Bist du neu hier? (Unruhig) Du bist doch nicht etwa minderjährig?

DIEBIN: Nein, nein, mein Herr.

RICHTER: Nenne mich: Herr Richter. Wann bist du hergekommen?

SCHARFRICHTER: Vorgestern, Herr Richter.

RICHTER : (Wieder im theatralischen Ton, und wieder lesend) Lag sie reden. Ich liebe diese haltlose Stimme, diese wesenlose Stimme ... Hör zu: Nur wenn du eine gute Diebin bist, werde ich ein guter Richter sein. Eine falsche Diebin bekommt einen falschen Richter. Ist das klar?

DIEBIN: O ja, Herr Richter.

RICHTER: (Liest weiter) Gut. Bisher ist alles gutgegangen. Mein Scharfrichter hat hart zugeschlagen ... denn auch er hat seine Funktion. Wir hängen alle voneinander ab: Du, er und ich. Wenn er zum Beispiel nicht schlüge, könnte ich ihm nicht befehlen, aufzuhören. Also muß er dich schlagen, damit ich dazwischentreten kann und meine Autorität beweise ... Und du mußt leugnen, damit er schlagen kann. (Man hört ein Geräusch. Im Nebenzimmer muß etwas heruntergefallen sein.)

RICHTER: (Im natürlichen Ton) Was ist das? Sind alle Türen fest verschlossen? Niemand kann uns sehen oder hören?

SCHARFRICHTER: Nein, nein. Beruhigen Sie sich. Ich habe den Riegel vorgeschoben. (Er untersucht einen sehr großen Riegel an der Tür im Hintergrund.) Und der Korridor wird überwacht.

RICHTER: (Im natürlichen Ton) Bist du sicher?

SCHARFRICHTER: Ganz sicher. (Er faßt in seine Hosentasche.) Kann ich mir eine anstecken?

RICHTER: (Im natürlichen Ton) Der Geruch des Tabaks regt mich an. Zünde dir eine an!

(Das gleiche Geräusch wie vorher.) Aber was ist das? Was ist das nur? Kann man mich nicht in Ruhe lassen? (Er erhebt sich) Was geht da vor?

SCHARFRICHTER: (Trocken) Es ist nichts. Man hat etwas fallen lassen. Sie sind nervös.

RICHTER: (In natürlichem Ton) Das ist möglich; aber meine Nervosität macht mich vorsichtig und wachsam! (Er steht auf und nähert sich der Tür.) Kann ich hinausschauen?

SCHARFRICHTER: Nur einen Blick! Es ist schon spät.

(Der Scharfrichter zuckt die Achseln und wechselt einen Blick mit der Diebin.)

RICHTER: (Nachdem er hinausgeschaut hat) Hell erleuchtet, aber leer.

SCHARFRICHTER: (Zuckt die Achseln) Leer!

RICHTER: (In einem noch vertraulicheren Ton) Du scheinst unruhig zu sein. Gibt es etwas Neues?

SCHARFRICHTER: Kurz bevor Sie kamen, heute nachmittag, sind drei wichtige Punkte in die Hände der Aufständischen gefallen. Sie haben mehrere Brände gelegt; kein einziger Feuerwehrmann ist ausgefahren. Alles steht in Flammen. Der Palast ...

RICHTER: Und der Polizeipräsident? Dreht er Däumchen, wie gewöhnlich?

DIEBIN: Seit vier Stunden hat man nichts von ihm gehört. Wenn er fortkann, kommt er bestimmt hierher. Man erwartet ihn jeden Augenblick.

RICHTER: (Setzt sich, zur Diebin) Hoffentlich versucht er nicht, über die Königsbrücke zu kommen. Sie ist heute nacht in die Luft geflogen.

DIEBIN: Das ist uns bekannt. Wir haben die Explosion gehört.

RICHTER: (Wieder in theatralischem Ton. Er liest in seinem Gesetzbuch.) Also weiter. Du mißbrauchst den Schlaf der Gerechten, den Schlaf eines Augenblickes nutzt du aus, um zu plündern, zu stehlen, zu rauben, ihnen das Fell über die Ohren zu ziehen ...

DIEBIN: Nein, Herr Richter, niemals ...

SCHARFRICHTER: Soll ich? (Er schwingt die Peitsche.)

DIEBIN: (In einem Schrei) Arthur!

SCHARFRICHTER: Was fällt dir ein? Du sollst nicht mit mir spre-

chen. Antworte dem Herrn Richter. Und nenne mich Herr Scharfrichter.

DIEBIN: Ja, Herr Scharfrichter.

RICHTER: (Lesend) Ich wiederhole: Hast du gestohlen?

DIEBIN: Ja, Herr Richter.

RICHTER: (Lesend) Gut. Und nun antworte mir rasch und sage die
Wahrheit: Was hast du gestohlen?

DIEBIN: Brot, weil ich Hunger hatte.

RICHTER: (Er richtet sich auf und legt das Buch fort.) Erhaben!
Erhabene Funktion! Jetzt werde ich urteilen. Oh, meine Kleine, du
versöhnst mich mit der Welt. Richter! Ich werde Richter über deine
Taten sein. Ich wäge sie gegeneinander ab, bringe sie ins Gleichgewicht. Die Welt ist ein Apfel; ich teile ihn in zwei Hälften, die gute
und die schlechte. Und du bist einverstanden, – die schlechte zu
sein. Ich danke dir. (Zum Publikum) Vor euren Augen, mit nichts
in den Händen, mit nichts in den Taschen, schneide ich das Böse
heraus und werfe es fort. Aber es ist eine schmerzhafte Beschäftigung. Wenn ich im Ernst richte, würde mich jeder Urteilsspruch
das Leben kosten. Und darum bin ich tot. Ich bewohne das Land
der vollkommenen Freiheit. Als König der Hölle sitze ich zu Gericht, und die, über die ich richte, sind Tote wie ich. Auch sie ist
eine Tote.

DIEBIN: Sie machen mir Angst, Herr.

RICHTER: (emphatisch) Schweig! Auf dem Grunde der Hölle richte ich die Menschen, die sich dorthin wagen. Die einen ins Feuer,
die anderen in die Langeweile der Asphodelen-Felder. Minos spricht
zu dir, Diebin, Spionin, Hündin, Minos richtet dich. (Zum Scharfrichter) Zerberus?

SCHARFRICHTER: (Den Hund nachmachend) Wau! Wau!

RICHTER: Du bist schön. Und der Anblick eines neuen Opfers
macht dich noch schöner. (Er entblößt ihm die Zähne.) Zeige dein
Gebiß. Fürchterlich! Blendend weiß. (Plötzlich unruhig zur Diebin) Du hast doch nicht etwa gelogen? Du hast diese Diebstähle
doch begangen?

SCHARFRICHTER: Sie können ganz ruhig sein. Man muß sie gar
nicht erst auf den Gedanken bringen, daß sie die Diebstähle nicht

begangen hat. Ich würde sie einfach in die Enge treiben.

RICHTER: Ich bin fast glücklich. Fahre fort! Was hast du gestohlen? (Plötzlich Maschinengewehrknattern) Wird das nie aufhören? Gibt es nicht einen Augenblick Ruhe?

DIEBIN: Ich habe Ihnen doch gesagt: in den nördlichen Bezirken hat der Aufstand gesiegt.

SCHARFRICHTER: Halt das Maul!

RICHTER: (Irritiert) Willst du nun antworten? Ja oder nein? Wo hast du gestohlen? Wo? Wann? Wie? Wieviel? Warum? Für wen? – Antworte!

DIEBIN: Oft bin ich in die Häuser gegangen, wenn die Dienstmädchen fort waren. Ich stieg die Hintertreppen hinauf, stahl aus Schubladen, erbrach die Sparbüchsen der Kinder ... (Sie sucht offenbar nach Worten) Einmal habe ich mich als anständige Frau angezogen: ein mausgraues Kostüm, einen schwarzen Strohhut mit Kirschen, Schleier, schwarze Schuhe mit flachem Absatz ... Und dann bin ich ...

RICHTER: (Drängend) Wohin, wohin bist du gegangen? Wohin?

DIEBIN: Ich weiß es nicht mehr. Verzeihen Sie.

SCHARFRICHTER: Soll ich? (Er erhebt die Peitsche.)

RICHTER: Noch nicht! (Zum Mädchen) Wo bist du hingegangen? Sag es mir, wo?

DIEBIN: (Außer sich) Ich schwöre Ihnen, ich weiß es nicht mehr.

SCHARFRICHTER: Soll ich peitschen, Herr Richter, soll ich?

RICHTER: (Zum Scharfrichter, nahe an ihn herantretend) Ah, dein Vergnügen hängt von meiner Entscheidung ab. Du liebst es, zu schlagen? Du hast meinen Beifall, Henker, du strotzender Fleischhaufen, du schönes Stück Haut; mein Wink setzt dich in Bewegung. Ich kann dich berühren, Bild, ich liebe dich. Ich hätte nicht die Kraft und die Geschicklichkeit, auf ihren Rücken feuerrote Streifen zu zeichnen. Übrigens, was könnte ich mit so großer Kraft und Gewandtheit anfangen? (Er berührt ihn.) Bist du da? Bist du da, mein riesiger Arm, der zu schwer für mich ist, zu dick, zu groß für meine Schulter? Ganz allein gehst du an meiner Seite. Arm, Zentnergewicht von Fleisch, ohne dich wäre ich nichts. (Zur Diebin) Ohne dich übrigens auch nicht, meine Kleine. Ihr beide seid Teile von mir, die mich vollkommen machen ... Ah, wir sind ein hübsches Trio! (Zur Diebin) Aber du hast ein Vorrecht vor mir und auch vor ihm: Am Anfang war der Dieb. Mein Richtertum ist eine Folge deiner Diebstähle. Es genügt, daß du dich weigerst ... aber laß es dir nicht einfallen! ... daß du dich weigerst, die zu sein, die du bist – das zu sein, was du bist, – damit ich aufhöre, zu sein ... und verschwinde, verdunste, mich auflöse. Verflüchtigt. Verneint. Ergo: Das Gute entspringt aus ... Aber was ist? Weigerst du dich etwa? Du weigerst dich doch nicht, eine Diebin zu sein? Das wäre schlimm. Das wäre ein Verbrechen. Du würdest mir meine Existenz rauben. (Flehentlich) Sag mir, meine Kleine, mein Liebes, daß du dich nicht weigerst?

DIEBIN: (Kokett) Wer weiß?

RICHTER: Wie? Was sagst du da? Du weigerst dich? Sag mir noch einmal, daß du gestohlen hast.

DIEBIN: Nein.

RICHTER: Sag es! Sei nicht grausam!

DIEBIN: Ich bitte Sie, mich nicht zu duzen.

RICHTER: Gnädiges Fräulein ... gnädige Frau! Ich bitte Sie! (Er wirft sich auf die Knie.) Sehen Sie, ich flehe Sie an! Sie können mich doch nicht in dieser Stellung auf mein Richteramt hoffen lassen? Wo kämen wir hin, wenn es keine Richter gäbe? Und wo kämen wir hin, wenn es keine Diebe gäbe?

DIEBIN: (Ironisch) Und wenn es keine gibt?

RICHTER: Das wäre fürchterlich. Aber Sie werden mir das nicht antun, nicht wahr? Sie werden doch nicht so tun, als ob es keine gäbe? Versteh mich doch. Du sollst mir diese Weigerung, ein Geständnis abzulegen, vorspielen, solange du kannst und solange meine Nerven es ertragen. Du sollst mich seufzen lassen, geifern, wenn du willst, schwitzen, wiehern vor Ungeduld, kriechen ... du willst doch, daß ich krieche?

SCHARFRICHTER: (Zum Richter) Kriechen Sie!

RICHTER: Ich bin zu stolz!

SCHARFRICHTER: (Drohend) Kriechen Sie!

(Der Richter, der auf den Knien lag, streckt sich platt auf dem Boden aus und kriecht langsam auf die Diebin zu, die ebenso langsam zurückweicht.)

SCHARFRICHTER: Gut so! Weiter!

RICHTER: (Zur Diebin) Du hast recht, mich nach meinem Richteramt kriechen zu lassen, du Spitzbübin; aber es endgültig zu verweigern, wäre ein Verbrechen, du niederträchtiges, gemeines Hurenstück!

DIEBIN: Nennen Sie mich »gnädige Frau« und seien Sie höflich!

RICHTER: Bekomme ich, was ich will?

DIEBIN: (Kokett) Stehlen, das kommt teuer zu stehen.

RICHTER: Ich bezahle, was es kostet, gnädige Frau. Wenn ich nicht mehr das Gute vom Bösen scheiden dürfte, wozu wäre ich dann nütze?

Das frage ich Sie?

DIEBIN: Das frage ich mich auch.

RICHTER: (Unendlich traurig) Eben war ich noch Minos. Mein Zerberus bellte. (Zum Scharfrichter) Erinnerst du dich? (Der Scharfrichter unterbricht ihn durch Peitschenknallen.)

RICHTER: Wie grausam warst du, wie bösartig, und wie gut! Ich aber: erbarmungslos! Ich war damit beschäftigt, die Hölle mit Verdammten zu füllen, und die Gefängnisse. Gefängnisse! Gefängnisse! Gefängnisse! Kerker! Gebenedeite Orte, wo das Böse unmöglich ist, weil sie der Kreuzungspunkt des Fluches der ganzen Welt sind. Im Bösen kann man nicht Böses tun. Aber ich habe nicht den Wunsch, zu verdammen, ich möchte richten ... (Er versucht aufzustehen.)

SCHARFRICHTER: Kriechen Sie. Und machen Sie rasch, ich muß mich anziehen.

RICHTER: (Zur Diebin) Gnädige Frau! Gnädige Frau! Gestehen Sie! Ich bitte Sie darum. Ich bin bereit, Ihre Schuhe zu lecken. Aber geben Sie zu, daß Sie gestohlen haben ...

DIEBIN: (In einem Schrei) Noch nicht! Lecken! Lecken! Erst sollst du lecken!

(Die Dekoration verschwindet rechts in der Kulisse wie das vorige Bild. In der Ferne hört man Maschinengewehrknattern.)

5. Postmoderne und Gegenwart
(transgressive fiction, blank generation, Neorealismus)

Zur Einleitung dieses Kapitels bietet sich ein Eigenzitat[177] aus meiner Kurzgeschichte *Der Club der roten Lichter* an, in der eine der Hauptfiguren, der Literaturwissenschaftler Atopos, folgende These vertritt:

«Was [...] meiner Kenntnis nach nicht einmal ansatzweise gebührend berücksichtigt wurde, ist die ungeheuer starke Vernetzung der SM-Story mit der Postmoderne! [...]. Schauen Sie sich die Parallelen doch mal an: In beiden Literaturformen, in der SM-Kurzgeschichte und in Erzählformen der Postmoderne, herrscht ein Primat der Inszenierung, des Spiels, der mangelnden Authentizität. Beide Formen richten sich gegen das all die Zeit zuvor propagierte Prinzip der Mimesis. Beide Formen richten sich gegen die geforderte Vorrangigkeit des Plots, der Fabel, es gibt etwa kaum eine Entwicklung von Charakteren, statt dessen sind eher Skizzen und Meditationen vorherrschend. [...] Die SM-Story führt das postmoderne Konzept von der Destruktion des Charakters sogar insofern konsequent zuende, dass Menschen schließlich [...] zu Tieren oder gar Objekten reduziert werden [...]. Beide richten sich gegen die Forderung, eine Geschichte mit Literaturwert müsse eine Aussage, eine Moral, eine didaktische Lehre beinhalten. Beide stoßen in Erfahrungsbereiche vor, in die sich die traditionelle Literatur nie hineingewagt hat.»

Es ist sehr schwierig, ein so komplexes und vielschichtiges Phänomen wie die Postmoderne in wenigen Sätzen angemessen zu charakterisieren. Ein möglicher Ausgangspunkt wäre die These Nietzsches, der zufolge derjenige, der die Wahrheit wirklich erkennen wolle, sich gleichsam immer wieder verschiedene Augen einsetzen müsse. In dieselbe Richtung zielt Montesquieus Sentenz «Wahrheit diesseits der Pyrenäen ist Unwahrheit jenseits der Pyrenäen». Die Existenz einer allgemeinverbindlichen Wirklichkeit wird in der Postmoderne abgelehnt, alle zuvor scheinbar umfassenden und verbindlichen Glaubensgebilde von Religion, Philosophie, Wissenschaft und Ideologie gelten nur als «Metafiktionen» (Lyotard), als Versuche, einen geradezu beliebigen Sinn für das Sein willkürlich zu konstruieren. Neuste wissenschaftstheoretische Untersuchungen wie etwa Thomas Kuhns Untersuchung zum fast schon arbiträren Wechsel der Paradigmen stützen diese Theorie. Zwar gab es solche Erkenntnisse auch schon in der Moderne, aber diese Periode nahm das Fehlen eines festen Weltbildes noch als Krise wahr, während die Postmoderne darauf mit Scherz und Spiel reagiert: Ironie, Pastiche und Parodie bestehender Fiktionen und Metafiktionen sind ihre typischen Merkmale. Auch die sadomasochistische Metafiktion wird mit Vorliebe von der Postmoderne dekonstruiert, wie einige der folgenden Beispiele zeigen werden.

Die Postmoderne ist eine Ideologie extremer Toleranz und öffnet deshalb auch den normalerweise ausgegrenzten SM-Diskursen den Zugang zur Literatur. Wenn ohnehin alle Sichtweisen der ‹Wirklichkeit› nur willkürliche Fiktionen sind, dann sind sie letztlich auch alle gleichwertig. Dies gilt auch für das Gebiet der Sexualität. Es ist nicht sinnvoll, festzulegen, dass eine bestimmte Form des sexuellen Verhaltens angemessen und normal sein sollte und eine andere nicht – mit welchem Recht, auf welcher Basis? Es ist kein Zufall, dass Foucault, einer der bedeutendsten Philosophen der Postmoderne, in seinen Schriften auch grundlegende Einwände gegen die Diffamierung solcher Verhaltensweisen als ‹pervers› erhebt, ja in einem Interview mit Sylvère Lotringer (Sexual Choices, Sexual Acts) das subversive Potential des Masochismus sogar eigens hervorhebt.

Die erwähnte Toleranz der Postmoderne hebt im Übrigen auch den Unterschied von hoher und trivialer Literatur auf. «Cross the Border, Close the Gap» lautete das Postulat, das der Literaturwissenschaftler Leslie Fiedler sinnigerweise ausgerechnet in einem Interview mit der Zeitschrift *Playboy* zu diesem Thema aufstellte. Fiedler propagierte das Aufwerten vor allem dreier bislang als trivial angesehener Genres, nämlich das des Westerns, der Science-Fiction und der Pornographie. Man müsse aus diesen Genres eine neue Mythologie schaffen, eine lesbare Literatur, welche den Menschen wieder etwas zu sagen habe. Es ist bezeichnend, dass Fiedlers Postulate in Deutschland in keiner Weise rezipiert wurden.

Auch das Durchmischen verschiedener Wahrnehmungsweisen von Realität gehört zu den Kennzeichen der Postmoderne. Dies kann zum einen geschehen, wenn verschiedene Genres miteinander kombiniert werden – etwa Detektivgeschichte, Thriller, Horror, Fantasy, Soap Opera und Sitcom zu einer einzigen, amalgamierten Fernsehserie wie *Twin Peaks* –, zum anderen, wenn der postmoderne Autor Kunst und Wirklichkeit einander ständig durchdringen und die Grenzen verschwimmen lässt, zum Beispiel durch direkte Leseransprache oder indem er den Prozess des Niederschreibens in seine Geschichte einfließen lässt.

Als letzter im sadomasochistischen Zusammenhang relevanter Aspekt der Postmoderne sei das ‹Leben im Zitat› genannt, was das zuvor erwähnte Verschwimmen von Kunst und Realität betrifft. Die postmoderne Welt ist so von Bildern und Klischees, von einer Unzahl medialer Versatzstücke überschwemmt, dass das wirkliche Leben selbst nur noch wie eine Erweiterung dieser Mediendiskurse erscheint. Wann immer man etwa über die Liebe sprechen will, ist es so gut wie unmöglich, etwas wirklich Neues zu denken, zu sagen oder wahrzunehmen und nicht auf die vorgeprägten Worte und Strukturen von Tausenden von Dichtern, Regisseuren oder Schlagersängern zurückzugreifen. Die gesamte Wirklichkeit ist nur noch Zitat. Besonders trifft dieses aber auf die sadomasochistische Inszenierung zu, die sich fast unweigerlich historisch oder literarisch bereits vorhandener Muster von Herr/in-Sklave/in bedienen muss.

Es gibt Theoretiker, die die Postmoderne weniger als eine zeitlich festgelegte Epoche betrachten, sondern sie mehr als eine bestimmte Vorgehensweise im Verfassen und Rezipieren von Texten verstehen. Texte, welche die oben beschriebenen Techniken einsetzen, würden demzufolge als postmodern gelten. In Fieldings *Tom Jones* etwa, einem der ersten Romane der Weltliteratur überhaupt, sagt eine der Figuren sinngemäß: «Wir kommen jetzt gleich bei dem

Brunnen vorbei, in den ich in einem späteren Kapitel hineinfallen werde», was eine typisch postmoderne Verspieltheit ist. Insofern ist es interessant, dass auch Sacher-Masochs *Venus im Pelz* als ein Paradebeispiel der Postmoderne gelten könnte.

Im Laufe von Masochs gesamter Erzählung, besonders deutlich auf den Seiten, die in der vorliegenden Anthologie im Kapitel zur Décadence abgedruckt sind, geht es um ein ständiges Changieren der Wahrnehmung von Wirklichkeit: Erscheint Wanda eben noch als grausame Herrin, so kippt diese Betrachtungsweise plötzlich, als Wanda behauptet, sie inszeniere sich nur als sadistisch, um dadurch Severins erotische Sehnsüchte zu erfüllen, nur um dies im nächsten Moment zurückzunehmen und zu argumentieren, sie habe dies nur gesagt, um ihn zu foppen und dadurch noch mehr zu quälen.

Der Leser muss seine Interpretation des Geschehenden ständig neu ausrichten, bis er völlig daran verzweifelt und sich weigert, permanent zwischen den beiden Deutungsweisen hin- und herzuwechseln. Obwohl sie einander widersprechen, haben beide als gleichermaßen wahr zu gelten. Wenn die literarische Figur Wanda tatsächlich existieren würde, wüsste sie vermutlich selbst nicht einmal, welche Interpretation die ‹richtige› ist, würde man sie danach fragen. Auch andere Elemente des Masochschen Romans sind typisch für die Postmoderne, etwa die Häufung von intertextuellen Verweisen und das Motiv der Verwandlung von Kunst in Leben und umgekehrt: Die steinerne Venus erscheint als lebendiges Wesen, dafür wird die lebende Wanda zu einem Artefakt der masochschen Unterwerfungsphantasien stilisiert.

Aus den erwähnten Gründen ist der Übergang von der hohen Zeit der Postmoderne zur Gegenwartsliteratur äußerst fließend. Eine Trennung lässt sich schon deswegen nicht durchführen, weil auch die Texte des neuen Jahrtausends ausgesprochen häufig von postmodernen Elementen und Techniken durchdrungen sind.

Ohne Zweifel nimmt auch in der gegenwärtigen Literaturepoche die sadomasochistische Literatur wachsenden Raum ein. Dies ist zunächst einmal den Nachwirkungen der sexuellen Revolution in den 1960er Jahren zu verdanken, die es möglich machte, dass über vormals tabuisierte Dinge wesentlich offener gesprochen und geschrieben werden konnte. Es dauerte einige Jahrzehnte, bis auch sadomasochistische Phantasien und Begierden in den Genuss dieser neuen Freiheit kamen, aber schließlich kam es auch hier zu einer Emanzipationsbewegung, die dem Vorbild der Homosexuellen folgte.

So sieht der Sexualwissenschaftler Gunter Schmidt in seinem Buch *Das Verschwinden der Sexualmoral*[178] einen neuen Umbruch der Wahrnehmung von Sexualität in dem Sinne voraus, dass Phänomene wie Homosexualität, Heterosexualität etc. immer weniger Fragen der sexuellen Identität, sondern Fragen des aktuellen sexuellen Verhaltens würden. Man ist in dieser Sicht nicht mehr festgelegt auf eine bestimmte Identität, beispielsweise Sadomasochist oder ‹Stino›[179], sondern verhält sich in einer bestimmten Situation gegenüber einem bestimmten Partner auf eine jeweils eigene Art und Weise. Es gibt keine unveränderlich festen Konzepte der sexuellen Orientierung mehr, sondern eine von der Postmoderne beeinflusste Offenheit gegenüber allen Optionen. Der Mythos der Monosexualität – entweder homo oder hetero oder bi – werde dekonstruiert hin zu immer neuen sexuellen Orientierungen wie z. B. ambi-, multi-, poli-, oder nonsexuell.[180] Dementsprechend gibt es auch keine übergreifende Sexualmoral mehr, die über eine konkrete Verhandlungsmoral zwischen zwei Partnern hinausgeht.[181] Sollte sich diese Wahrnehmungsweise durchsetzen, hätte auch der Sadomasochismus früher oder später den Ruch des Perversen, aber damit auch den Reiz der literarischen Avantgarde verloren.

Diese Entwicklung schien in den neunziger Jahren stattzufinden: Sichtbarstes Kennzeichen hierfür war, dass verschiedene Symbole und Requisiten der sadomasochistischen Subkultur vom Mainstream übernommen wurden. Wegbereitend war hierfür 1992 die internationale Fashion-Branche, als Modeschöpfer wie Gianni Versace, Betsey Johnson und Jean-Paul Gautier mit harnessähnlichen Bodys, Hundehalsbändern und Lederkleidung den Domina-Look gesellschaftsfähig machten. Fetisch-Ikonen wie Emma Peel und die Fotografien Helmut Newtons verstärkten diesen Trend. Dieser verblieb jedoch auf der Ebene des reinen verfremdenden Zitats, ohne dass tatsächlich eine kulturelle Öffnung für die Lebenswelt der sadomasochistischen Minderheit stattfand. Zwar gelang es auch hierzulande einzelnen Szenemitgliedern wie etwa Redaktionsmitgliedern der führenden Szene-Zeitschrift *Schlagzeilen* in dokumentatorischen Fernsehsendungen wie *Unter deutschen Dächern* und diversen Talkshows aufzutreten. Grund dafür war in erster Linie der Fall des staatlichen Rundfunk- und Fernsehmonopols am 1. April 1984 und damit der Aufstieg diverser Privatsender, die die Tabus der Öffentlich-Rechtlichen ignorierten und den Sadomasochismus zum Thema machten. Allerdings gelangten eben die erwähnten *Schlagzeilen*-Redakteure zum Jahrtausendwechsel rückblickend zu dem Schluss, dass sich trotz allem an der Oberflächlichkeit und Sachfremdheit, mit der die SM-Szene in den Medien behandelt wurde, wenig geändert habe. Sadomasochisten würden immer noch wie erschreckende Absonderlichkeiten in einer Freak-Show vorgeführt – eine informative, objektive, einfühlsame Auseinandersetzung geschehe gerade nicht. Stattdessen borgte sich der kulturelle Mainstream das Zeicheninventar des Sadomasochismus lediglich für eigene Zwecke aus, beispielsweise für Werbeplakate etwa der Zigarettensorten ‹Camel› oder ‹West›. Als die *Schlagzeilen* sich bei einer solchen Firma anboten, deren ‹Camel›-Reklame – das Bild eines mit Lackstiefeln, Maske und anderen Accessoires wie eine Domina ausstaffierten Kamels – kostenlos in ihrem Magazin aufzunehmen, ging die angesprochene Firma auf Abstand und verweigerte sich dieser Idee, als ob sie eine Art Kontamination ihrer Marke befürchtete.

Ein ähnliches Erlebnis hatte ich selbst, als ich bei der Arbeit an meinem *SM-Lexikon*[182] mit einem Magazin für Mode und Zeitgeist Kontakt aufnahm, weil dieses in seiner Erstausgabe eine Fotostrecke von erotischen Fesselungen und Demutsposen in Verbindung mit Goldschmuck und anderen edlen Accessoires präsentierte. Die Redaktion des Magazins sandte mir auf meine Bitte um entsprechendes Bildmaterial zwar eine Ausgabe zu, dies jedoch mit Nachdruck nur «zu persönlichen Zwecken». Von einer Reproduktion der Fotos bat man mich Abstand zu nehmen, weil mehrere Hersteller der solchermaßen in Szene gesetzten Accessoires offenbar schon bei den Shootings Besorgnis und Berührungsängste im Zusammenhang mit SM gezeigt hatten. Nach solchen Erfahrungen argumentieren manche Kritiker, dass sich der Mainstream der sadomasochistischen Subkultur nur zum Schein geöffnet habe, um ihre erotische Symbolik und ihr Zeicheninventar zu plündern, und dass selbst dies nur zum Preis einer enormen Trivialisierung der sadomasochistischen Befindlichkeiten geschehe.

An dieser Stelle mag sich literaturanalytisch ein Rückgriff auf Stefano Tanis Analyse zum Detektivroman, *The Doomed Detective*[183], als hilfreich erweisen. Darin begründete Tani die These, dass sich literarische Genres in einer Art Schaukel- und Kippbewegung zwischen dem Trivialen und dem literarisch Anspruchsvollen bewegen. Ein bestimmtes Genre setzt beispielsweise auf einer hohen Stufe ein und wird im Folgenden so stark kopiert und dabei immer weiter verflacht, bis eine radikale Gegenbewegung auf einer neuen Niveaustufe einsetzt. Die Detektiverzählung begann etwa mit den Werken von Literaten wie E.T.A. Hoffmann: *Das Fräulein von Scuderi*, und Edgar Allan Poe: *The Murders in the Rue Morgue* und andere, verflachte zur fast völlig substanzlosen Schwundstufe des Agatha-Christie-Rätselkrimis, dieser wurde von Chandlers und Hammetts Hard-boiled-School abgelöst und auf ein neues Niveau gehoben, welches mit Actionreißern von Mickey Spillane etc. wieder verflachte, woraufhin die postmoderne Detektivgeschichte – Auster, Pynchon, Eco u. a. – ein neues, geradezu philosophisches Niveau erreichte.

Ähnlich könnte es sich mit der sadomasochistischen Erzählform verhalten. Ungeachtet dessen, dass für die vorliegende Anthologie bewusst nur die literarisch hoch stehenden Beispiele ausgesondert wurden, ist momentan wohl nicht zu bestreiten, dass sich die breite Masse der sadomasochistischen Erzähltexte momentan auf dem

Niveau exploitativer, also kommerziell ausbeutender Billigpornographie befindet. Offenbar benötigt ein solches Buch heutzutage nicht mehr als den Kitzel einer sexuellen Spielart, die noch irgendwie ‹anrüchig›, ‹gewagt› und ‹verboten› wirkt, ohne jedoch wirklich noch als ‹abartig›, ‹verstörend› oder ‹pervers› zu gelten, um von einer breiten Leserschaft gekauft zu werden. Möglicherweise aber sind SM-Geschichten irgendwann derart stark in den Mainstream hineindiffundiert, dass es zu einer der von Tani festgestellten Kippbewegungen kommen wird. SM-Erotika könnten dann zum Beispiel viel stärker mit Inhalt, Substanz, Aussage, ungewöhnlichen Perspektiven – oder was immer man sonst als Bewertungskriterien von Literatur anlegt – gefüllt werden, statt lediglich auf sexueller Ebene anregend zu sein.

Ein weiterer Faktor, der für das erwachte bzw. verstärkte SM-Interesse in unserer heutigen Literatur verantwortlich sein könnte, ist eine neue moralische Orientierungslosigkeit zum Ende des letzten Jahrtausends – mithin ein neuer Fin de Siècle –, die heute noch anhält. Ob man in diesem Zusammenhang von einer zweiten Décadence sprechen kann und wenn ja, diese übergroßer sexueller Freizügigkeit zu verdanken ist, einer Krise der Religionen, einer Phase auf Ausbeutung beruhender, entmoralisierter Wirtschafts- und Menschenrechtspolitik der konservativen Parteien, einem verantwortungslosen Werteverlust linker Parteien oder welchen anderen Umständen auch immer, das werden Literaturwissenschaftler künftiger Epochen zu beurteilen haben.

Der generelle Eindruck, dass das Leben in den westlichen Gesellschaften immer kälter und brutaler wird, spiegelte sich zuerst in den Werken bestimmter Schriftsteller der USA wider, die den selbstverliebten textuellen Experimenten der Postmoderne zugunsten eines neuen, düsteren Realismus' den Rücken kehrten. Während sich die deutschen Autoren noch immer in pseudointellektuellen Masturbationen wälzten – in Frenzels *Daten deutscher Dichtung*[184] ist bei der Literatur der Achtzigerjahre nicht von Handlung und Geschehen die Rede, sondern von «Erwägungen», «Meditationen», «Niederschriften», «Bewusstseinsverläufen», «Erkundungen», «Skizzen»: eine in den eigenen Endlosreflexionen verlorene Stasis –, widmeten sich die meist aus der Underground-Literatur hervorgegangenen US-Schriftsteller bereits den dunklen Seiten des Alltagslebens und der seelischen Krise der arbeitenden Bevölkerung in einer immer gnadenloser werdenden Welt. Zu diesen Autoren werden neben Catherine Texier, Mary Gaitskill und Hubert Selby etwa Tama Janowitz, Jay McInerney und Patrick Grath gerechnet. Die von ihnen vertretene Richtung wurde mit sprechenden Namen wie ‹brat-pack›, ‹Downtown›, oder ‹Post Punk› belegt – etabliert hat sich schließlich ‹blank generation›. Ihre radikale Kritik an der Welt, in der sie lebten, attackierte nicht nur Konsumterror und Medienüberflutung, sondern auch eine immer dunkler werdende Erotik. Zu ihren Themen zählte der Krieg zwischen den Geschlechtern, die immer deutlicher zutage tretende Verbindung des Sexuellen mit dem Finanziellen, schließlich die Verknüpfung von Eros und Tod angesichts der Lustseuche Aids. Gleichzeitig erkämpften sich sexuelle Minderheiten ihren Platz im Rampenlicht. Sadomasochismus konnte in dieser Literatur nicht lange fernbleiben, sei es als Lebensgefühl oder als Metapher.

Dabei war es sehr hilfreich, dass ein Ansatz, der in der Postmoderne erstmals formuliert und umgesetzt wurde, nämlich die These der Gleichberechtigung von hoher und trivialer Literatur, hier schon als gegeben vorausgesetzt werden konnte. Genauso wie die erwähnten Autoren in ihrem Tagesablauf in willkürlichem Wechsel hoher Literatur, Pornographie, MTV-Videos und Filmen unterschiedlichsten Gehaltes ausgesetzt waren, so spiegelte sich dieses Potpourri auch in ihren Werken wider. Ebenso hatte man von der Postmoderne gelernt, auf die fiktionalen Konstrukte erzählender Literatur zu verzichten, die letztlich doch nur unlogisch und wenig realistisch waren. Ein künstlich arrangiertes Ende, womöglich noch mit einer bestimmten Moral, wurde als lebensfern entlarvt; stattdessen begannen und endeten die Geschichten im Nebel. Auch das erlaubte das Einbringen von Themen wie Dominanz und Unterwerfung, weil man sich als Autor und Leser dabei einer Stellungnahme und Wertung völlig enthalten konnte.

Man kann unter diesen Umständen geradezu von der Herausbildung eines eigenen literarischen Genres sprechen, der ‹transgressive fiction›[185]. So lautet auch der Titel eines Artikels von James Gardner zu diesem Thema.[186] Gardner definiert transgressive, also ‹überschreitende›, ‹verletzende› Literatur als eine, die gewaltsam das Zentrum der bestehenden Kultur attackiert und sich selbst als unmoralisch, schmerzhaft und entwürdigend darstellt. Als historische Beispiele nennt er Euripides' *Bacchae*, Marlowe, Webster, de Sade, Huysmans und Céline, ebenso Byron, Wilde und die Surrealisten. Interessant sei laut Gardner, dass sich subversive und affirmative Epochen in der Literaturgeschichte immer gegenseitig abgelöst hätten – so ist die Romantik etwa eingebettet zwischen Klassik und Biedermeier – und nur in unserer Gegenwart die beiden Stränge nebeneinander bestünden. Als typische transgressive Autoren und Werke unserer Zeit führt Gardner Susanna Moores *In the Cut*, A. M. Homes *The End of Alice*, Dennis Coopers *Try*, David Foster Wallaces *Infinite Jest* und Bret Easton Ellis' *American Psycho* auf. Man könnte Kurzgeschichtensammlungen wie Scholder und Silverbergs *High Risk. An Anthology of Forbidden Writings*[187] oder M. Marks *Disorderly Conduct*[188] hinzufügen.

Der Tabubruch, zum Teil als Element der Selbstinszenierung, dringt dabei mehr und mehr in den auch außerliterarischen Mainstream vor, so etwa in die Popmusik. Sadomasochistische Inhalte tauchen in den Texten sehr unterschiedlicher Künstler auf, beispielsweise bei den Ärzten: ‹Bitte, bitte›, Madonna: ‹Hanky panky›, Marius Müller-Westernhagen: ‹Sexy›, Depeche Mode: ‹Master and Servant›, LaToya Jackson: ‹Submission›, Rammstein: ‹Bestrafe mich›, ‹Bück dich›, den Cardigans: ‹Step on Me› oder Torch: ‹Blauer Samt›. Dabei wird der Tabubruch inzwischen gar nicht mehr in allen Fällen als solcher erfahren. Mit der RTL-Serie *Hinter Gittern – Der Frauenknast* ist ein einstiges SM-Subgenre[189], dessen sadomasochistische Inszenierungen in einzelnen Szenen und Dialogpassagen noch klar erkennbar sind, 1997 problemlos ins deutsche Hauptabendprogramm gelangt und dort ein volles Jahrzehnt sehr erfolgreich gelaufen.

Während die US-Amerikaner mit ihrer ‹transgressive fiction› die Literatur erneuerten, blieb es in Deutschland lange bei der erwähnten textuellen Autoerotik. Zwar gelang es deutschen Autoren in den neunziger Jahren und danach ihre Position in den Bestsellerlisten zurückzuerobern, allerdings darf ein literaturgeschichtlich bleibender Wert von Büchern etwa Hera Linds, Benjamin von Stuckrad-Barres und Andreas Eschbachs als umstritten gelten. Möglicherweise ist es kein Zufall, wenn etwa Harald Hartung in seiner Buchrezension *Rückwärts wider den Sonnabend*[190] Ernst-Wilhelm Händlers *Der Kongreß*[191] vor allem hinsichtlich zweier Dinge lobte: erstens, weil sich Händler «als ein Meister von kalt und virtuos vorgeführten sadomasochistischen Szenen» erweise, und zweitens weil der Autor «sich nicht mit weniger zufrieden (gebe) als dem Versuch, die Tradition des großen Romanexperiments fortzusetzen.»

Nach den Auswirkungen der sexuellen Befreiung einerseits und einem allgemeinen moralischen Orientierungsverlust andererseits gibt es einen dritten wesentlichen Einfluss auf die stärkere Ausprägung der sadomasochistischen Erzählliteratur: ein fortschreitendes Erstarken der Frauenbewegung. Insbesondere in den USA herrschte eine sadomasochistische Erotik vor allem in feministisch geprägten Romanen vor – sehr zum Erstaunen derjenigen, die erwartet hatten, dass wenn Frauen mehr in Sachen Sexualität zu bestimmen hätten, diese Sexualität zärtlicher und gleichberechtigter empfunden und dargestellt werden würde. SM-Elemente fanden sich nun bei einer solchen Unzahl von Autorinnen, dass man sie unmöglich alle aufzählen kann: Laura Kasischke, Sapphire, Jenny Diski, die Reagan-Tochter Patty Davis, Anne Rice und Karen Moline sind nur einige wenige Beispiele. Oft allerdings kehrte bei diesen Autorinnen der alte Puritanismus durch die Hintertür wieder zurück, indem die sadomasochistische Sexualität bei den weiblichen Figuren als Produkt eines frühkindlichen Traumas erklärt und bei den männlichen Figuren als Variante eines gewalttätigen Frauenhasses dargestellt wurde. SM-Sex war noch immer mindestens zweifelhaft, und Sündenbock war letztlich jedes Mal der Mann. Dagegen galt im Mainstream der US-Kultur immer noch die Sexualität der Frau als bedrohlich: Der Archetyp der Femme fatale war inzwischen, oft ins Groteske übersteigert, von der Literatur in dominantere Medien wie Film und Comic gelangt. Michael Douglas' Verderben bringende Filmpartnerinnen von Glenn Close über Kathleen Turner und Sharon Stone bis zu Demi Moore waren immer für einen Kassenschlager gut. Und im Superhelden-Streifen *Batman und Robin* (1997) fragte sich der Fledermausmensch in der Konfrontation mit Poison Ivy verstört: «Wieso sind die aufregendsten Frauen alle psychopathische Killer? Liegt das an mir?»

Das erstarkende Selbstbewusstsein der Frauen erwies sich spätestens zur Jahrtausendwende immer mehr als ein zweischneidiges Schwert, denn allzu oft war damit ein Herabsetzen des männlichen Geschlechts verbunden. So sahen Matthias Horx und sein Trendbüro im *Trendbuch 2. Megatrends für die Neunziger Jahre*[192], genauer gesagt im Kapitel *Die Rache der Frauen*[193], «die Zeit der gedemütigten Männer angebrochen»[194]. Ein vom Trendbüro vorgenommenes Scanning der großen Frauenzeitschriften erwies die Konstruktion einer Welt, in der Männer nur noch als unsensible Idioten oder als reine Lustobjekte vorkamen. Typische Artikelüberschriften waren: ‹Keine Gnade mit schwachen Männern›, ‹Ego-Vorsätze – wie werde ich ein Biest› (*Petra*) oder ‹Wie man den Willen der Männer bricht, ohne eine Erektion zu riskieren› (*Journal Frankfurt*). Als typisch für die Reduktion des Mannes auf ein beliebig benutzbares Objekt befand das Trendbüro auch eine Passage aus der Stadtillustrierten *Prinz*: «Für hundert Mark macht mir Bernd das Objekt. Er wird nackig meine Wohnung putzen, ich sitze da, esse Käsebrot und schau, wie das Objekt putzt. Es spült mein Geschirr. Dann wedelt es mit dem Wedel, und sein Gemächt wackelt im Takt.»[195]

Der Publizist Albert Sellner stellt in einem Gutachten für das Trendbüro fest, dass im Geschlechterkampf «in Wahrheit nicht die Gleichheit, sondern die Herrschaft» im Vordergrund stehe.[196] «In vier verschiedenen Werbefilmen konnte man im Januar 1995 kratzbürstige Frauen betrachten, die Männer ohrfeigen. Unterwerfungs-Szenen zogen sich zu diesem Zeitpunkt durch viele Print-Kampagnen: Frauen, die Männern Stiefel ins Genick setzen oder sie zureiten wie zu zähmende Wildpferde.»[197] Es entstünde für die Frauen eine neue «hedonistische Erotik»[198], der gemäß Männer angemacht, in Gebrauch genommen und fallen gelassen werden können. Dieser Trend sollte sich in der Reklame der kommenden Jahre sogar noch verstärken.

In diesem Zusammenhang folgerte das *Trendbuch*: «Wir können [...] den Sadomasochismus mit gutem Grund als die große sexuelle Bewegung der Neunziger definieren. [...] Das Machtverhältnis zwischen Mann und Frau, das allerorten in Unordnung geraten ist, kann hier ausgespielt werden. Sex ist immer auch eine Machtfrage. Letztlich sind die SM-Rituale Bewältigungen einer Angst der Geschlechter voreinander.»[199] Das Auftauchen immer neuer Magazine mit Titeln wie *Fascist Femmes*, *Female Domination* oder *Satan in Heels* sei kein Zufall. Aus der Emanzipationsbewegung der Frau entwickelte sich in den neunziger Jahren ein «Bösekult»[200] und ein verantwortungsloses Girlietum. Unterfüttert wurde dies durch fragwürdige Botschaften auf dem deutschen Buchmarkt, die rasch zu Bestsellern wurden, zum einen in der Form von Ratgebern wie Ute Ehrhards *Gute Mädchen kommen in den Himmel, böse kommen überall hin* sowie *Und jeden Tag ein bißchen böser*, in denen sozialschädigendes Verhalten Frauen angepriesen wurde – hier könnte man zahlreiche weitere Bücher anderer Autorinnen anfügen –, zum anderen in ‹feministischen Thrillern›, die das serienweise Ermorden unsympathischer Männer glorifizierten. Susanne Deitmer: *Bye-bye Bruno*, *Auch brave Mädchen tun es*, Helen Zahavi: *Schmutziges Wochenende* und Ulla Hahn: *Ein Mann im Haus* sind nur einige Beispiele.

Dass diese Botschaften für die Generation, die mit ihnen aufwuchs, nicht ohne Wirkung blieben, konnten zu Beginn unseres Jahrtausends Sozialforscher unter Jugendlichen feststellen: Die Mädchen übertreffen dort inzwischen mancherorts die Brutalität der Jungen, ihren Schlägen folgen oft Folter und sexuelle Demütigung. Die Sozialpädagogin Michaela Brockmann kommt zu dem Schluss: «Irgendetwas ist schiefgegangen im Prozess der Emanzipation.»[201] Was genau sich hier abspielte, wird bereits in mehreren Büchern analysiert.[202]

Dass als Schattenseite der immer stärker um sich greifenden Frauenbewegung immer mehr Männer benachteiligt und abgewertet werden, führte in den letzten Jahren nicht nur international zum Entstehen von immer neuen Männerrechtsgruppen – wie etwa die deutsche Gruppe MANNdat e.V., im Internet unter www.manndat.de –, inzwischen wird diese negative Entwicklung zunehmend auch von Feministinnen erkannt.[203] Der Geschlechterkampf, der bislang stets den idealen Nährboden für tief gehende SM-Literatur bildete, ist somit in einem völlig neuartigen Stadium, einer bislang unbekannten historischen Situation angelangt: Mittlerweile sind es die Männer, die um ihre Gleichberechtigung kämpfen müssen.

Zusammengenommen könnten diese Entwicklungen bedeuten, dass sich auch die sadomasochistische Literatur auf eine neue Phase zubewegt: weg vom Erbe der Romantik, hin zu einer Form, die man als ‹Sadomasochistischen Realismus› bezeichnen könnte. Wie ich in den vorhergehenden Kapiteln eingehend ausgeführt habe, war etwa die Femme fatale immer eine angstbesetzte Phantasie(!) des Mannes, ihre dämonische und zerstörerische Kraft hatte keinerlei Grundlage mit der im Bürgertum tatsächlich immer noch in vielen Aspekten unterdrückten Frau. Dies scheint sich im Zeitalter der Post-Emanzipation drastisch zu ändern. Heute könnten sadomasochistische Texte ein Vehikel darstellen, die veränderte Wirklichkeitserfahrung von Frauen und Männern zu thematisieren.

Dieser Schritt wurde allerdings in den letzten Jahren nicht vollzogen. Einer Flut von Trivialtexten mit sadomasochistischer Erotik stehen derzeit keine Romane mit SM-Elementen gegenüber, die von einem Autor vom Range einer Jelinek oder eines Ellis stammen. Insofern muss dieses Kapitel zur ‹Gegenwart› mit Erzähltexten aus den Achtziger- und Neunzigerjahren des letzten Jahrhunderts enden.

Leider waren Rechte – selbst für das auszugsweise Zitieren von Texten der jüngsten Vergangenheit und Gegenwart – von den Verlagen nur schwer bis gar nicht zu erhalten. Groteskerweise ist es deshalb unmöglich, selbst wenige Seiten eines Werkes, das in

Deutschland seit Jahrzehnten nicht mehr erscheint, etwa Mary Gaitskills *Schlechter Umgang*, zur wissenschaftlichen Illustration zu verwenden. Wir können deshalb die meisten für dieses Kapitel relevanten Werke leider nur abstrakt und ohne anschaulichen Textauszug erwähnen. Ich kann allen Interessierten hier nur empfehlen, sich beispielsweise über eine Bibliothek, nötigenfalls per Fernleihe, die entsprechenden Werke im Original zu besorgen:

- Die Handlung von Angela Carters *The Infernal Desire Machines of Doctor Hoffman*[204] (1972) lässt sich folgendermaßen grob zusammenfassen: In einer nach den Gesetzen von Logik und Ratio wohlgeordneten Stadt bricht, ausgelöst durch Doktor Hoffmans diabolische Experimente, das Chaos aus. Traum und Realität durchdringen einander und werden ununterscheidbar. Im Auftrag des Ministers für Definition und in Begleitung von Hoffmans schöner Tochter Albertina macht sich der junge Desiderio auf die Suche nach dem Schloss des Doktors. Er findet es nach einigen absonderlichen Abenteuern; dort kommt es zur finalen Auseinandersetzung.

Die Genre- bzw. Epochenzuordnung von Carters Roman ist nicht ganz einfach. Die Vermischung zweier konträrer Welten und Paradigmen, der logisch-rationalistischen Realität und der traumlogischen, grenzenlosen Phantasie des ‹anything goes› spricht ebenso für eine Zugehörigkeit zur Postmoderne wie die vielen intertextuellen Verweise – etwa wenn das Schloss des Doktors mit de Sades Château von Silling assoziiert wird, oder Desiderio einen Zettel mit einem Zitat de Sades in seinem Anzug findet[205]. Der renommierte englische Literaturwissenschaftler Malcolm Bradbury empfindet Carters Buch wegen seiner Durchmischung von Märchen, Traum und Magie mit einer sozialen, historischen Erzählweise als repräsentativ für den Magischen Realismus im Sinne von Márquez, Rushdie oder Kundera – was kein Widerspruch wäre, wenn man den Magischen Realismus als Variante der Postmoderne begreifen möchte. Aber vielleicht ist es am sinnvollsten, die Desire Machines als ein Werk der Neomoderne zu verstehen, da es sich eindeutig Techniken vom Beginn des 20. Jahrhunderts bedient. Susan Rubin

Suleiman erkennt in ihrem Aufsatz *The Fate of the Surrealist Imagination in the Society of the Spectacle*[206] einen deutlichen Einfluss des Surrealismus auf Carters Werk, wie er ja für viele Autorinnen der feministischen Postmoderne typisch sei[207]. Tatsächlich springt diese surrealistische Erzählweise schon bei einem ersten Überfliegen des Romans ins Auge; mit entsprechendem Hintergrundwissen erkennt man, dass viele intertextuelle Verweise auf Surrealisten wie Dalí, Magritte, Delvaux, Ernst und Duchamp Rekurs nehmen[208].

Die Nähe des Surrealismus zum Sadomasochismus wird im Rahmen der vorliegenden Anthologie an anderen Stellen erläutert. Interessant ist aber auch die Nähe der *Traummaschinen* zu einer anderen sadomasochistischen Epoche: der Romantik. Eine Parallele liegt etwa in der herausragenden Bedeutung des Traumes, eine andere ist schon im Namen des Antagonisten impliziert: Doktor Hoffman assoziiert natürlich E.T.A. Hoffmann, dessen sadomasochistische Texte hier in einem eigenen Kapitel diskutiert werden. Suleiman sieht in der Handlungsstruktur sogar eine Parallele zwischen Carters Roman und den bekanntesten Erzählungen E.T.A. Hoffmanns, etwa *Rat Krespel* oder *Sandmann*, in welchen ein mächtiger Vater mit übernatürlicher Kraft seine wunderschöne, aber tödliche Tochter auf quälende Weise gerade so außerhalb der Reichweite eines begehrenden jungen Mannes hält[209]. Wie bereits ausgeführt, fallen in der späteren Entwicklung der sadomasochistischen Erzählweise der übermenschlich machtvolle Vater und die begehrenswert tödliche Tochter zu einer einzigen Person, der Femme fatale, zusammen.

Wesentlich offensichtlicher sadomasochistisch sind aber die episodischen Abenteuer, die Desiderio und Albertina auf ihrem Weg zu Doktor Hoffmans Schloss durchleben. Unter anderem sind sie Gäste des ‹House of Anonymity›, das mit seinen in den entwürdigendsten Stellungen gefangen gehaltenen Prostituierten stark an Romane wie de Sades *Justine* oder Réages *L'histoire d'O* erinnert[210]. Die Helden geraten in die Gesellschaft sadomasochistischer Zentauren, deren Frauen «über und über tätowiert (waren), auch im Gesicht, um sie mehr Schmerzen leiden zu lassen, da sie glaubten, Frauen würden nur geboren, um zu leiden»[211]. Suleiman argumentiert, Carter zeige deshalb die Frau als leidendes Opfer in den verschiedensten Gesellschaftsstrukturen, um aufzuzeigen, dass Sexismus nicht an bestimmte Epochen, Länder oder Kulturen gebunden sei[212]. Tatsächlich stellt Angela Carter in ihrem essayistischen Werk *The Sadeian Woman*[213] die These von einer moralischen Form der Pornographie auf, die sich darin konstituiere, dass sie etwa die soziale Erniedrigung der Frau bewusst thematisiere[214]: «A moral pornographer might use pornography as a critique of current relations between the sexes. [...] Such a pornographer would not be the enemy of women, perhaps because he might begin to penetrate to the heart of the contempt for women that distorts our culture even as he entered the realms of true obscenity as he describes it»[215]. So erinnert die zentaurische Ideologie von der zum Leiden geschaffenen Frau an ähnliche Ideologeme unserer Kultur über den angeblichen weiblichen Masochismus, denen in verschiedenen feministischen Büchern – u. a. *Leide-Unlust* und *Frauen sind keine Masochisten* – entschieden widersprochen wurde. Eine weitere Stelle, in der Carter SM-Pornographie mit moralischer Intention einsetzt, ist die Szene, in der Albertina von allen männlichen Zentauren nacheinander vergewaltigt und danach zur Arbeit auf dem Feld gezwungen wird. Da Desiderio vor kurzem eine Gruppenvergewaltigung durch neun marokkanische Akrobaten durchleiden musste, kann er die Qualen seiner Geliebten sehr gut nachempfinden und so auch dem Leser begreiflich machen.

Als Desiderio und Albertina schlussendlich zu Hoffmans Schloss vorstoßen, finden sie dort Dutzende, völlig nackt in ihren Käfigen gehaltene Kopulierende vor, mit deren erotischen Energien der Doktor seine ‹desire machines› antreibt. Hoffmans Ziel ist es, durch die Kraft der so entstandenen Träume die eingrenzende Dominanz einer unmenschlich kalten Rationalität aufzubrechen.

Suleiman diskutiert in ihrem Aufsatz, ob Hoffmans ‹Liebeskäfige› als Zustimmung oder als ablehnende Entgegnung gegenüber den Theorien Reichs und Marcuses im Rahmen der sexuellen Befreiung in den sechziger Jahren zu verstehen sind. Einerseits wirkt Hoffman wie die letzte Übersteigerung des bürgerlichen Kapitalisten, der selbst sexuelles Treiben noch als eine Form von Arbeit ausbeutet, andererseits könnte diese Szene insofern eine Kritik Carters an dem ihrem Roman vorhergehenden Jahrzehnt darstellen, als Hoffman letztlich eine Befreiungsideologie propagiert, sich zu deren Durchsetzung aber des Systems der Sklavenhaltung bedient[216]. Hier sind wohl beide Interpretationen möglich.

- Wenn Joyce' *Ulysses* das große Meisterwerk der Moderne ist, dann lässt sich dasselbe über Thomas Pynchons *Gravity's Rainbow*[217] (1973) für die Postmoderne sagen. Vor dem Hintergrund der deutschen Raketenangriffe auf London im Zweiten Weltkrieg entfaltet sich ein kaum überschaubares Geflecht an Handlungssträngen. Es gibt einige Literaturwissenschaftler, die diesen Roman ausschließlich für Universitätsprofessoren für lesbar halten.

Eine der spektakulärsten Szenen dieses Mammutwerkes schildert General Puddings rituelle Demütigung zu Füßen der niederländischen Sadomasochistin Katje Borgesius. Puddings vor dem Ritual notwendiger Durchmarsch durch die sieben Vorzimmer wird mal als Vordringen des Gralsuchenden durch die ‹Chapel Perilous› in der mittelalterlichen Questenromantik, mal als Durchschreiten der Vorkammern des göttlichen Thrones in Isaaks Vision kurz vor seinem Opfervollzug gedeutet. Einig ist man sich in der Interpretation der in den Vorzimmern zu Puddings Erregungssteigerung ausgelegten Objekte, die als intertextuelle Verweise auf Severin, Krafft-Ebing oder Malakkastöckchen fungieren – letere werden in Malaysia aus Rattanpalmen hergestellt und in Fu-Manchu-Filmen als Symbole von Disziplin, Autorität und Macht verwendet. Die Rolle der Domina Nocturna, die Katje einnimmt, basiert wohl auf einer frühen Fassung der *Frau Holle* der Brüder Grimm, in der Frau Holles elfisch-dämonische Dienerinnen, die in Opfernächten durch die Lüfte sausen, als ‹dominae nocturnae› bezeichnet werden. Das disziplinarische Ritual selbst lässt sich als satirische Inversion des kabbalistischen Aufstiegs zur Merkabah, dem göttlichen Thron, verstehen.

Für General Pudding dient die geschilderte SM-Inszenierung der Aufarbeitung eines Traumas, das seinem Versagen bei einer Schlacht im Ersten Weltkrieg zu verdanken ist, in der siebzig Prozent seiner Truppen getötet wurden. Paul Fussell sieht in seinem *The Great War and Modern Memory*[218] in dieser Szene eine perfekte Bearbeitung des für die Moderne typischen Topos des ‹Wastelands›, also der kulturell-moralischen Ödnis, die hier eingehender im Kapitel zur Moderne beschrieben ist. Das abstrakte Konzept des Wastelands findet sein konkretes Gegenstück in den Schlachtfeldern des Ersten Weltkriegs, deren Ekel erregenden Schmutz und grauenvollen Gestank Pynchon wohl nur angemessen in einer Szene wiederzugeben wusste, in der ein Angehöriger des Militärs freiwillig Scheiße frisst. Tatsächlich durchzieht diese Thematik ja auch in anderen Variationen den Roman: etwa in Form der Rakete als sexuell-technologischen Fetisch des Maschinenzeitalters oder, damit verbunden, der erstmals von Freud postulierte Todeswunsch, der im Angesicht der atomaren Zerstörung weit über das Einzelindividuum hinausgeht. Walter Benjamin hat in seinen *Illuminations*[219] festgestellt, dass heutzutage die Menschheit ihre eigene Vernichtung als erstklassiges, ästhetisches Vergnügen erfahren könne – ein Gedanke, der für Pynchon eine sadomasochistische Perversion bedeutet.

Das Unterwerfungsritual mit Katja ist für General Pudding gleichzeitig ein Durchbrechen zu einer echten und wahren Erfahrung jenseits seiner Ummauerung von bürokratischen Papierbergen und militärischen Euphemismen, jenseits seiner lebensfernen täglichen Routine. Schmerz und Leid werden hier endlich wieder direkt erfahrbar. Als Offizier ist Pudding normalerweise einem Kodex unterworfen, der von ihm strenge Beherrschtheit und Kontrolle verlangt – ebenso wie absoluten Gehorsam gegenüber Autoritätspersonen. Sexualität und Leidenschaft haben in diesem Kodex normalerweise keinen Platz und werden in der Männergesellschaft des Heeres seit jeher dämonisiert. Ob man jetzt, Stephen Marcus' *The Other Victorians* folgend, die Kombination von Obrigkeitshörigkeit und die latente Homosexualität des Heeres so auslegt, dass das Fressen von Scheiße als Metapher für das Lutschen eines schwarzen, verbotenen Schwanzes fungiert, wäre sicherlich noch zu diskutieren. Wenig Zweifel besteht allerdings daran, dass Katje für Pudding die sexualisierte Form der Autoritäten darstellt, die er im Laufe seines militärischen Dienstes kennen gelernt hat, und dass sie ihm dadurch erst den begehrten Ausbruch ermöglicht.

Aber auch Katje hat eine masochistische Seite, die an einer viel späteren Stelle des Romanes in einem Gutachten des Arztes Weißmann erläutert wird: «Ihr Masochismus [...] gibt ihr Bestätigung: dass sie noch verletzt werden kann, dass sie noch menschlich ist und schreien kann vor Schmerz. Denn allzu leicht läuft sie Gefahr, das zu vergessen. Ich kann nur vermuten, wie furchtbar das sein muss ... Und so braucht sie die Peitsche. Sie hebt ihren Arsch nicht aus Hingabe, sondern aus Verzweiflung [...]. Aber von wahrer Unterwerfung, vom Aufgeben des eigenen Selbsts und Einswerden mit dem All – keine Spur, nicht bei Katje.»[220] Katje ist nicht traumatisiert wie Pudding; für sie ist SM noch eine Inszenierung, bei der sie ebenso gut die aktive wie die passive Rolle einnehmen kann.

Es ist sehr umstritten, wie Pynchon in seinem Werk den Sadomasochismus tatsächlich bewertet. In seinen Diskurssträngen sind die in der fraglichen Szene vorherrschenden Symbole nach Ansicht der Interpreten unterschiedlich belegt: Erde, Exkremente und Schwärze eher positiv, Leder, Kälte und metallische Oberflächen – die Raketen! – eher negativ. Seine Helden werden oftmals Opfer von immensen Kräften jenseits des menschlichen Verstehens, so auch General Pudding. Puddings Unterwerfung ist in für die meisten Leser Ekel erregender Weise geschildert und hat auch keinen wirklich heilenden Effekt auf ihn; nicht lange danach stirbt er an einer durch Darmbakterien verursachten Infektion. Andererseits kann man die durch ihr Ritual entstandene Verbundenheit von Katje und Pudding auch als eine positive Gemeinschaft zweier an der Welt Leidender verstehen. Und wenn man das SM-Ritual intertextuell tatsächlich mit der Gralssuche verbunden sieht, sollte man sich daran erinnern, dass es in T. S. Eliots Gedicht *The Waste Land*[221], welches das oben beschriebene Motiv in die Literatur der Moderne einführte, der

Heilige Gral ist, durch den die geistig-moralische Ödnis überwunden werden kann.

Nur scheinbar erleichtert wird diese Fragestellung durch Thanatz' Ausführungen hinsichtlich der politisch subversiven Macht des Sadomasochismus, die hier ebenfalls als Auszug beigefügt sind[222]. In der Regel ist es sehr schwer, wenn nicht unmöglich, zu erkennen, wann Pynchon ironisch ist und wann nicht bzw. welche seiner Figuren sich mit welchen Interessen äußert. In diesem Meisterwerk der Postmoderne kann es letztlich keine durchschaubare Wahrheit mehr geben.

Die für die Analyse von Pynchons Werk verwendete Literatur ist zu umfangreich, um sie nach dem üblichen Muster nachvollziehbar zu zitieren. Es handelt sich um Douglas Fowlers *A Reader's Guide to Gravity's Rainbow*[223], Peter L. Coopers *Signs and Symptoms*[224], Steven Weisenburgers *A Gravity's Rainbow Companion*[225], Thomas Moores *The Style of Connectedness*[226] und William M. Platers *The Grim Phoenix*[227].

- Richard Brautigan, von Franz Link in seinem *Amerikanische Erzähler seit 1950*[228] den experimentellen Erzählern zugerechnet, zählte lange Zeit zum Umfeld der so genannten Beat-Generation um Allan Ginsberg und Jack Kerouac in San Francisco und wurde dann in den sechziger Jahren zu einer Kultfigur der Hippie-Generation. Link zufolge besteht Brautigans literarische Brillanz vor allem darin, dass er mit seinen Werken die Kritiker zu den unterschiedlichsten Interpretationen anregt, die letztlich interessanter werden als der von ihnen untersuchte Text[229]. Einzelne Textbausteine müssen gesucht und vom Leser mit Assoziationen verbunden und einander zugeordnet werden.

So verhält es sich auch mit *Willard and His Bowling Trophies. A Perverse Mystery*[230]. Oberflächlich betrachtet, handelt es sich hier um einen typisch postmodernen Roman, der einerseits Genremischung – hier: Krimi und sadomasochistische Pornographie – und Genreparodie, wie sie gerade in der hier abgedruckten Passage[231] zum Ausdruck kommt, miteinander verbindet. Wenn Bob Constance ans Bett fesselt, um ihr aus seiner ‹Griechischen Anthologie› vorzulesen, dabei aber zu rücksichtsvoll und zu ungeschickt ist, um die Stricke richtig festzuziehen – was Constance wiederum ungeheuer auf die Nerven geht, sie es Bob aber, ebenfalls aus Rücksichtnahme, nicht mitteilen möchte –, ist das eine der gelungensten Schilderungen sexueller Phantasien, die im Versuch ihrer Umsetzung in die Wirklichkeit auf katastrophale Weise scheitern. Es stellt sich dennoch die Frage, worauf Brautigans Text darüber hinausgehend verweist. Hier eröffnen die beiden Epigraphen, die dem Roman vorangestellt werden, interpretatorischen Spielraum: Anacreons «The dice of Love are madness and melees» verweist auf einen allgemein menschlichen Kontext – auch wenn es sich in dieser Anthologie anbietet, diese Worte in sadomasochistischer Perspektive zu lesen; Senator Frank Churchs «This land is cursed with violence» enthält eine konkret politische Aussage. Der Spielraum, der für die Deutung des Textes angelegt werden kann, wird in Brautigans Erzählung nicht etwa klarer umgrenzt, sondern durch die völlig disparaten Handlungsebenen – etwa die SM-Versuche von Bob und Constance oder die Racheaktion der Loganbrüder für den Diebstahl ihrer Bowlingtrophäen – extrem geöffnet. Logik, auch interpretatorische, entpuppt sich hier als reines Konstrukt.

– Robert Coover, geboren in Charles City, Iowa, aufgewachsen in Herrin(!), Illinois, ist vor allem durch seinen 1977 erschienenen Skandalerfolg *The Public Burning* bekannt geworden, in dem es um die umstrittene Hinrichtung der Familie Rosenberg und ihre öffentliche Vorverurteilung im Laufe der antikommunistischen Hysterie der Fünfzigerjahre-USA geht. Der Gesamttenor seines Werkes ist allerdings weniger konkret politisch als allgemein menschlich. Franz Link spricht in seinem *Amerikanische Erzähler seit 1950*[232] von einem «für einen großen Teil von (Coovers) Fiktionen typische(n) Schema, demzufolge seine Charaktere Systeme konstruieren, mit denen sie ihrer Wirklichkeit Sinn abzugewinnen versuchen, die sie dann aber als von sich unabhängig betrachten. Die Figuren in Coovers Fiktionen vergessen, dass sie selbst die Wirklichkeit, von der sie sich abhängig fühlen, entworfen haben.»[233] Eben dieses gilt auch für die Hauptfiguren seiner sadomasochistischen Erzählung *Spanking the Maid*[234].

Die titelgebende Magd erscheint jeden Morgen mit ihren Reinigungsutensilien im Schlafzimmer ihres Herrn und hofft bei jedem Arbeitsgang, ihn diesmal so perfekt auszuführen, dass ihr Gebieter mit ihr zufrieden ist. Er jedoch bemerkt regelmäßig nur die Momente ihres Scheiterns und sieht sich veranlasst, sie dafür zu bestrafen, in Verpflichtung des abstrakten Ideals einer höheren Ordnung, wie er ihr jedesmal versichert. Eben diese Szene wiederholt sich mit kleinen Variationen wieder und wieder und wieder. Jeden Morgen erwacht der Meister aus einem Traum, in dem er von seiner Lehrerin wegen diverser Unzulänglichkeiten bestraft wurde. Jeden Morgen findet seine Dienerin neue erschreckende Objekte beim Zurückschlagen seiner Bettdecke und lässt sich im Anschluss daran von ihm übers Knie legen. Er richtet seine Bestrafungsaktionen streng nach einem ‹Handbuch› aus, dem er sich ebenso sklavisch unterwirft wie seine Dienerin sich ihm. Der Gedanke, das Ritual abzubrechen, wird immer wieder damit abgeblockt, dass keiner seiner beiden Teilnehmer eine Idee hat, was man stattdessen tun könnte. Das Ritual ist notwendig geworden, um einer absurden, unzusammenhängenden Welt wieder Ordnung und Sinn zu verleihen. Das Leben wird auf einem Mythos aufgebaut, der weiter keine tiefere Rechtfertigung seiner Existenz benötigt. Wie in vielen kürzeren Texten Coovers geht es um Geschehnisse ohne Ziel und Handlungsträger ohne Motivation.

Dabei spielt Coover, wie ebenfalls in vielen anderen seiner Texte, so lange mit den Einzelelementen bestimmter Standards, bis der Leser bestimmte, zuvor als allgemeine Wahrheiten betrachtete, Ideologeme in Frage stellt. Lois Gordon nennt in ihrem *Robert Coover*[235] als Beispiele die Vorstellungen, dass Leiden die Seele reinigt, harte Arbeit den Charakter bildet oder dass Strafe als Schutz vor Unordnung fungieren kann – alles heute noch Leitideen großer Religionen, der puritanischen und der preußischen Arbeitsmoral oder des Justizsystems. Ebenso untergraben werden archetypische Vorstellungen vom Mann als Gottvater, Priester, Lehrer, soziale oder wirtschaftliche Autorität, Übeltäter oder Liebhaber[236]. Alle Denkstrukturen, nach denen unsere innere und äußere Ordnung funktioniert, werden mit der Metapher des sadomasochistischen Rituals angezweifelt und als völlig beliebig dargestellt.

- Kathy Ackers «avantgardistische Punk-Romane», so Alfred Hornung in seinem *Lexikon amerikanische Literatur*[237], «verweigern sinnstiftende Strukturen konventionellen Erzählens und leben vielmehr von einem aus Pornographie, Plagiaten und Punkprovokationen bestehenden intertextuellen Beziehungsgeflecht, das der Leser zusammensetzen muss. [...] In dem C. Dickens zitierenden Roman *Great Expectations* [...] werden in einer durch Zeichnungen angereicherten Mischung aus Fiktion, Mythen, Autobiographie und Literaturkritik Fragen der Geschlechterrollen und ihres Einflusses auf die Selbstbestimmung der Frau erörtert.»[238]

Eines der Versatzstücke, die Acker mittels dieser als klepto-parasitär bezeichneten Methode in *Great Expectations*[239] für die Erstellung eines neuen Patchworks verwendet, ist *Die Geschichte der O*. Ackers Ziel ist es dabei zum einen, herauszufinden und darzustellen, wie sich die Identität, die Wünsche und die Ziele einer Frau anhand vorgegebener textueller Richtlinien entwickeln. Zum anderen bringt Acker diesen Prozess der Identitätskonstitution dadurch gezielt durcheinander, dass sie im typisch poststrukturalistischen Verfahren nicht die Originaltexte im Originalzusammenhang, sondern verfremdete Stellen im ungewohnten Kontext einbaut. Ein Beispiel dafür ist das Kapitel *Die Unterwelten der Welt*[240].

Auf die Verwendung des SM-Motives bei Acker geht Arthur F. Reddings Aufsatz *Bruises, Roses: Masochism and the Writing of Kathy Acker*[241] ein. Redding argumentiert, dass das Inszenierungsmoment des Masochismus den Leidenden in eine Position der Herrschaft erhebt: «Make of me what you will, whispers pain.»[242] Dies benutze Acker, wenn sie sich aus den Grenzen einer fest umschriebenen (Geschlechts-)Identität befreien möchte. Dabei seien Körper und Sprache nicht als zwei voneinander getrennte Einheiten zu betrachten – das eine verändere sich mit dem anderen. Radikale Transformationen des menschlichen Körpers, wie sie im Masochismus vorkommen, führen dazu, dass auch die Beschränkungen von Texten und Charakteren aufgebrochen werden. Aus diesem Grund sei der Masochismus literaturhistorisch eng mit der Avantgarde verbunden, deren Grundprinzip ja Verformung und Erneuerung sei. So sei es zu erklären, dass Ackers Hauptfiguren in der Regel Masochistinnen sind. Die Verachtung ihres jetzigen Selbst münde in den Wunsch nach einer grundlegenden Veränderung[243].

In einem Interview mit Andrea Juno führt Acker aus, dass Frauen in unserer Gesellschaft beigebracht werde, Ärger, Wut und Unsicherheitsgefühle masochistisch nach innen zu richten, statt solche negativen Gefühle in Form von aggressiven Akten nach außen zu entladen. Diesen unbewussten weiblichen Masochismus, der sich unter anderem in Form von Fettabsaugen, Bulimie, Diätenwahn etc. äußere, lehnt Acker ab. Stattdessen propagiert sie einen gezielten, gestalterischen Masochismus, beispielsweise im Sinne von Tätowierungen, Branding oder Gewichtheben. Statt unter der männlichen Ideologie ihre Leiden als naturgegeben zu verbergen, sollten Frauen sie als fetischistische Kunstwerke zeigen und dadurch die Kontrolle zurückgewinnen, zumindest innerhalb des engen Rahmens, der durch die männliche Vorherrschaft gestattet sei. Masochismus sei insofern kein Ausweichen oder Leugnen des Scheiterns, sondern dessen Durcharbeitung[244]. Damit befinde sich Acker in Übereinstimmung mit den bekannten Masochismustheorien Deleuzes[245], denen zufolge, verkürzt gesagt, der Masochismus lediglich eine sichere Traumzone innerhalb der gewaltsamen Realität bildet. Insofern seien Ackers Texte zwar ein Scheitern, aber ein persönlich, politisch und literarisch triumphierendes Scheitern, das sich der reaktionären Idee des ‹Erfolges› widersetze[246].

- «(Hubert) Selby ist heute zweifellos noch immer einer der umstrittensten amerikanischen Gegenwartsautoren», führt Arno Heller in seinem Band *Gewaltphantasien*[247] aus. «Einige Zensurprozesse – außer in den U.S.A auch in Großbritannien und Italien – nehmen vor allem an der beispiellosen Grausamkeit und Obszönität seiner Gewaltdarstellungen Anstoß. [...] So ignoriert der überwiegende

Teil der etablierten akademischen Literaturkritik bis heute sein Werk als skatologische gutter-Literatur oder verunglimpft dieses als voyeuristische Sensationshascherei.»[248] Die Ablehnung seiner Werke gehe so weit, «dass man ihn als Ultra-Nihilisten beschimpfte oder ihn der pornographischen Ausschlachtung abartiger Sexualität und sadomasochistischer Gewalt bezichtigte»[249].

Texte, deren Tabubrüche ihre Rezipienten dermaßen verstören, dass davon auch ihre wissenschaftliche Untersuchung beeinträchtigt wird, sind nichts Neues in der Geschichte sadomasochistischer Literatur. Oftmals hat sich erst Jahrzehnte später herausgestellt, dass es gerade die stilistisch-inhaltliche Unverfrorenheit solcher Texte war, die heutzutage ihren literarischen Wert ausmacht. Hubert Selby wird dabei mit großer Wahrscheinlichkeit keine Ausnahme bilden. Schließlich attestiert ihm Heller völlig zu Recht die Fähigkeit zu «mikroskopische(n) Nah- und Momentaufnahmen psychosozialer Realität, deren Intensität zuweilen alles literarisch Dagewesene in den Schatten stellt.»[250] Und weiter: «Die Lektüre seiner Prosa, so bemerkt Webster Scott, hat die Wirkung eines ‹sledge hammer›: ‹Emotionally beaten one leaves it a different person – slightly changed, educated by pain›.»[251] Diese ‹Erziehung durch Schmerz› erzielt Selby durch die unmittelbare Gewalttätigkeit seiner Schilderungen: Sie beschreiben also nicht nur Gewalthandlungen, sondern üben durch ihre brutale, nichts auslassende Direktheit auch eine Form psychischer, man könnte sagen ‹textueller› Gewalt auf ihre Leser aus. Jeglicher auktoriale Abstand zum Geschehen wird von Selby nicht mehr zugelassen. «Indem dem Leser zugemutet wird, an dieser Szene als Täter (oder auch als Opfer) emotional und ohne jede ästhetische Distanz zu partizipieren, werden für ihn eigene, bislang möglicherweise verdrängte sadomasochistische Antriebskräfte erkennbar.»[252] Es ist nachvollziehbar, dass Rezensenten, die durch das Erkennen ihrer eigenen dunklen Seite beunruhigt werden, Selbys Werke nur allzu schnell unter den Teppich der Pornographie kehren wollen, ohne ihre literarische Kraft wahrzunehmen.

Selbys bekanntestes Werk ist wohl das von Uli Edel zur Zufriedenheit des Autors verfilmte *Last Exit Brooklyn*. Für eine sadomasochistische Literaturtheorie wesentlich interessanter hingegen ist Selbys Roman *The Room*[253]. Eingesperrt in eine Gefängniszelle überlässt sich der Erzähler seinem Bewusstseinsstrom sadomasochistischer Tagträume, die ihn immer tiefer in die schwärzesten Bereiche seiner Psyche führen. Parallelen zu de Sades tatsächlicher Lebenssituation sind unverkennbar, auch *Die 120 Tage von Sodom* entstanden ja bekanntlich hinter Gefängnismauern. Offenbar ist das literarische Verarbeiten der eigenen Hassgefühle und Aggressionen in Situationen extremen Eingezwängtseins, in dem sie anders nicht an die Oberfläche gelangen können, oft der einzige Schutz vor einem geistig-seelischen Zusammenbruch. Das Risiko bei dieser versuchten Eigentherapie könnte in einer immer haltloseren Steigerung der Gewaltphantasien oder in deren Umschlagen in «masochistischen Selbstekel»[254] liegen. Insgesamt ist Heller zuzustimmen, wenn er *The Room* als «geradezu klinisches Psychogramm einer sado-masochistischen Perversion»[255] versteht. Für dieses Buch gilt das, was man über Selbys Romane insgesamt sagen kann: «Sie sind fiktionale Verkörperungen eines unter der zivilisatorischen Oberfläche Amerikas verborgenen sadomasochistischen Alptraums, der extremsten Kehrseite des American Dream.»[256]

- Ian McEwan gilt als einer der aufsehenerregendsten und umstrittensten Autoren der britischen Gegenwartsliteratur. Dies liegt vor allem an seinen frühen, in den Siebzigerjahren des letzten Jahrhunderts entstandenen Werken, die mit ihren Themen von Inzest, sexueller Gewalt etc. eindeutig der ‹transgressive fiction› zuzurechnen sind. Skandale und Preise wechselten sich damals stark ab – sein Buch *The Cement Garden* wurde schließlich verfilmt. Auch eine Kurzgeschichte mit starken sadomasochistischen Elementen, *Pornography*, enthalten in der Anthologie *In Between the Sheets*[257], gehört zu diesem Teil seines Oeuvres. Die Hauptfigur dieser Story ist ein Mann, der seine beiden Freundinnen ausgesprochen niederträchtig behandelt, bis diese schließlich ihre unterwürfige Haltung aufgeben, um sich an ihm zu rächen. Sie fesseln ihn und machen sich daran, ihn zu kastrieren; interessanterweise bekommt der Gefangene bei der Ankündigung dieser ‹Bestrafung› eine starke Erektion. Später wandte sich Ewan mit seinen Büchern von der Ästhetik des Schocks und Tabubruchs ab und stärker dem Feminismus und der Friedensbewegung zu.

Als Brückenkopf zwischen diesen beiden Phasen seines Schaffens gilt Ewans Roman *The Comfort of Strangers*[258], der ebenfalls verfilmt wurde. Dieses Buch wurde für den in Großbritannien prestigeträchtigen Booker-Preis nominiert; leider kam ihm im fraglichen Jahr Salman Rushdies *Midnight Children* zuvor. In *The Comfort of Strangers* geht es um das junge Paar Colin und Mary, deren zu langweiliger Routine gewordenes Liebesleben während einer Venedigreise durch eine Bekanntschaft mit einem anderen, sadomasochistischen Paar, Robert und Caroline, zunächst wieder neues Feuer erhält. Der literarisch bereits ausgiebig genutzte Ort Venedig, mit seinem Ruch vom ebenso Labyrinthischen wie Exotischen, stellt sich als idealer Schauplatz für eine SM-Erzählung heraus. Allerdings schlägt das Düster-Geheimnisvolle bald ins Bedrohliche um, und ebenso wie Colin und Mary immer mehr von Venedig überfordert scheinen, sich mal verlaufen, mal in Zustände absoluter Gleichgültigkeit und Langeweile verfallen, überfordert sie letztlich auch der Sadomasochismus. Das jedoch ist nicht allein ihre Schuld, McEwan schildert das sadomasochistische Paar, die ‹Fremden›, nämlich in sehr negativen Farben. Robert ist eine Mischung aus besitzergreifendem Schurken der Gothic Novel und einem Homme fatale der Décadence, er bemächtigt und unterwirft sich andere mit scheinbarer Leichtigkeit. Für Caroline ist vollkommene Liebe gleichzusetzen mit absoluter Hörigkeit und Unterwerfung – in der Partnerschaft mit Robert lebt sie in ständiger Präsenz von Schmerz und Terror. Die Geschichte endet damit, dass Robert Colin fast beiläufig die Pulsadern aufschneidet und ihn dadurch tötet.

Jack Slay interpretiert in seinem Buch *Ian McEwan*[259] den *Trost von Fremden* als eine Kritik des Patriarchats. In einem Eingangszitat verwendet McEwan eine Textstelle der US-amerikanischen Radikalfeministin Adrienne Rich. Im Verlauf der Handlung gehe es kontinuierlich darum, dass unterlegene Frauen immer weiter zum

Objekt reduziert werden. Gegen Schluss der Erzählung berichtet Caroline davon, dass Robert ihr das Rückgrat gebrochen habe, was durchaus metaphorisch zu verstehen ist. Roberts SM-Neigung selbst wird psychoanalytisch durch prägende Einflüsse durch Vater und Großvater in seiner Kindheit erklärt: Man könnte hier von einer klassischen Weitergabe des Gesetzes des Vaters an den Sohn im Lacanschen Sinne sprechen. Dies gilt ungeachtet der Tatsache, dass auch Colin und Mary sehr bereitwillig auf Phantasien und Inszenierungen von Dominanz und Unterwerfung reagieren. Tatsächlich möchte McEwan seinen Roman einem Interview zufolge als Warnung verstanden wissen: Masochistische Begierde könne in jeder Frau lauern, sadistische in jedem Mann – dass es sich auch umgekehrt verhalten kann, scheint ihm gar nicht in den Sinn zu kommen, denn das würde auch die Weiterführung seiner These zerstören; diese Triebe müssten im Zaum gehalten werden, weil sich andernfalls der Sexismus in unserer Gesellschaft nicht effektiv bekämpfen ließe. Das Patriarchat ruhe dieser Theorie gemäß auf unterbewussten Trieben sadomasochistischer Natur, die letztlich jedem sexuellen Begehren zugrunde liegen. Dass McEwan seine Geschichte tödlich enden lässt, macht nur allzu klar, was er von solchen Triebströmungen hält. Wieder einmal scheint die Darstellung tabubesetzter Themen nur zum Preis der ablehnenden Distanzierung und des Festhaltens an einem in dieser Hinsicht sehr konservativen Weltbild möglich.

- Es ist mehr als schade, dass eine US-Autorin wie Mary Gaitskill, deren Werke in ihrem Heimatland enthusiastische Kritiken ernten, in Deutschland so gut wie unbekannt ist. *Bad Behavior*[260] ist das einzige ihrer Bücher, das ins Deutsche übersetzt wurde, und auch das ist mittlerweile im Handel vergriffen und wird nicht wieder neu aufgelegt.

Am herausragendsten an der Prosa Gaitskills ist sicherlich die Art, wie sie ihre Charaktere schildert. Jenny Diskis nennt sie in ihrer Rezension *Mental Deserts* «Kreaturen, die in einer zeitlupenartigen, antriebslosen Traumwelt ... existieren – ein zu starkes Wort vielleicht.

Von Zeit zu Zeit spüren sie das leichteste Flackern von Überraschung, wenn sie entdecken, dass sich unter ihren gedankenlosen Posen doch noch Reste einer realen, begehrenden Person befinden. Sie sind Puppen, die nur für einen Augenblick genug Bewusstsein erlangen, um von ihren Lebensumständen unangenehm berührt zu sein. Dieser Erkenntnisschock rührt ein Verlangen nach einer echten Verbindung mit der Welt auf, hält allerdings nicht lange vor. Die Krise zieht vorüber, und sie sinken zurück in die Sicherheit ihrer geistigen Narkose.»[261] Ralph Novak, ein anderer Rezensent, vergleicht Gaitskills Charaktere mit Menschen, die in einem bodenlosen Abgrund in die Tiefe stürzen, aber vorhaben, auf dem Weg nach unten wenigstens genug von der Aussicht zu genießen. Mary Gaitskill selbst nennt ihre Protagonisten «Menschen, die in einer häßlichen kleinen Welt leben, die sie auf ihre eigene Weise etwas schöner machen möchten. Sie versuchen, Verbindungen herzustellen.»[262]

Vor diesem seelischen Hintergrund entwickelt sich auch das Faible von Gaitskills Figuren für Beziehungen, die mit Dominanz und Unterwerfung zu tun haben. In seiner Besprechung *Fun and Games for Sadomasochists* für den *New York Times Book Review* führt George Garett aus, dass zwar alle Kurzgeschichten in *Bad Behavior* mit sexuellen Randbereichen zu tun haben, diese aber sehr sachlich und lakonisch und keineswegs auf schockierende oder aufreizende Weise geschildert würden. Elizabeth Young erläutert dazu im Kapitel *Library of the Ultravixens* ihres *Shopping in Space*[263], dass Gaitskill in ihrer Prosa ein Leben angemessen unspektakulär darstelle, das für viele Frauen ihrer Generation völlig normal geworden sei: eine lange Periode von Rastlosigkeit, sexuellem Experimentieren und der Suche nach einem Weg, sich selbst auszudrücken. Gaitskill nimmt ihre Themen selbst nicht als merkwürdig und schockierend, sondern als völlig normal wahr – und so werden sie auch von ihr behandelt. Es waren Gaitskills Verleger und nicht sie selbst, die mit dem Titel *Bad Behavior* Frivolität suggerieren wollten. Die Leistung der Autorin liege gerade darin, dass sie solche voyeuristischen Hoffnungen nicht erfülle und auch die konservativen, patriarchalen Vorstellungen, wie sich eine Frau gefälligst sexuell zu verhalten habe, enttäusche.[264]

Gaitskill selbst sagt zu ihrem immer wiederkehrenden Thema SM: «It can feel like love, especially if love has been connected to violence in the past.» Zeitungsartikel berichten hinsichtlich Gaitskills literarisch-sexueller Genese so aufschlussreiche Dinge wie, dass die kleine Mary schon als Erstklässlerin dazu gebracht worden war, eine Kurzgeschichte über ein Eichelhäherpärchen zwei jugendlichen Missetätern aus der dritten Klasse vorzulesen, die in der Schule nachsitzen mussten. Ein paar Jahre später arbeitete Gaitskill unter anderem als Stripperin, bis sie sich dazu entschloss, vielleicht doch lieber Schriftstellerin zu werden.

Auch in Gaitskills erstem Roman *Two Girls, Fat and Thin* ist Sadomasochismus ein zentrales Motiv. Dabei versucht sie, die Wurzeln von männlicher Dominanz und weiblicher Unterwerfung in der amerikanischen Kultur anhand zweier Frauen aufzuspüren, die im Herzen der USA aufwachsen und dabei ganz eigene Erfahrungen mit Leiden und Demütigung machen. Elizabeth Young sieht dabei Verbindungen zwischen den «dunklen Träumen» einer der Protagonistinnen und Octave Mirbeaus *Garten der Qualen*[265].

Am bemerkenswertesten im Kontext des vorliegenden Buches sind Gaitskills Short Storys *Was Nettes* und *Sekretärin*. Letztere Erzählung sorgte durch ihre Verfilmung als *Secretary* mit James Spader und Maggie Gyllenhaal zumindest für eine gewisse Bekanntheit der Autorin, wurde aber in den vorliegenden Rezensionen und Interpretationen zu Gaitskills Kurzgeschichten bemerkenswerterweise nie analysiert. Dafür steht die erstgenannte Story überraschend häufig im Brennpunkt des Interesses. Es geht darin um Beth und ihren neuen, namenlosen Liebhaber, die ein Wochenende miteinander verbringen wollen. Sie bildet sich ein, eine Masochistin, er, ein Sadist zu sein. Im Laufe der Handlung stellt sich mehr und mehr heraus, dass die beiden möglicherweise nicht wirklich wissen, wovon sie da überhaupt reden. Er scheint seine Phantasien von sexueller Dominanz mit Beths Präsenz und ihrer Intelligenz nicht verbinden zu können. Beths Toleranzgrenze hingegen erweist sich für eine Masochistin als nicht sehr hoch.

Sie möchte nicht gebissen werden, nicht verbrannt, nicht angepinkelt, nicht geschlagen ... eigentlich möchte sie überhaupt keinen Schmerz: «Schließlich kommt es mir auch nicht, wenn ich mir den Zeh stoße.» – So zumindest argumentiert Young[266]. Man sollte in diesem Zusammenhang jedoch erwähnen, dass Masochismus sehr wohl auch ohne Schmerz denkbar ist, etwa wenn die Lust dabei aus Fessel- und Unterwerfungsspielen bezogen wird. Nichtsdestotrotz ist Beth offenbar nicht in der Lage, zu trennen, was sie in ihren Phantasien begehrt und was in der Realität. Der tiefere Grund für das Scheitern dieser Zweierbeziehung könnte aber vielmehr darin liegen, dass von Anfang an keine wahre Kommunikationsbasis vorhanden und dadurch auch eine sexuelle Verständigung in diesem doch recht diffizilen Bereich unmöglich ist. Die erotischen Phantasien der beiden Hauptfiguren sind weder einander mitteilbar noch mit der Realität kompatibel. Gegen Ende erscheint eine Zukunft der geschilderten Beziehung eher zweifelhaft, aber da setzt bei den Charakteren die oben erwähnte «geistige Narkose» bereits wieder ein. Der Versuch des Erwachens ist gescheitert.

– Das Buch *Ambition*[267] der englischen Starjournalistin Julie Burchill ist definitiv keine große Literatur, aber erwähnenswert wegen seines repräsentativen Charakters für eine Generation: Es reiht sich nahtlos ein in die typischen Yuppie-Romane der achtziger Jahre, wie etwa Tom Wolfes *Bonfire of Vanities* oder Jay McInerneys *Bright Lights, Big City*. Burchills Heldin Susan Street ist eine karrieregeile Journalistin, die, um den Posten der Chefredakteurin zu bekommen, bereit ist, für den Besitzer ihrer Zeitung sechs erotische und teils demütigende Aufgaben zu erfüllen. Im Laufe des Romans wird dabei die subversive Kraft der sadomasochistischen Erzählung gerade in der Reagan-Thatcher-Kohl-Ära deutlich; sie verweist pointierter als jede andere literarische Gattung auf die Degradierung des Menschen zur Ware – seine «commodification», um mit Walter Benjamin zu sprechen. Im Kampf um soziale und erotische Macht bleiben auch die privatesten und intimsten Anteile der menschlichen Persönlichkeit in letzter Konsequenz nicht von dieser Reduzierung auf den bloßen Tauschwert verschont.

- Ulla Hahn, Trägerin unter anderem des Leonce-und-Lena-, des Friedrich-Hölderlin- sowie des Elisbath-Langgässer-Literaturpreises, ist in erster Linie durch ihre Lyrik in literarischen Kreisen bekannt geworden. Bei dem Roman *Ein Mann im Haus*[268] handelt es sich um ihr Prosadebüt. Es geht darin um Maria, die Geliebte eines verheirateten Mannes, Hansegon. Maria mischt diesem eines Abends Schlaftabletten ins Essen und fesselt ihn fortan als ihren Gefangenen ans Bett. Moralisch gerechtfertigt werden die Grausamkeiten, die die Protagonistin ihrem Opfer antut, indem sie nicht als Inbesitznahme eines anderen Menschen, sondern als beinahe sozialkritischer Racheakt inszeniert werden. So spricht etwa der Klappentext des Buches von «vertauschten Rollen» einer «doppelten Moral». Erst zehn Jahre nach Erscheinen des Buches begann sich allmählich auch in Deutschland die Erkenntnis durchzusetzen, dass häusliche Gewalt genauso häufig von Frauen gegen Männer begangen wird und insofern von ‹vertauschten Rollen› keine Rede sein kann. Männer hatten für ihre Gewalt an Frauen nur niemals ganze Buchverlage als Werbeträger.

Die Frau als Rächerin schien ein diskursiver Strang der neunziger Jahre zu sein, der sich damals jeglicher moralischer Hinterfragung entzog. Die feministische US-Autorin Naomi Wolf weist im Kapitel *Sind nur Männer zu sexuellem Sadismus fähig?* ihres Buches *Die Stärke der Frauen*[269] nach, dass in den achtziger und «neunziger Jahren [...] dann eine weibliche Rachephantasie auf die andere» folgte, und nennt als Beispiele *The Burning Bed* und *Extremities* mit Farah Fawcett, *Der Feind in meinem Bett* mit Julia Roberts, *Eine verhängnisvolle Affäre* mit Glenn Close und Michael Douglas, sowie *Das Schweigen der Lämmer* mit Jodie Foster in der Hauptrolle.[270] Sie hätte neben etlichen anderen Filmen auch *Thelma und Louise* oder *Der Club der Teufelinnen* hinzufügen können. Nancy Friday schließlich, die Ende der Siebzigerjahre große Bekanntheit durch ihre Sammlungen sexueller Phantasien von Frauen und Männern erlangt hatte, entdeckte 1991 bei der Recherche für ihr Buch *Women on Top,* dass sich Tagträume beim weiblichen Geschlecht offenbar massiv verändert hatten. Inzwischen berichteten die befragten Frauen davon, dass sie in ihrer Vorstellungswelt Männer fesselten, verhungern ließen oder in Gruppen missbrauchten. Friday erklärte: «Die Vorstellung von der Frau als Vergewaltigerin ist in diesen Tagen zum ersten Mal in meinen Forschungen aufgetaucht.»

Robert T. Michael und seine Co-Autoren des Buches *Sexwende*[271] stellten fest, dass für Frauen und Männer zwischen 18 und 44 Jahren die Vorstellung, jemanden zu einer sexuellen Handlung zu zwingen, gleichermaßen, nämlich bei zwei Prozent, als «einigermaßen reizvoll» eingestuft wurde.[272]

Insofern erscheint es film- und literatursoziologisch bemerkenswert, dass weite Teile der LeserInnengemeinschaft selbst brutalste Grausamkeiten, die Frauen an Männern begehen, ohne weiteres hinnahmen und sogar priesen, während Grausamkeiten in der stereotypen Täter-Opfer-Verteilung ‹Mann quält Frau›, wie z. B. in Ellis' *American Psycho*, einen Aufschrei der Empörung hervorriefen – und das, obwohl bei Ulla Hahn die Protagonistin einfühlend-sympathisierend, bei Ellis aber der Protagonist als eindeutig negativ präsentiert wird. Es ist dieser Trend, der die eigentliche ‹doppelte Moral› solcher Werke und des Umgangs mit ihnen ausmacht.

Auffällig erscheint auch die bei Hahn deutlich zutage tretende Körperfeindlichkeit der Erzählweise. Die Ekelgefühle provozierende Schilderung des männlichen Körpers scheint durchaus als weitere, heimliche Legitimation seiner Gefangennahme und Zerstörung zu dienen. Hier liegen mithin Feminismus, Sadismus und Faschismus nahe beieinander.

Es folgen Auszüge jener Werke, zu denen wir freundlicherweise eine Abdruckgenehmigung erhielten.

5.1 Catherine Robbe-Grillet: L'image (1956)

Alain Robbe-Grillet gilt als einer der Hauptvertreter, wenn nicht als Stammvater, des Nouveau Roman, einer französischen Literaturform, die der amerikanischen Postmoderne sehr ähnlich ist. Im Nachwort von *Die blaue Villa in Hongkong*[273], der deutschen Ausgabe von Robbe-Grillets *La maison de rendez-vous*, weist Joachim Campe mehrere Parallelen dieses Werkes zu *Die Geschichte der O* nach und lässt auch nicht unerwähnt, dass Robbe-Grillets Frau Catherine unter dem Pseudonym Jean de Berg mit *L'image*[274] einen weiteren, Pauline Réage gewidmeten, SM-Roman schrieb, für den ihr Mann das Vorwort verfasste, dieses aber mit Pauline Réages Initialen unterzeichnete. Im Laufe der solchermaßen immer größer werdenden Verwirrung gingen manche Literaturwissenschaftler sogar so weit anzunehmen, dass sich hinter Pauline Réage – auch das ja nur ein Pseudonym – Alain Robbe-Grillet verberge und er *Die Geschichte der O* selbst geschrieben habe. Diese Theorie wurde hinfällig, als sich 1994 Dominique Aury (eigentlicher Name: Anne Declos) als die Autorin der O zu erkennen gab. Für die vorliegende Anthologie sind die Seiten 74-85 aus *Das Bild* ausgewählt.

L'image

Wir trafen unsere Freundin um 5 Uhr in einem sehr würdevollen Teesalon, in dem ein paar alte Damen sich leise unterhielten. Claire, die uns erwartete, hatte die günstigste Ecke gewählt.

Die Freude, die ich empfand, als ich sie wiedersah, erstaunte mich. Mir wurde plötzlich bewußt, daß dieser Tag ohne sie unvollkommen geblieben wäre, vielleicht sogar keinerlei Bedeutung mehr gehabt hätte.

Ich sagte ihr lediglich, daß sie schön sei, was schon viel war. Sie blickte mich schweigend an. Sie schien etwas zu verstehen, etwas sehr Fernes, und lächelte mir mit einer unerwarteten komplizenhaften Sanftheit zu. Aber sie bat mich sofort, ihr unsere Einkäufe zu zeigen.

Ich reichte ihr die Papiertüte, welche die kleine Anne auf den Tisch gelegt hatte. Claire packte ihren Inhalt aus und beurteilte mit Kennerblick die verschiedenen Vorzüge der ausgewählten Modelle.

Wie gewöhnlich bediente sie sich dabei der rohesten und demütigendsten Worte, die es niemals verfehlten, das frische Gesicht ihrer

Schülerin puterrot zu färben. Ich bewunderte meinerseits das große Raffinement der Torturen, die sie ihr auf diese Weise zufügte: Nur eine Frau war imstande, die empfindlichen Stellen ihres Geschlechts mit so kundiger Grausamkeit zu erkennen. Die Wirkung, die ihre Worte auf mich ausübten, half mir, all das zu erahnen, was ich noch von ihr erwarten konnte.

Dann fragte sie mich über den Ablauf des Einkaufs aus. Ich erzählte in wenigen Worten die pikantesten Einzelheiten der Anprobe und den starken Eindruck, den sie auf unsere junge Verkäuferin gemacht hatte.

»Und war das kleine Mädchen auch brav?« fragte Claire.

Ich antwortete mit einem unschlüssigen Gesichtsausdruck, denn ich hatte plötzlich Lust, neue Foltern zu verlangen.

Claire wandte sich darauf an ihre Freundin:

»Du mußt doch glücklich gewesen sein, sag schon, daß nun alle Welt weiß, daß du eine kleine Hure bist?«

Und härter: »Na los, antworte!«

»Ja ... ich bin glücklich gewesen ...«

»Glücklich weswegen?«

»Ich bin glücklich gewesen ... zu zeigen ... daß man mich ausgepeitscht hatte ...«

Es war ein kaum hörbares Murmeln. Wiederholte sie, ohne zu verstehen, oder dachte sie es wirklich?

»Liebst du die Peitsche?« fuhr ihre Peinigerin fort.

Die folgsamen Lippen sagten: »Ja.«

»Steh auf!« befahl Claire.

Sie saß mir gegenüber. Die kleine Anne, die sich zu meiner Linken befand, zwischen uns beiden, stand auf und stellte sich an den Tisch, mit dem Rücken zur Wand.

Claire fuhr fort:

»Stütz deine Hände auf den Tisch und beug dich vor ... Spreiz die Beine ... Beuge die Knie ...«

Das Mädchen fügte sich. Sich zunutze machend, daß niemand sie sehen konnte, schob Claire von hinten ihre Hand unter das Kleid und glitt nach oben. Sofort verkündete sie mir das Ergebnis:

»Sie ist schon ganz feucht, die kleine Hure! Man braucht ihr bloß die Peitsche zu versprechen ... Wollen Sie es auch nachprüfen?«

Ich streckte meine Hand ebenfalls aus, faßte unter das Kleid und berührte zwei behende Finger, die sich zwischen den feuchten Schamlippen bewegten ...

Und erneut begegnete ich dem heißen und komplizenhaften Blick Claires, bereit zu den schlimmsten Ausschweifungen.

Der Kellner, ein sehr junger Mann, kam, um unsere Bestellung aufzunehmen. Ich mußte meine Hand zurückziehen.

Claire dagegen schob ihren Sessel zur Wand, um so eine etwas natürlichere Stellung einzunehmen, ohne ihre anstößige Inquisition zu unterbrechen. Die kleine Anne machte, von Panik ergriffen, den Versuch, sich wieder aufzurichten. Sie wagte aber nicht, sich ganz den Liebkosungen ihrer Freundin zu entziehen. Daher blieb sie am Tisch stehen, an den sich ihre beiden Hände verzweifelt klammerten, und sah mit einem stumpfsinnigen Ausdruck den verblüfften jungen Mann an.

Ich nahm mir so viel Zeit wie möglich, um in allen Einzelheiten anzugeben, was wir wünschten. Der Kellner schien mir im übrigen kaum zuzuhören, denn er vermochte seine Augen nicht von diesem hübschen Mädchen abzuwenden, dessen Gesicht Verwirrung ausdrückte, dessen Augen weit aufgerissen und dessen Lippen geöffnet waren und das sich vor ihm unter den Stößen einer unsichtbaren Brise wand.

Als ich schließlich sagte: »Das wäre alles für den Augenblick«, floh er entsetzt.

Claire fragte mit ruhiger Stimme: »Na, Kleine, ist das schön?«

»Lassen Sie mich, ich bitte Sie«, flehte Anne flüsternd.

Aber Claire fuhr fort und sagte:

»Was hast du lieber: daß ich dich streichle oder daß ich dir weh tue?«

Dann, an mich gerichtet: »Nun, Jean, sagten Sie nicht, sie sei heute nachmittag nicht brav gewesen?«

Ich bestätigte, daß die junge Frau tatsächlich eine Bestrafung verdiene. Claire verlangte keine weitere Erklärung. Vermutlich wußte sie genau, daß es nicht stimmte.

»Gut«, sagte sie, »wir werden sie zum Weinen bringen.«

Die Verrenkungen der kleinen Anne drückten jetzt Schmerz aus. Ihre Herrin war dabei, sie unter ihrem Kleid zu quälen.

Nach einigen Minuten, als der Kellner mit dem Tablett kam, zog sie schließlich trotzdem ihre Hand zurück.

»So leicht kommst du nicht davon«, sagte sie. »Wann wollen Sie zu mir kommen, Jean?«

»Morgen abend«, sagte ich, »nach dem Essen.«

»Sehr schön. Morgen also. Du kannst dich setzen.«

Anne ließ sich auf ihren Stuhl fallen. Der Kellner, der nicht mehr der junge Mann von vorhin war, verteilte die Tassen, die Teller und das Besteck auf dem Tisch, ohne sich darum zu kümmern, was wir machten.

Claire roch an ihren Fingern und hielt sie dann ihrer Freundin unter die Nase:

»Riech«, sagte sie, »wie gut du duftest.«

Das junge Mädchen errötete erneut.

»Leck!«

Das Mädchen öffnete den Mund und spitzte die Lippen, um artig die Fingerspitzen zu lecken, an denen ihr eigener Geruch hing.

5.2 Elfriede Jelinek: Die Klavierspielerin (1983)

Elfriede Jelinek ist nicht erst seit ihrem Literatur-Nobelpreis die wohl bekannteste und bedeutendste Schriftstellerin im Österreich der Gegenwart. Ihr früher Roman *Die Klavierspielerin*[275] schildert den Versuch Erika Kohuts, mittels einer sadomasochistischen Beziehung zu ihrem Schüler Klemmer aus der Beziehung zu ihrer geradezu diktatorisch dominanten Mutter auszubrechen[276]. Ein Ausbruchsversuch, der kläglich scheitert, als Erika Opfer der triebhaften Gewalt ihres Sexualpartners wird und schließlich zu ihrer Mutter zurückkehrt. Wie auch in anderen Romanen Jelineks ist keine partnerschaftliche Sexualität zwischen den Geschlechtern möglich, sie manifestiert sich stattdessen als ständiger Machtkampf und als Terrorverhältnis. Autobiographische Parallelen zu Jelinek selbst sind nicht zu übersehen – auch die Autorin nahm auf Drängen ihrer großbürgerlichen, dominanten Mutter Klavierunterricht. Außerdem äußert sich Jelinek in diversen Interviews geradezu verzweifelt darüber, dass für sie so minderwertige Wesen wie die Männer für den Sexualakt leider unentbehrlich seien, und sie bekennt sich auch zu einer gewissen sadomasochistischen Leidenschaft.

Die dominante Mutterfigur greift im Übrigen exemplarisch auf Jessica Benjamins Thesen zum Ursprung des Masochismus in der individuellen Entwicklung voraus, die sie in ihrer Analyse *Die Fesseln der Liebe. Psychoanalyse, Feminismus und das Problem der Macht*[277] ausführlich darlegt – teilweise anhand der *Geschichte der O* eingehend illustriert.

In seiner Abhandlung *Trivialmythen in Elfriede Jelineks Romanen «Die Liebhaberinnen» und «Die Klavierspielerin»*[278] setzt sich Michael Fischer mit den entsprechenden Passagen des Werkes auseinander. Er weist darauf hin, dass bei Erika und Klemmer «die sadomasochistische Interaktion den Charakter eines ritualisiert ablaufenden Spiels (besitzt), dessen Rollen und Regeln von vornherein festgelegt und vereinbart werden. Das Verhalten ist in einem Ritual, gegen das nicht verstoßen werden darf, vorgeschrieben.»[279] Klemmer täusche sich also, wenn er annimmt, Erika tatsächlich zu beherrschen – vielmehr diene er nur als Werkzeug zur Befriedigung ihrer Bedürfnisse.

Fischer analysiert das Phänomen des Masochismus anhand des 1941 erschienenen Buches Theodor Reiks *Masochism in Modern Man*[280], einer der ersten Untersuchungen zur Analyse dieser Triebrichtung. Reiz spreche Fischer zufolge von einer «Lust in der Umkehrung aller Lustwerte», einem «Prinzip des Trotzdem»: «Masochismus ist nicht bloßer gegen das Ich gekehrter Sadismus, sondern mehr noch Sadismus gegen den anderen, ‹nur auf den Kopf gestellt und auf lange Sicht›. Als grundlegenden Anreiz zur Ausbildung des Masochismus betrachtet Reik ein leicht verletzbares Selbstgefühl, das durch Strafandrohung und Versagung, auf welche der sexuelle Drang stößt, erschüttert wird. [...] Den Weg der Rehabilitierung, den das eingeschüchterte Ich einschlägt, ist der einer ‹Flucht nach vorn›. Der Masochist nimmt die Strafe, das Leiden, die Beschämung freiwillig auf sich und erkauft sich so trotzig das Recht, die versagte Befriedigung zu genießen.» Diesen Prozess belege Reiz mit der «psychologischen Formel: Sieg durch Niederlage», was bedeutet, «dass der Masochist nur zum Schein unterwürfig ist. Denn er ist es, der die Unterwerfung fordert. Es befiehlt, wie im Falle Erikas und Klemmers, der Masochist, der Gequälte, während der Sadist, der Quälende, nur den Befehl ausführt. [...] So stellen Erikas sadomasochistische Wünsche (eine) späte Auflehnung gegen die mütterliche Erziehung (dar), die sexuelle Entfaltung verbot.»[281] Erst als Klemmer im Laufe dieser Inszenierungen mit seiner Impotenz konfrontiert wird, daraufhin in einem Wutausbruch Erika anfällt und vergewaltigt, schlägt die Fiktion in Realität um. Das ist nicht das, was Erika sich von diesem Ausbruchsversuch erhofft hatte.

Bei der hier zum Abdruck ausgewählten Stelle fällt vor allem die sprachliche Gestaltung ins Auge. Wie Jelinek sich im Zusammenhang mit ihrem wesentlich bekannteren Prosagedicht *Lust* äußerte, liegt ihr wenig an einer pornographischen Anleitung zum «mimetischen Mitkeuchen», sondern sie provoziert viel lieber eine Deautomatisierung des Lektüreprozesses, ein Stolpern und Sich-Verfangen des Lesers im Text. Dies erzielt sie mit einer Bearbeitung der sprachlichen Mikrostruktur mittels der Techniken des Poststrukturalismus: etwa Dekontextualisierungen, semiotische Isotopiebrüche, Verknüpfung eigentlich disparater Diskurse und etlichen rhetorischen Stilfiguren. Mit dem Einsatz solcher poststrukturalistischen Methoden bei der Kritik an der herrschenden sexuellen Ideologie hebt Elfriede Jelinek die sadomasochistische Erzählung auf eine Niveaustufe sprachlicher Finesse, die die allermeisten nicht- sadomasochistischen Texte der Weltliteratur nicht einmal ansatzweise erreichen.

Die Klavierspielerin

[...] Erika steht und ruht sich in Klemmer aus. Sie schämt sich der Situation, in die er sie gebracht hat. Diese Scham ist angenehm. Von ihr wird Klemmer angefeuert und wetzt sich wimmernd an Erika. Er geht in die Knie, ohne seine Griffe zu lockern. Er hangelt sich wild an Erika empor, nur um gleich darauf mit dem Lift wieder abwärts zu fahren, wobei er sich an schönen Stellen aufhält. Er klebt sich mit Küssen an Erika fest. Erika Kohut steht auf dem Boden wie ein vielbenutztes Instrument, das sich selbst verneinen muß, weil es anders gar nicht die vielen dilettantischen Lippen aushielte, die es andauernd in den Mund nehmen wollen. Sie möchte, daß der Schüler absolut frei ist und weggehen kann, wann er es wünscht. Sie setzt ihren Ehrgeiz darein, stehenzubleiben, wo er sie abgestellt hat. Millimetergetreu wird er sie dort wiederfinden, wenn ihm nach ihrer Inbetriebnahme zumute ist. Sie beginnt, etwas aus sich herauszuschöpfen, aus diesem bodenlosen Gefäß ihres Ichs, das für den Schüler nicht mehr leer sein wird. Hoffentlich begreift er unsichtbare Signale. Klemmer setzt die ganze Härte seines Geschlechts ein, um sie rücklings auf den Boden zu werfen. Er wird dabei weich fallen, sie aber hart. Er fordert das letzte von Erika. Deshalb das letzte, weil sie beide wissen, daß jederzeit jemand hereinkommen könnte. Walter Klemmer schreit ihr etwas ganz Neues von seiner Liebe ins Ohr.

In einem leuchtenden Stehkader erscheinen vor Erika zwei Hände. Sie verschaffen sich von zwei verschiedenen Richtungen her Zugang zu ihr. Sie staunen darüber, was ihnen unerwartet in den Schoß gefallen ist. An Kraft ist der Besitzer der Hände der Lehrerin überlegen, daher sagt sie ein oft mißbrauchtes Wort: «Warte!» Er will nicht warten. Er erklärt ihr, warum nicht. Er schluchzt vor Gier. Er weint aber auch aus dem Grund, weil es ihn überwältigt hat, daß es so leicht gegangen ist. Erika hat brav mitgearbeitet.

Erika hält Walter Klemmer auf die Entfernung ihres Arms von sich ab. Sie holt seinen Schwanz heraus, den er selbst auch schon dafür vorgesehen hatte. Es fehlt nur noch der letzte Kunstgriff, denn das Glied ist bereits vorbereitet. Erleichtert, daß Erika diesen schwierigen Schritt für ihn getan hat, versucht Klemmer, seine Lehrerin auf den Hinterkopf zu stürzen. Nun muß Erika ihm die ganze Schwere ihrer Person entgegensetzen, damit sie aufrecht stehen bleiben kann. Sie hält Klemmer an dessen Glied auf Armlänge ab, während er noch wahllos in ihrem Geschlecht herumfuhrwerkt. Sie bedeutet ihm, damit aufzuhören, weil sie ihn sonst verläßt. Sie muß es etliche Male leise wiederholen, weil ihr plötzlich überlegener Wille nicht so leicht bis zu ihm und seiner rammeligen Wut durchdringt. Sein Kopf scheint vernebelt von zornigen Absichten. Er zögert. Fragt sich, ob er etwas falsch verstanden habe. In der Geschichte der Musik nicht und auch nirgendwo sonst wird der werbende Mann aus dem Geschehen einfach entlassen. Diese Frau – kein Funken Hingabe. Erika beginnt, die rote Wurzel zwischen ihren Fingern zu kneten. Was für sie gilt, verbietet sie jedoch dem Mann streng. Er darf an ihr nichts mehr unternehmen. Klemmers reine Vernunft gebietet ihm, sich von ihr nicht abschütteln zu lassen, er ist der Reiter, schließlich ist sie das Pferd! Sie unterläßt es sofort, seinen Schwanz zu masturbieren, wenn er nicht aufhört, ihren Unterleib abzugrasen. Ihm kommt die Erkenntnis, daß es mehr Spaß macht, selbst zu empfinden als andere empfinden zu machen, und so gehorcht er. Seine Hand sinkt nach mehreren Fehlversuchen von Erika endgültig herab. Ungläubig betrachtet er sein von ihm losgelöst scheinendes Organ, das sich unter Erikas Händen aufplustert. Erika fordert, er solle sie dabei anschauen, nicht die Größe, die sein Penis erreicht hat. Er soll nicht messen oder mit anderen vergleichen, dieses Maß, das nur für ihn gilt. Ob klein, ob groß, ihr genügt es. Ihm ist das unangenehm. Er hat nichts zu tun, und sie arbeitet an ihm. Umgekehrt wäre es sinnvoller, und so geschieht es auch im Unterricht. Erika hält ihn fern von sich. Ein gähnender Abgrund von etwa siebzehn Zentimetern Schwanz und dazu Erikas Arm und zehn Jahre Altersunterschied tut sich zwischen ihren Leibern auf. Das Laster ist grundsätzlich immer Liebe zum Mißerfolg. Und Erika ist immer auf Erfolg abgerichtet worden, hat ihn jedoch trotzdem nicht errungen.

Klemmer will auf dem zweiten Bildungsweg, und zwar auf verinnerlichtere Weise zu ihr durchdringen und ruft mehrfach ihren Vornamen. Er paddelt mit den Händen in der Luft und wagt sich erneut in verbotenes Gelände, ob sie ihn nicht doch ihren schwarzen Festspielhügel öffnen läßt. Er prophezeit ihr, daß sie, und zwar beide, es noch viel schöner haben könnten, und er erklärt sich schon dazu bereit. Sein Glied zuckt bläulich aufgedunsen. Es schlägt in der Luft herum. Gezwungenermaßen interessiert er sich jetzt mehr für seinen wurmigen Fortsatz als für Erika im gesamten. Erika gibt Klemmer den Befehl zu schweigen und sich auf keinen Fall zu rühren. Sonst geht sie. Der Schüler steht in leichter Grätschposition vor der Lehrerin und sieht das Ende noch nicht ab. Er überläßt sich verstört dem fremden Willen, als handle es sich um Anleitungen zu Schumanns Carnaval oder die Prokofieffsonate, die er gerade übt. Er hält die Hände hilflos seitlich an die Hosennaht, weil ihm kein anderer Ort einfällt. Seine Umrisse sind durch seinen sich vorne brav präsentierenden Penis entstellt, durch diesen Auswuchs, der da treibt und Luftwurzeln schlagen möchte. Draußen wird es finster. Erika steht zum Glück neben dem Lichtschalter, den sie betätigt. Sie untersucht Farbe und Beschaffenheit von Klemmers Schwanz. Sie setzt ihm die Fingernägel unter die Vorhaut und verbietet Klemmer jeden lauten Laut, sei es aus Freude, sei es aus Schmerz. Der Schüler fixiert sich in einer etwas verkniffenen Stellung, damit es noch länger dauern kann. Er preßt die Schenkel zusammen und spannt die Muskeln seiner Hinterbacken zu Eisenhärte.

Es soll bitte nicht gerade jetzt enden! Klemmer gewinnt langsam sowohl an der Situation Gefallen als auch an dem Gefühl in seinem Körper. Er spricht zum Ersatz für seine Untätigkeit Liebesworte, bis sie ihn schweigen heißt. Die Lehrerin untersagt zum letzten Mal jede Äußerung von seiten des Schülers, egal ob er zur Sache spricht oder nicht. Ob er sie denn nicht verstanden habe? Klemmer jammert, weil sie sein schönes Liebesorgan auf dessen ganzer Länge ohne Sorgfalt behandelt. Sie tut ihm mit Absicht weh. Oben öffnet sich ein Loch, das in Klemmer hineinführt und von diversen Leitungen gespeist wird. Das Loch atmet in sich hinein, fragt nach dem Zeitpunkt der Explosion. Dieser scheint gekommen, denn Klemmer ruft den üblichen Warnruf, daß er es nicht zurückhalten kann. Er beteuert seine diesbezüglichen Bemühungen und daß diese nichts helfen. Erika setzt ihm die Zähne in die Schwanzkrone, der davon noch lange kein Zacken abbricht, doch der Besitzer schreit wild auf. Er wird zur Ruhe gemahnt. Daher flüstert er wie im Theater, daß es jetzt! gleich! geschieht. Erika nimmt das Gerät wieder aus dem Mund und belehrt dessen Besitzer, daß sie ihm in Zukunft alles aufschreiben werde, was er mit ihr anfangen dürfe. Meine

Wünsche werden notiert und Ihnen jederzeit zugänglich gemacht. Das ist der Mensch in seinem Widerspruch. Wie ein offenes Buch. Er soll sich jetzt schon darauf freuen!

Klemmer versteht nicht ganz, was sie meint, sondern er winselt, daß sie jetzt auf keinen Fall aufhören darf, weil er sich nämlich gleich vulkanisch entladen wird. Auffordernd hält er ihr sein kleines Maschinengewehr am Abzug hin, damit sie es fertig abschießt. Doch Erika sagt, sie möchte es jetzt nicht mehr anfassen, um keinen Preis. Klemmer biegt sich in der Mitte durch und beugt den Oberkörper bis fast auf seine Knie hinunter. Er torkelt in dieser Stellung im Klovorraum umher. Das unbarmherzige Licht einer weißen Glaskugellampe bescheint ihn dabei. Er bittet Erika, die es nicht gewährt. Er greift sich selbst an, um Erikas Werk zu vollenden. Er beschreibt seiner Lehrerin dabei, warum es gesundheitlich nicht zu verantworten ist, wenn man einen Mann in diesem Zustand so unehrerbietig behandelt. Erika antwortet: Finger weg, sonst sehen Sie mich nie wieder in solcher und ähnlicher Situation, Herr Klemmer. Dieser malt ihr die berüchtigten Verzugsschmerzen aus. Er wird zu Fuß gar nicht bis nach Hause gelangen können. Dann nehmen Sie eben ein Taxi, rät Erika ruhig und wäscht sich flüchtig die Hände unter der Wasserleitung. Sie trinkt ein paar Schlucke. Klemmer versucht verstohlen, an sich herumzuspielen, wie es in keinem Notenheft steht. Ein scharfer Zuruf hält ihn davon ab. Er soll einfach vor der Lehrerin stehenbleiben, bis sie ihm etwas Gegenteiliges befiehlt. Sie möchte die körperliche Veränderung an ihm studieren. Sie wird ihn nun nicht mehr berühren, wovon er ganz überzeugt sein kann. Herr Klemmer bittet zitternd und wimmernd. Er leidet unter dem jähen Abbruch der Beziehungen, auch wenn diese nicht gegenseitig waren. Er macht Erika heftige Vorstellungen. Er beschreibt ausufernd jede einzelne Leidensphase zwischen Kopf und Füßen. Sein Schwanz schrumpft dabei im Zeitlupentempo ein. Klemmer ist von Natur aus keiner, der das Gehorchen schon in der Wiege mitbekommen hätte. Er ist einer, der immer nach dem Grund fragen muß, und so benennt er die Lehrerin schließlich mit Schimpfwörtern. Er ist ganz außer Kontrolle geraten, weil der Mann in ihm mißbraucht wurde. Der Mann muß nach Spiel und

Sport sauber geputzt ins Futteral zurückgelegt werden. Erika macht die Gegenrede und sagt, halten Sie Ihr Maul! Sie sagt es in einem Ton, daß er es wirklich hält.

Er steht in einigem Abstand von ihr, während er erschlafft. Klemmer will, nachdem wir eine kurze Atempause uns gegönnt haben, aufzählen, was man alles mit einem solchen Mann nicht machen darf. Die heutige Handlungsweise Erikas führt eine lange Kette von Verboten an. Er will ihr die Gründe nennen. Sie heißt ihn stillsein. Es ist ihre letzte Aufforderung. Klemmer verstummt nicht, sondern verspricht eine Vergeltungsmaßnahme. Erika K. geht zur Tür und verabschiedet sich lautlos. Er hat ihr nicht gehorcht, obwohl sie ihm mehrmals die Chance geboten hat. Jetzt wird er nie mehr erfahren, was er an ihr vollstrecken darf, welches Urteil, wenn sie es erlaubt. Sie drückt schon die Klinke hinunter, da fleht Klemmer sie zu bleiben an.

Er schweigt ab jetzt ehrenwörtlich. Erika öffnet die Klotür sperrangelweit. Klemmer wird von der offenen Tür eingerahmt, ein nicht sehr wertvolles Gemälde. Jeder, der jetzt käme, sähe seinen entblößten Schwanz, ohne darauf im mindesten vorbereitet zu sein. Erika läßt die Tür offen, um an Klemmer herumzuquälen. Allerdings dürfte auch sie hier nicht gesehen werden. Sie läßt es kühn darauf ankommen. Die Treppe endet direkt neben der Aborttür. Erika streichelt ein letztes Mal ganz kurz über Klemmers Penis-Hauptkörper, der neue Hoffnung schöpft. Sofort wird er erneut links liegengelassen. Klemmer zittert wie Laub im Wind. Er hat den Widerstand aufgegeben und läßt sich frei anblicken, ohne etwas dagegen zu unternehmen. Für Erika ist dies die absolute Kür in Sachen Zuschauen. Pflicht und Kurzprogramm hat sie längst fehlerlos hinter sich gebracht.

Die Lehrerin ist ruhig in den Boden gepflanzt. Sie weigert sich entschieden, sein Liebesorgan zu berühren. Der Liebesorkan tost nur noch schwach. Klemmer läßt nichts mehr von gegenseitigem Empfinden verlauten. Schmerzhaft verkleinert er sich. Erika findet ihn bereits lächerlich klein. Er läßt es sich gefallen. Sie wird von nun an genau kontrollieren, was er beruflich und in seiner Freizeit unternimmt. Für einen läppischen Fehler kann ihm unter Umständen schon der Paddelsport gestrichen werden. Sie wird in ihm wie in einem langweiligen Buch blättern. Sie wird ihn möglicherweise bald weglegen. Klemmer darf seinen Riemen erst in die Hülle zurückstecken, wenn sie es gestattet. Eine verstohlene Bewegung, ihn einzusacken und den Reißverschluß zu schließen, ist von Erika im Ansatz vereitelt worden. Klemmer wird frech, weil er spürt, es ist bald zu Ende. Er prophezeit, daß er sicher drei Tage nicht gehen wird können. Er schildert diesbezügliche Ängste, denn das Gehen ist für den Sportler Klemmer sozusagen die Grundausbildung ohne Waffe. Erika sagt, Anweisungen werden ihm zugehen. Schriftlich oder mündlich oder fernmündlich. Jetzt darf er seinen Spargel wegpacken. In einer Instinkthandlung wendet sich Klemmer zu diesem Zweck von Erika ab. Doch letztlich muß er alles vor ihrem Blick tun. Während sie ihm zusieht. [...]

5.3 Bret Easton Ellis: American Psycho (1991) [282]

Bret Easton Ellis' Roman *American Psycho* [283] stellt die Verbindung von Sexualität und Gewalt in einer rücksichtslosen Brutalität dar, wie wohl kein anderes literarisches Werk zuvor. Eine Szene, die den mit entsprechender Pornographie vertrauten Leser an gängige Versatzstücke sadomasochistischer Ästhetik erinnert, kippt im Verlaufe weniger Zeilen in deren vollständige Dekonstruktion um: «In meinem Schlafzimmer liegt Christie noch auf dem Futon, an die Bettpfosten gefesselt, mit Kordel verschnürt, die Arme über dem Kopf, ausgerissene Seiten aus dem ‹Vanity Fair› vom letzten Monat in den Mund gestopft. An eine Batterie angeschlossene Jumperkabel sind an ihre Brüste geklemmt, die langsam braun werden.» [284] Wie Patrick Bateman, der Ich-Erzähler der Geschichte, sich junge Call-Girls in seine Wohnung lockt und sie dann auf grauenvolle Weise foltert und tötet, so lockt Bret Easton Ellis, der Autor, den Leser hinein in die Handlung, um ihn mit der Gewalttätigkeit seiner Schilderungen zu konfrontieren: «Tiffany leckt hungrig Torris Pussy, nass und schimmernd, und Torri greift nach unten und knetet Tiffanys große, feste Titten. Ich beiße fester, an Tiffanys Fotze kauend, und sie verkrampft sich. ‹Ganz locker›, sage ich beruhigend. Sie fängt an zu jaulen, will wegrutschen und kreischt schließlich laut auf, als sich meine Zähne in ihr Fleisch graben. Torri denkt, Tiffany würde kommen, und presst ihre eigene Fotze härter auf Tiffanys Mund, ihre Schreie erstickend, aber als ich zu Torri hochschaue, das Gesicht voller Blut, den Mund voller Fleisch und Schamhaare, und das Blut aus Tiffanys zerfetzter Fotze auf die Bettdecke schießt, spüre ich, wie eine Welle plötzlichen Horrors sie überläuft.»[285] Sollte es einen eigentlich beunruhigen, wenn in manchen Kontaktanzeigen der SM-Szene, beispielsweise in den *Schlagzeilen*, ausdrücklich Bezug auf *American Psycho* genommen wird? Die oben zitierten Zeilen sind bei weitem nicht die drastischsten dieses Romans.

Eine Problematik, die bei Ellis' alle Grenzen sprengende Darstellungsweise sehr schnell −noch vor Veröffentlichung des Romans nämlich − aufkam, war die der Notwendigkeit von Zensur. Einige Frauen des Verlags, in dem der Roman ursprünglich erscheinen sollte, protestierten derart lautstark gegen die Gewaltszenen des Werkes, dass die Verlagsleitung einen Monat, bevor das Buch im Handel erhältlich sein sollte, von seiner Veröffentlichung absah. Als Ellis einen anderen Verleger fand, drohte die US-amerikanische Frauenrechtsorganisation ‹NOW› mit einem Boykott aller Läden, in denen der Roman zum Verkauf angeboten werden würde. Vom Inhalt des Werkes war diesen Feministinnen nichts weiter bekannt als einige wenige vorveröffentlichte und aus dem Kontext gerissene Stellen, auf denen allerdings ein Höhepunkt der Grausamkeiten geschildert wurde − es ist der erste der beiden im Folgenden abgedruckten Auszüge.

Im renommierten *New York Times Book Review* entblödete sich derweil ein gewisser Roger Rosenblatt nicht zu einer Rezension mit dem Titel *Snuff This Book! Will Bret Easton Ellis Get Away With Murder?*[286] und wirft damit vor allem die Frage auf, ob jemand, der Fiktion und Wirklichkeit so augenscheinlich nicht mehr auseinander halten kann, unbedingt Literaturkritiker werden sollte. Frauenrechtlerinnen wie Tara Baxter bliesen in dasselbe Horn und erklärten, dass Amerikanische Psychos wie Bret Easton Ellis ein wesentlicher Bestandteil des Patriarchats seien und man mit ihnen «auf schnelle und angemessene Weise» verfahren solle.

Ellis selbst verstand mittlerweile die Welt nicht mehr. Seine Aussagen in Interviews und eine sorgfältige Analyse all seiner Bücher bringen zum Vorschein, dass es sich bei ihm eigentlich um einen stockkonservativen Menschen handelt und er lediglich zum Ausdruck bringen möchte, dass die sexuelle und moralische Freizügigkeit der amerikanischen Gesellschaft – wie er sie wahrnimmt! – unweigerlich zu solchen Monstern wie Patrick Bateman führen müsse. Ellis ist kein revolutionärer de Sade, ganz im Gegenteil: «Like David Lynch, Ellis is merely ‹weird on top› not ‹wild at heart›», hält die Literaturwissenschaftlerin Elizabeth Young in ihrem *Shopping in Space*[287] fest. Ellis' Werke wurden aber in weiten Kreisen offensichtlich nur auf oberflächlicher Ebene rezipiert, der tiefer liegende Gehalt nicht wahrgenommen. Eine Ausnahme davon bildeten lediglich einige Literaturwissenschaftler, die sich in sehr kurzer Zeit sehr ausführlich mit diesem Werk beschäftigten und auf eine Unzahl diskutierenswerter Themenkomplexe stießen: Ellis' Kritik an Paul Feyerabends Credo der Postmoderne: «anything goes!», seine Darstellung der dekadenten US-amerikanischen Gesellschaft unter Reagan und Papa Bush, die Dekonstruktion des menschlichen Körpers, die Deindividualisierung der Protagonisten, intertextuelle Verweise, das Spiel mit dem unzuverlässigen Erzähler und Dutzende von anderen hochinteressanten Unterpunkten. Ob man allerdings etwa die Stelle, an welcher der Protagonist und Ich-Erzähler den abgetrennten Kopf einer zuvor von ihm gefolterten Frau in den Mund fickt, als brutale Geschmacklosigkeit oder als intertextuelle Dekonstruktion des Salome-Stoffes liest, hängt wohl stark vom Standpunkt und der Deutungsabsicht des Interpretierenden ab. Insgesamt ist dem Roman ein literarischer Wert jedoch keineswegs abzusprechen.

Was den momentanen Stand der Zensurdebatte angeht, so ist Ellis' Roman in den USA frei erhältlich. Das einzige Land, das *American Psycho* auf den Index gesetzt hatte, ist Deutschland.[288] Bestimmte Literaturformen haben in dieser Republik einen schweren Stand.

Girl

In einer Mittwochnacht noch ein Mädchen, das ich im M.K. treffe und vorhabe, zu foltern und zu filmen. Die hier bleibt namenlos für mich, und sie sitzt auf der Couch im Wohnzimmer meines Apartments. Eine Flasche Champagner, Cristal, halbleer, steht auf dem Glastisch. Ich drücke ein paar Platten durch, Nummern, die auf der Wurlitzer aufleuchten. Schließlich fragt sie: »Was ist das hier ... für ein Geruch?«, und ich antworte murmelnd: »Eine tote ... Ratte« und öffne dann die Fenster, die gläserne Schiebetür, die auf die Terrasse führt, obwohl es ein kühler Abend ist, Spätherbst, und sie nur spärlich bekleidet, aber sie nimmt noch ein Glas Cristal, und das scheint sie genug aufzuwärmen, um mich fragen zu können, womit ich meinen Lebensunterhalt verdiene. Ich sage ihr, daß ich in Harvard war und dann, nach meinem Abschluß von der Business School dort, auf der Wall Street bei Pierce & Pierce angefangen habe, und als sie entweder scherzhaft oder verwirrt fragt: »Was ist das?«, schlucke ich und finde die Kraft, während ich mit dem Rücken zu ihr den neuen Onica geraderücke, hervorzustoßen: »Ein ... Schuhgeschäft.« Ich habe eine Line Koks genommen, die ich in meinem Medizinschrank gefunden habe, als wir in mein Apartment zurückkamen, und der Cristal dämpft die Wirkung etwas, aber nur allmählich. Heute morgen ging es in der *Patty Winters Show* um eine Maschine, mit der man mit Toten sprechen kann. Dieses Mädchen trägt ein wollenes Tuchkostüm, eine Bluse aus Seidengeorgette, Ohrringe aus Achat und Elfenbein von Stephen Dweck, eine körperbetonte Weste aus Seidenjaquard, alles von ... tja? Charivari, nehme ich an.

Im Schlafzimmer ist sie nackt und ölig und lutscht meinen Schwanz, und ich stehe über ihr und schlage ihr dann damit ins Gesicht, packe ihr Haar mit meiner Hand und nenne sie »verhurte Drecksnutte«, und das geilt sie noch mehr auf, und während sie lahm an meinem Schwanz lutscht, befingert sie ihre Klitoris, und als sie mich fragt, »Gefällt dir das«, während sie meine Eier leckt, antworte ich »Ja klar« und atme schwer. Ihre Brüste sind hoch und voll und fest, beide Nippel sehr steif, und als sie röchelnd meinen Schwanz schluckt, den ich ihr hart in den Mund stoße, fasse ich runter und knete sie, und dann, als ich sie ficke, nachdem ich ihr den Dildo in den Arsch gerammt und mit einem Riemen festgeschnallt habe, kratze ich ihre Titten, bis sie mich bittet, vorsichtiger zu sein. Früher am Abend war ich mit Jeanette zum Dinner in einem sehr teuren norditalienischen Restaurant in der Nähe des Central Park auf der Upper East Side. Früher am Abend habe ich einen Maßanzug von Edward Sexton getragen und trübselig über das Haus meiner Familie in Newport nachgedacht. Früher am Abend habe ich, nachdem ich Jeanette abgesetzt hatte, im M.K. bei einer Fundraising-Party vorbeigeschaut, die irgendwie mit Dan Quayle zu tun hatte, den selbst ich nicht ausstehen kann. Im M.K. hat mich das Mädchen, das ich ficke, ziemlich direkt auf der Couch angemacht, auf der ich saß und wartete, daß der Billardtisch frei wurde. »O Gott«, sagt sie. Erregt schlage ich sie, boxe sie dann leicht in den Mund, küsse ihn, in ihre Lippen beißend. Furcht, Entsetzen, Verwirrung überfluten sie. Der Gurt reißt, und der Dildo rutscht aus ihrem Arsch, während sie versucht, mich wegzustoßen. Ich wälze mich beiseite und tue so, als würde ich sie entkommen lassen, um mich dann, während sie ihre Kleider aufsammelt, vor sich hin stammelnd, was für ein »irres verficktes Arschloch« ich bin, wie ein Schakal auf sie zu stürzen, buchstäblich Schaum vorm Mund. Sie weint, um Verzeihung bettelnd, hysterisch schluchzend, fleht mich an, ihr nichts zu tun, in Tränen, jetzt verstört ihre Brüste bedeckend. Aber selbst ihr Schluchzen erregt mich kaum. Ich fühle wenig, als ich ihr Tränengas ins Gesicht sprühe, und noch weniger, als ich ihren Kopf gegen die Wand schlage, vier-, fünfmal, bis sie bewußtlos ist; ein kleiner Fleck bleibt zurück, an dem Haare kleben. Nachdem sie zu Boden gefallen ist, gehe ich ins Badezimmer und nehme noch eine Line von dem schäbigen Koks, den ich am Vorabend im Nell's oder Au Bar abgestaubt habe. Ich kann ein Telefon klingeln hören, einen Anrufbeantworter, der sich einschaltet. Ich bleibe über den Spiegel gebeugt, die Nachricht ignorierend, mache mir nicht mal die Mühe, zu hören, wer es ist. Später ist sie wie üblich auf den Boden gefesselt, nackt, auf dem Rücken, mit beiden Füßen und Händen an provisorische

Pfosten gebunden, die ich auf metallbeschwerten Brettern befestigt habe. Die Hände sind gespickt mit Nägeln, und ihre Beine sind weit gespreizt. Ein Kissen hebt ihren Arsch an, und ihre klaffende Fotze ist verschmiert mit Käse, Brie, ein Teil davon bis tief in die Scheide gestopft. Sie ist kaum bei Bewußtsein, und als sie mich sieht, nackt über ihr stehend, male ich mir aus, daß die fast völlige Abwesenheit menschlicher Züge an mir sie mit namenlosem Entsetzen erfüllen muß. Ich habe den Körper vor dem neuen ToshibaFernseher in Stellung gebracht, im Videorecorder läuft eine alte Kassette, und auf dem Bildschirm erscheint das letzte Mädchen, das ich gefilmt habe. Ich trage einen Joseph-Abboud-Anzug, einen Schlips von Paul Stuart, Schuhe von J. Crew, eine Weste von irgendeinem Italiener, und ich knie auf dem Boden neben einer Leiche, fresse das Hirn aus der Schale, schlinge es runter, streiche Grey-Poupon-Senf über Klumpen rosigen menschlichen Fleischs. »Siehst du gut?« frage ich das Mädchen, das nicht auf dem Bildschirm ist. »Kannst du das sehen? Siehst du auch zu?« flüstere ich.

Ich versuche die Schlagbohrmaschine an ihr, treibe ihr den Bohrer in den Mund, doch sie hat noch die Kraft, die Geistesgegenwart, die Zähne zusammenzubeißen, preßt sie fest aufeinander, und obwohl der Bohrer wie Butter durch die Zähne geht, verliere ich das Interesse und halte deshalb ihren Kopf hoch, während ihr Blut aus dem Mund sickert, und lasse sie den Rest der Kassette sehen, und als sie dem Mädchen auf dem Bildschirm zusieht, das aus allen erdenklichen Körperöffnungen blutet, hoffe ich, daß ihr klar wird, wie unausweichlich das mit ihr geschehen mußte. Daß sie hier geendet wäre, auf dem Boden meiner Wohnung liegend, Hände an Pfosten genagelt, Käse und Glasscherben tief in die Fotze geschoben, ihr Schädel gespalten und dunkel blutend, ganz gleich, welche Entscheidung sie auch getroffen hätte; daß, wäre sie ins Nell's, Indochine, Mars oder Au Bar anstatt ins M.K. gegangen, all das trotzdem geschehen wäre, auch wenn sie einfach nicht zu mir ins Taxi zur Upper West Side gestiegen wäre. Daß ich sie gefunden hätte. Das ist der Lauf der Welt. Ich beschließe, mir heute die Kamera zu sparen.

Ich versuche, ihr eines der Rohre aus dem Habitrail-System in die Vagina zu schieben, und stülpe ihre Schamlippen über ein Ende des

Rohrs, und obwohl ich es gründlich mit Olivenöl geschmiert habe, paßt es nicht richtig. Währenddessen spielt die Jukebox Frankie Valli, der »The Worst That Could Happen« singt, und ich bewege unbarmherzig die Lippen zum Text, während ich der kleinen Sau das Rohr in die Fotze schiebe. Schließlich muß ich mir damit behelfen, daß ich Säure um die Muschi gieße, damit das Fleisch dem eingeölten Rohrende nachgibt, und schon gleitet es mühelos hinein. »Ich hoffe, es tut dir weh«, sage ich.

Die Ratte wirft sich gegen den Glaskäfig, als ich ihn aus der Küche ins Wohnzimmer trage. Sie hat die Überreste der anderen Ratte verschmäht, die ich ihr letzte Woche zum Spielen gekauft hatte und die nun tot und verwesend in einer Käfigecke liegt. (In den letzten fünf Tagen habe ich sie systematisch hungern lassen.) Ich stelle den Glaskäfig neben dem Mädchen ab, und die Ratte scheint durchzudrehen, vielleicht wegen des Käsegeruchs, rennt erst quiekend im Kreis und versucht dann, ihren von Hunger entkräfteten Körper über die Käfigwand zu hieven. Die Ratte braucht keinen weiteren Ansporn, der verbogene Kleiderbügel, den ich mir zurechtgelegt hatte, bleibt unbenutzt neben mir liegen, und während das Mädchen bei vollem Bewußtsein ist, schnuppert das Vieh mit neuerwachter Energie los, huscht das Rohr hinauf, bis der halbe Körper darin verschwunden ist, und dann nach einer Minute – der Körper der Ratte zittert, während sie frißt – verschwindet sie ganz, bis auf den Schwanz, und ich reiße das Abflußrohr aus dem Mädchen, und der Nager sitzt fest. Bald ist auch der Schwanz verschwunden. Die Geräusche des Mädchens sind größtenteils unverständlich. Mir ist jetzt bereits klar, daß das einer der üblichen nutzlosen, sinnlosen Tode sein wird, aber ich bin nun mal den Horror gewöhnt. Es scheint weit weg, selbst jetzt kann es mich nicht kümmern oder ärgern. Ich beklage mich nicht, und um es mir selbst zu beweisen, nehme ich – nach ein oder zwei Minuten, in denen ich beobachte, wie die Ratte unter der Bauchdecke zuckt, mich vergewissere, daß das Mädchen noch bei Bewußtsein ist, den Kopf im Schmerz herumwirft, die Augen vor Unverständnis und Entsetzen geweitet – eine Kettensäge und säge das Mädchen in zwei Teile, eine Sache von Sekunden. Die schnarrenden Zähne gehen so schnell durch Haut und Muskeln und Sehnen und Knochen, daß sie noch lange genug lebt, um mitanzusehen, wie ich ihre Beine von ihrem Körper wegziehe – ihre eigentlichen Schenkel, die Reste ihrer zerfetzten Vagina – und sie bluttriefend ausgestreckt vor mich halte, fast wie Trophäen. Ihre Augen bleiben noch eine Minute offen, verzweifelt und leer, dann schließen sie sich, und endlich, ehe sie stirbt, stoße ich sinnlos ein Messer in ihre Nase, bis es durch das Fleisch an der Stirn wieder austritt, und hacke ihr dann das Kinn ab. Sie hat nur noch einen halben Mund, und ich ficke ihn einmal, dann noch mal, dreimal insgesamt. Ohne mich darum zu kümmern, ob sie noch atmet oder nicht, reiße ich zuletzt mit den Fingern ihre Augen aus den Höhlen. Die Ratte erscheint mit dem Kopf zuerst – irgendwie hat sie es geschafft, sich in der Bauchhöhle umzudrehen – und blutüberströmt (außerdem fällt mir auf, daß die Kettensäge ihr fast den halben Schwanz abgesägt hat), und ich füttere sie mit einer Extraportion Brie, ehe ich das Gefühl habe, sie tottrampeln zu müssen, was ich tue. Später liegen der Oberschenkelknochen des Mädchens und Reste des Kiefers schmorend im Ofen, Schamhaarbüschel füllen einen Kristallaschenbecher von Steuben, und als ich sie anzünde, verbrennen sie schnell.

[...]

Fürs Dessert habe ich mir etwas Besonderes ausgedacht. Heute morgen habe ich bei einem Powerfrühstück im 21 Club mit Craig McDermott, Alex Baxter und Charles Kennedy einen Duftstein aus dem Männerklo gestohlen, als der Wärter gerade nicht hinsah. Zu Hause umhüllte ich ihn mit billiger Schokoladencouvertüre, fror ihn ein und legte ihn dann in eine leere Godiva-Schachtel, die ich mit einem Seidenbändchen umwickelte, und jetzt, bei Luke, nachdem ich mich einen Moment entschuldigt habe, gehe ich zur Küche, nach einem Zwischenstopp an der Garderobe, um das Päckchen zu holen, und bitte unseren Kellner, es »mit der Schachtel« an unseren Tisch zu bringen und der dort sitzenden Dame auszurichten, Mr. Bateman habe es extra für sie bestellt. Ich bitte ihn sogar, während ich die Schachtel öffne, eine Blume oder so was dazuzulegen, stecke ihm einen Fünfziger zu. Er bringt sie, nachdem er eine angemessene Frist hat verstreichen lassen und die Teller abgeräumt sind, und es beeindruckt mich, welch großen Auftritt er daraus macht; er hat sogar eine Silberglocke über die Schachtel gestülpt, und Evelyn gurrt vor Vergnügen, als er sie mit einem »Voi-ra« abhebt, greift nach dem Löffel neben ihrem Wasserglas (ich habe mich vergewissert, daß es leer ist) und sagt zu mir gewandt: »O Patrick, wie süß von dir«, und ich nicke lächelnd dem Kellner zu und winke ab, als er einen Löffel auf meine Seite des Tischs legen will.

»Willst du nichts abhaben?« fragt Evelyn besorgt. Sie ist sprungbereit, gierig über den schokoladenüberzogenen Duftstein gebeugt. »Ich liebe Godiva.«

»Ich bin nicht hungrig«, sage ich. »Das Dinner war ... reichlich.«

Sie lehnt sich nach vorn, das braune Oval beschnuppernd, und fragt mich, ein Aroma von etwas (vielleicht Desinfektionsmittel) erahnend, nun bestürzter: »Bist du ... sicher?«

»Nein, Darling«, sage ich. »Ich möchte, daß du es ißt. Es ist ja nicht so viel da.«

Sie nimmt den ersten Bissen, folgsam kauend, sofort und unübersehbar angewidert, und schluckt dann. Sie zuckt zusammen, zieht eine Grimasse und versucht zu lächeln, als sie den nächsten zaghaften Bissen nimmt.

»Wie ist es?« frage ich, dann, drängend: »Iß auf. Es ist nicht vergiftet oder so.«

Ihr Gesicht, unglücklich verzogen, wird noch etwas bleicher, als müßte sie würgen.

»Was?« frage ich grinsend? »Was ist los?«

»Es ist so ...« Ihr Gesicht ist jetzt eine einzige lange qualvoll grimassierende Maske, und sich schüttelnd hustet sie: »... pfefferminzig.«

Sie versucht, ein genießerisches Lächeln aufzusetzen, was sich als Unmöglichkeit erweist. Sie greift nach meinem Wasserglas und stürzt es hinunter, in dem verzweifelten Bemühen, den Geschmack aus dem Mund zu spülen. Dann bemerkt sie meinen besorgten Blick und versucht, diesmal entschuldigend, zu lächeln. »Es ist nur« – sie schaudert wieder – »es ist nur so ... pfefferminzig.«

Für mich sieht sie aus wie eine große schwarze Ameise – eine große schwarze Ameise im Christian-Lacroix-Modellkleid –, die einen Duftstein ißt, und ich fange fast an zu lachen, aber ich will sie auch nicht beunruhigen. Ich will nicht, daß sie es sich anders überlegt, ehe sie den Duftstein aufgegessen hat.

Aber sie kriegt nichts mehr davon runter und schiebt nach nur zwei Bissen den Teller von sich, als sei sie satt, und in dem Moment fange ich an, mich seltsam zu fühlen. Obwohl ich mich daran ergötze, daß sie das Ding frißt, macht es mich auch traurig, und plötzlich werde ich daran erinnert, daß das Unbehagen, das ich ihr bereite, – wie befriedigend es auch sein mag, Evelyn etwas essen zu sehen, auf das ich und zahllose andere gepißt haben – letztendlich auf meine Kosten geht: es ist enttäuschend, ein schäbiger Ausgleich dafür, sie drei Stunden am Hals zu haben. Unwillkürlich beginnen sich meine Kiefer zu verkrampfen, entspannen, verkrampfen, entspannen. Irgendwo läuft Musik, aber ich kann sie nicht hören. Evelyn fragt den Kellner heiser, ob er ihr vielleicht Life Savers aus dem koreanischen Deli um die Ecke besorgen kann.

Zur Krönung des Abends sagt Evelyn dann auch noch: »Ich will eine feste Beziehung.«

6. Grenzfälle

Joris-Karl Huysmans, Knut Hamsun, William Faulkner, Leonora
Karrington, John Fowles, John Updike, Martin Amis

Es gibt eine beträchtliche Anzahl von Texten der Weltliteratur, die
oberflächlich eher traditionell erscheinen oder zumindest kaum offen
sadomasochistisch sind, in denen der entsprechende Diskurs aber beispielsweise kurz aufblitzt oder aber in einem gewissen unscharf-zwie-
lichtigen Bereich belassen wird. Der Vollständigkeit halber sollen hier
zumindest einige dieser Texte als Beispiele angeführt werden.

Joris-Karl Huysmans

In dem Roman *La-Bas*[289] (1891) des Décadence-Schriftstellers
Joris-Karl Huysmans spielt eine Femme fatale namens Hyacinthe
eine bedeutende Rolle. Ihr Verhalten besteht oftmals darin, Durtal,
den übernervösen Protagonisten der Geschichte, in einen Zustand
starker sexueller Erregung zu bringen – einmal im Verlaufe einer
satanischen Messe –, nur um sich ihm dann wieder zu entziehen
und ihn unbefriedigt zurückzulassen. Dass sie dieses sehr bewusst
tut, ist auch Durtal selbst vollkommen klar; er scheint sich aber
nicht dagegen wehren zu können: «(S)ie verriet ihn an seine eigene
Lust, zwang ihn, sie zu wollen.»[290] Handelt es sich hierbei bereits
um eine sadomasochistische Erzählung? Einerseits liegt mit diesem
Roman eine Ästhetik des sexuellen Ausgeliefertseins vor, die man
auch bei Sue, Wedekind und vergleichbaren Autoren vorfindet.
Wollte man andererseits im ‹wirklichen Leben› alle Frauen, die
Männer bewusst anheizen, nur um sie dann doch zurückzuweisen,
als Sadomasochistinnen bezeichnen, würde das diesen Terminus so
weit fassen, dass er jegliche definitorische Substanz verlöre.

Knut Hamsun

Der Roman *Victoria*[291] (1898) des norwegischen Nationalschrift-
stellers Knut Hamsun erzählt an sich von der ersten bis zur letzten
Seite eine konventionelle Liebesgeschichte zwischen Angehörigen

zweier verschiedener Stände: einem Müllersburschen und einer Schlossherrin. Die Frage, ob dieses Standesgefälle nicht als Metapher für eine sadomasochistische Selbsterniedrigungsphantasie gelesen werden kann, stellt sich aufgrund von Passagen wie diesen:

«Victoria! Victoria! Wusste sie, wie unsagbar er ihr gehörte, jede Minute seines Lebens? Er wollte ihr Diener sein, ihr Sklave sein, wollte ihren Weg mit seinen Schultern säubern. Und er wollte ihre beiden kleinen Schuhe küssen und ihren Wagen ziehen und an kalten Tagen Holz in ihren Ofen legen. Vergoldetes Holz wollte er in den Ofen legen, Victoria.»[292]

(Er spricht zu ihr:) «Und ich begreife nicht einmal, dass ich jetzt hier neben Ihnen sitzen darf. Denn ich sollte vor Ihnen stehen, oder ich sollte dort auf den Knieen liegen. Das wäre das Richtige.»[293]

Natürlich sollte man bei einer seriösen Interpretation darauf achten, dass man ein Werk nicht lediglich benutzt, um es in das gewünschte Schema zu pressen. Nicht jede Geschichte, in der Selbsterniedrigung oder sexuelle Ausbeutung vorkommen, ist eine sadomasochistische Erzählung. Im Falle Hamsuns sind die oben wiedergegebenen Passagen einerseits unverkennbar mit Elementen der sadomasochistischen Ästhetik versetzt, andererseits sind dies die einzigen so gehaltenen Passagen im gesamten Roman. Wolfgang Kaempfer schreibt in seinem bereits mehrfach erwähnten Aufsatz *Masochismus in der Literatur* dazu: «Die Mädchengestalten der Erzählungen [...] von Knut Hamsun sind in sich so widersprüchlich, so verletzlich und sogleich so süchtig nach Verletzung, dass sie der planen masochistischen Phantasie kaum schon Modell stehen können. Dennoch ist die Konstellation [...] zu entwickelteren Formen der paradoxen Triebbefriedigung oft nicht zu übersehen.»[294] Auch tauche in Hamsuns Erzählungen *Pan* und *Victoria* «neben dem den Affekt und die Liebesqual anheizenden Rivalen – ähnlich wie in manchen Erzählungen Sacher-Masochs – je eine zweite, eine Ersatzgeliebte auf, welche die verhältnismäßige Promiskuität des Liebhabers – und damit dessen Strafwürdigkeit – verstärkt.»[295]

William Faulkner

Sanctuary[296] (1931) ist Faulkners eigener Aussage zufolge ein aus
rein finanziellen Motiven entstandenes, eher minderwertiges Werk
– aber immer noch spürbar ein Werk eines der größten Autoren
der US-amerikanischen Moderne. Seine Heldin ist die Studentin
Temple Drake, deren kokett-herausfordernde Sexualität auf Männer eine große Anziehungskraft ausübt. Temple gerät in die Gesellschaft einer Gruppe von Verbrechern, die sich zunächst gegenseitig
vor ihr in Schach halten; dennoch wird sie halbnackt von ihnen
gefangen gehalten und schließlich von dem Rücksichtslosesten der
Gruppe mit einem Maiskolben vergewaltigt. Danach verschachert
dieser die junge Frau an ein Bordell. Temple hat mehrmals eine
klare Möglichkeit zur Flucht, lässt aber in einer Mischung aus
Furcht und Faszination dann doch alles mit sich geschehen. Auch
als der Anführer der Bande sich vor den Augen ihres einstigen Ver-
gewaltigers über sie hermacht, scheint Temple von einer geradezu
masochistisch anmutenden Gier besessen zu sein: «ihr Körper bog
sich langsam hintenüber wie vor einer köstlichen Folter»[297]. Aber
kann man deswegen schon von einem sadomasochistischen Roman
sprechen, oder geht es hier nur um das Schicksal einer zutiefst trau-
matisierten Frau?

Leonora Carrington

Es wird von Kritikern die These vertreten, das Element, das Sadomasochismus und Surrealismus mit dem Faschismus vereine, sei
die Erniedrigung von menschlichen Wesen zu Objekten bzw. deren
Gleichsetzung. Ebenso kann man sicherlich davon sprechen, dass
SM-Literatur, Surrealismus und Faschismus eine Gemeinsamkeit
darin haben, als sie versuchen, die Ich-Grenzen zu durchbrechen,
um die darunter liegenden Kräfte des Es freizuschaufeln. Allerdings enden an dieser Stelle bereits die Gemeinsamkeiten, und die
Gleichsetzung zweier literarischer Richtungen mit einem politischen System gänzlich anderer Ideologie und Zielsetzung ist insofern sehr fragwürdig. Dennoch ist es in diesem Zusammenhang bemerkenswert, dass Leonora Carringtons *The Baa-Lamb's Holiday*[298]

(1940) vor dem Hintergrund leidvoller Erfahrungen mit dem Hitlerfaschismus entstanden ist: Die Autorin musste den Abtransport ihres Geliebten, Max Ernst, in ein Internierungslager mitansehen, ihr eigener Fluchtversuch scheiterte, und sie wurde in eine Irrenanstalt zwangseingewiesen, wo sie es nur mit Mühe vermeiden konnte, nicht selbst wahnsinnig zu werden.

Käthe Trettin nennt in ihrem Nachwort zu der oben angegebenen Anthologie *Das Fest des Lamms* «ein Fest sadistischer und masochistischer Eiszeitgelüste». Als typisch surrealistisches Stück besitzt es keinen Inhalt, den man in wenigen Worten nacherzählen kann, aber seine Figuren, Dialoge und die dadurch ausgelösten Assoziationen bedienen sich wieder und wieder den Topoi des Sadomasochismus. Es kommt ein Hund vor, der trotz menschlicher Charakterzüge wie ein Hund behandelt wird, ein Peitschen tragender Wolfsmensch, der von der schönen Theodora absolute Unterwerfung verlangt, Theodora selbst ist bereit dazu, hat aber auch sadistische Züge. «Weißt du, Philip, ich habe oft Lust, dich mit Füßen zu treten ...»[299], sagt sie zu ihrem Mann, von dem sie gequält wird, wobei er sie gleichzeitig fragt: «Theodora, warum bist du so grausam zu mir?»[300] Sadismus und Masochismus verschränken sich unauflösbar miteinander. Aber auch Philips erste Frau spricht von «grauenvollen Nächte(n), die (sie) hier verbracht habe ... frierend, gedemütigt und erniedrigt.»[301] Was eigentlich in dem Haus geschieht, das als Schauplatz der Handlung dient, wird niemals ausgeführt, sondern immer nur der Assoziation des Lesers – nicht etwa des Zuschauers, das Stück ist so gut wie unaufführbar – anheim gestellt, etwa in Bemerkungen wie dieser des Kammerdieners Robert: «Was hier vorgeht, ist abartig ... ekelerregendes Zeug für Leute, die gern perverse Sachen sehen.»[302]

Abschließend sei hier noch eine kurze Dialogpassage zur Veranschaulichung des eben Ausgeführten wiedergegeben. Es handelt sich um den Teil eines Gespräches, das Jeremy und Theodora als Engel verkleidet im Geäst einer Eiche führen:

THEODORA: Welch eine herrliche Nacht! Sie dürfte niemals enden. Ich vergöttere dich. Ja, ich liebe dich so sehr, dass es mir wehtut wie ein Messer, in das ich mich schneide.

JEREMY: Genauso muss es sein. Du wirst immer leiden. Schon von Geburt an bist du ein zerrissenes Wesen. Wir werden für immer zusammenbleiben. Ich habe ein wundervolles Grabmal für uns beide entworfen, in dem wir Seite an Seite im Mondlicht verwesen werden.

THEODORA: Wir werden als Geister Hand in Hand heulend um das Haus streichen. Ich werde dich mit meinen langen Haaren an mir festbinden und für den Rest der Ewigkeit seufzen und stöhnen, denn ich liebe dich über alles.

JEREMY: Wir werden am Nordpol leben, wo immer alles so weiß ist wie meine Haut. Hundert silbergraue Seehunde werden wir uns als Sklaven halten und das Blut der Eskimokinder saugen. Es wird ein wundervolles Leben werden, und ich werde königlicher sein als der König der Eisbären. Auf einem Eisberg werde ich sitzen und den Mond anheulen, während du zu meinen Füßen liegst und dein Haar knirschen lässt, das durch den Frost so hart ist wie Holz.[303]

John Fowles

Die Ausgangssituation von John Fowles *The Collector*[304] (1963) hört sich zunächst an wie ein klassisches sadomasochistisches Szenario, geht es in diesem Roman doch um die der britischen Oberschicht angehörende Miranda, die von dem der Unterschicht angehörenden Frederick Clegg – später in Anspielung auf das submenschliche Sklavenwesen in Shakespeares *Tempest* als «Caliban» bezeichnet – gekidnappt und über Monate hinweg in seinem Keller gefangen gehalten wird. Allerdings fehlt dem Roman völlig die erotische Ebene: Clegg betet seine Gefangene als eine Art überromantisierte und damit entsexualisierte, unberührbare Prinzessin an und versucht geradezu, böser Drache und galanter Ritter in einer Person zu sein. So stellt Miranda fest: «No one would believe this situation. He keeps me absolutely prisoner. But in everything else I am mistress.»[305]

Als Miranda von sich aus sexuell aktiv wird und Clegg zu verführen versucht, um ihn dadurch günstig zu stimmen, ist er völlig überfordert und reagiert mit Impotenz. Dadurch fühlt er sich so gedemütigt, dass er sich rächen muss: Er verspricht Miranda die Freiheit, wenn sie sich dafür in völlig entwürdigenden Positionen von ihm fotografieren lässt, damit er sie auch nach ihrer Freilassung noch in der Hand habe und sie ihn nicht anzeigen kann. Sobald die Aufnahmen fertig sind, enthüllt er ihr sein Versprechen als nichts weiter als einen grausamen Witz. Dabei bleibt die Frage, ob es sich bei Clegg um einen Wahnsinnigen handelt, zumindest teilweise offen. Er selbst behauptet, wenn mehr Leute über die nötigen zeitlichen und finanziellen Mittel verfügten, gäbe es eine große Menge mehr von seiner Sorte.[306]

Thomas C. Foster weist in seiner Analyse *Understanding John Fowles* darauf hin, dass Miranda schon vor ihrer Gefangennahme den Wunsch verspürte, von ihrem Geliebten dominiert zu werden.[307] Offensichtlich ist, dass sie Stärke bewundert und Schwäche verabscheut: «O God, you're not a man, if only you were a man»[308], statt eines «dirty little masturbating worm»[309], ruft sie Clegg zu und beklagt sich darüber, dass er sich immer eine Stufe tiefer winde, als sie sich gerade noch bewegen könne.

Es sollte noch einmal betont werden, dass *The Collector* deshalb nur als SM-Grenzfall eingestuft werden kann, weil es sich hier nicht um die erotische Komponente von Macht und Herrschaft dreht, sondern um eine als Thriller gestaltete Meditation über Moral, Klassengegensätze, das Verhältnis zwischen der Elite und den Massen und verwandte Themenkomplexe. Dennoch ist die Wahl der Mittel, mit denen diese Abhandlung belletristisch gestaltet wird, nicht unbedingt rein zufällig. Auch sollte erwähnt werden, dass Fowles in seinem – nicht nur wegen der Verfilmung – berühmtestem Roman *The French Lieutenant's Woman*[310] (1969) mit der Verwendung von Sarah als präfeministischer Femme fatale als Hauptfigur das SM-Motiv noch einmal andeutungsweise aufgreift.

In Bruce Woodcocks *Male Mythologies. John Fowles and Masculinity*[311] stellt der Autor fest, dass in der Auseinandersetzung mit den Vorläuferinnen der Frauenbewegung wie Sarah «there is a devious male satisfaction to be gained from the masochism involved». Woodcock nennt dieses Buch «quite overtly a fantasy of dominance and submission in which (Sarah) is made both sexual and threatening»[312].

John Updike

In John Updikes *Rabbit, Redux*[313] (1971) lässt der Protagonist, Harry Angstrom, genannt Rabbit, nachdem seine Frau ihn verlassen hat, das Hippiemädchen Jill bei sich wohnen. Etwas später quartiert sich der von der Polizei gesuchte schwarze Drogendealer Skeeter ungebetenerweise bei ihnen ein. Im dritten Kapitel des Buches wird die so entstandene Dreierbeziehung geschildert, auch dabei tauchen deutlich sadomasochistische Züge auf. Skeeter zwingt Jill und Rabbit, ihm Bücher über die Sklaverei in den Südstaaten vorzulesen. Während dieser Zusammenkünfte schlägt er Jill – was sie kaum zu stören scheint –, bezeichnet sie ständig als «Fotze» und reißt ihr einmal brutal die Bluse auf. Er verspottet seinen Gastgeber, indem er sich selbst das Hemd vom Leib reißt und Rabbit auffordert, ihn auszupeitschen. Kurz darauf erkennt Rabbit, während er noch liest, wie Skeeter sich gewaltsam an Jill vergreift:

«Rabbit sieht, am Rand des Buches vorbei, Skeeter und Jill miteinander ringen; grau verschattet blitzen Höschen und Brüste auf. Und dann sieht Rabbit ihr Lächeln. Ihre kleinen grauen Zähne sind in schweigendem Gelächter entblößt; es gefällt ihr, vergewaltigt zu werden.»[314]

Skeeter macht aus seiner Einstellung zu Frauen keinen Hehl: «Eine Fotze ist wie'n Kleenextuch, Mann, man benutzt es und wirft es fort.»[315] Bei einer anderen Gelegenheit befiehlt er Jill, nackt vor ihm niederzuknien – was sie widerstandslos tut –, und kündigt im Tonfall eines Auktionators «eine Vor-füh-rung von Un-ter-wer fung» an, «ausgeführt von dieser kleinen, kohlschwarzen Dame, die für uns von sachverständigen Menschenhändlern aus Nashville, Tennessee, gezähmt wurde, mit der Garantie, dass sie kei-ner-lei Schwierig-keiten macht, weder in der Küche noch in den Gemächern, noch im Stall, noch im Schlafzimmer.»[316]

Auch Rabbit beteiligt sich schließlich an der Vorführung, knipst etwa die Lampe an, um besser sehen zu können. «Okay, zieh dich aus und steck ihn rein, sie hat ja jede Menge Löcher, stimmt's?», schlägt ihm Skeeter vor, während Jill ihn oral befriedigt.[317] Er macht sie süchtig und zwingt sie, sich vor ihm zu demütigen, um neue Drogen zu erhalten:

«Wer ist dein Herr Jesus, Jill-Schätzchen?»
«Du.»
«Ich, stimmt's?»
«Ja.»
«Du liebst mich mehr als dich selbst?»
«Viel mehr.»
[...]
«Liebst du meinen Schwanz?»
«Ja.»
«Liebst du meinen Samen, süße Jill? Meinen Samen in deinem Blut?»
«Ja. Bitte. Die Spritze. Du hast es versprochen.»
«Ich bin dein Heiland, stimmt's? Stimmt's?»[318]

Die politische Botschaft dieser Passagen ist vielseitig deutbar und sicherlich komplexer als «Diese verdammten Neger machen unsere Kinder süchtig und vergewaltigen unsere Frauen», auch wenn Updike erkennbar zu den konservativeren Autoren Amerikas gehört. Bemerkenswerterweise ist sein *Rabbit Redux* der einzige Text in dieser Anthologie, der direkt auf das politische System der Sklaverei Rekurs nimmt. Die passende Analogie für Deutschland wäre eine literarische Verbindung zwischen Holocaust und Sadomasochismus, wie sie sich in Stephen Schnecks Erzählung *Der Nachtportier* findet.

Martin Amis

Martin Amis Roman *London Fields*[319] (1989) wird der britischen ‹nuclear fiction› zugerechnet, ein Genre, das sich mit einer neuen Form der Décadence und des Fin de Siècle beschäftigt. Es geht um die Décadence unter Thatcher und das Fin de Siècle nicht eines Jahrhunderts, sondern eines Jahrtausends, das sich noch dazu in einem allgegenwärtigen nuklearen Bedrohungszustand befindet. Die mögliche globale Vernichtung wird als so gewaltvoll erlebt, dass sie in alle Bereiche des Lebens vorstößt, auch in Liebe, Familie und Sexualität.

Eine der vier Hauptfiguren ist Nicola Six, genannt Nick, eine ins Groteske übersteigerte Femme fatale. Sie ist «(a)uf machtvolle, wunderbare, unbeherrschbare Weise attraktiv», ihre Beziehungen enden mit «menschlichen Wracks [...], Nervenzusammenbrüche(n), [...] ruinierten Karrieren, [...] Selbstmordankündigungen, [...] zerstörten Ehen [...].»[320] Schon ihr Name weckt Assoziationen an den Teufel: «Old Nick», wie er im Englischen genannt wird, und 666 ist schließlich «the number of the beast». Nicola erinnert aber auch immer wieder an die Atombombe: Sie hatte als Kind eine imaginäre Freundin namens Enola Gay, die später einen «Little Boy» zur Welt brachte, Nicolas Bikini wird von Amis textlich mit den ersten Atombombenversuchen auf dem Bikini-Atoll verknüpft, der Atompilz selbst wird als ein auf dem Kopf stehendes Phallus-Symbol gelesen. Nicola Six ist die als Frau personifizierte atomare Bedrohung: «Femme fatale? Ich bin keine Femme fatale. Jetzt hör mir mal gut zu: Gegen das, was ich bin, sind Femmes fatales ein Dreck.»[321]

Es gab Spekulationen, dass Amis der prestigeträchtige Bookerpreis für *London Fields* deshalb nicht zuerkannt wurde, weil manche Kritiker seine Darstellungsweise Nicolas für sexistisch hielten.[322]

Nicola hat zwei Liebhaber: den braven, naiven Guy aus der Oberschicht und den der Unterschicht entstammenden mit wenig Skrupeln behafteten Kriminellen Keith. Mit beiden spielt sie ein grausames Spiel. Guy täuscht sie vor, trotz ihrer höllischen Attraktivität noch die vollkommene Unschuld zu sein, heizt ihn einerseits sexuell an, um sich ihm dann doch wieder zu verweigern. «Was glaubst du, was ich mache? [...] Ich geile ihm den verdammten Schwanz auf.»[323] Als er ihr näher kommen will, schlägt sie ihn zweimal bewusstlos, was sie danach mit einem versehentlichen Reflex zum Schutz ihrer Unschuld entschuldigt. Sie stimuliert seine Geschlechtsorgane schließlich derart, dass diese Erfahrung für Guy eher schmerzhaft als lustvoll gerät, was sie mit ihrer mangelnder Erfahrung zu verdankender Unbeholfenheit entschuldigt: «Guy? Ach, ich halte es nicht aus. Warum bereite ich dir nur immerzu Schmerzen?»[324]

Bald ist Guy völlig verstört beim Anblick ihrer «peinigenden Körpermitte»[325] und sieht «verblüfft und gedemütigt auf seine Lenden herab»[326]. Als Nicola sich endlich doch bereit erklärt, mit ihm zu schlafen, lässt sie dies mit einem Interruptus enden, nach dem Guy völlig frustriert zurückbleibt. Außerdem bringt sie ihn dazu, seiner Frau von seinem Seitensprung zu berichten, was eine Zerstörung seiner ohnehin schon belasteten Familie nach sich zieht.

Keith kommt im Vergleich zu Guy noch recht glimpflich davon, er wird von ihr lediglich zu immer neuen Masturbationen beim Betrachten von pornographischen Aufnahmen verdammt, bei denen sie die Hauptrolle spielt. Beide Männer quält und reizt sie jedoch mit ihrem unerfüllten Begehren.

An einer Stelle wird von Nicolas Phantasien berichtet, wie «sie mit Gott ging. Oder nicht mit Ihm ging – nicht mehr. Einmal hatte Er mit ihr geschlafen, nur einmal: das hatte sie getan, um Ihm zu zeigen, was Ihm für immer und ewig fehlen würde. [...] Dann nie wieder. Gott weinte auf der Straße vor ihrer Wohnung. Er telefonierte und telepathierte. [...] Gott sagte, Er wolle zusehen, dass sie ewig lebte. Nicola sagte, Er solle sich verpissen.

Natürlich gab es einen anderen Mann in ihrem Leben. Sein Name war Teufel. Nicola sah den Teufel nicht annähernd so oft, wie sie es – in einer idealen Welt – gerne gehabt hätte. Manchmal, wenn ihm danach zumute war, rief er sie spät nachts an, ließ sie nach der Polizeistunde in seinen Soulclub kommen und missbrauchte sie auf der Bühne, während seine Freunde zusahen und lachten. Ihr Ding mit dem Teufel – Liebe war das nicht. Nein, letztlich war ihr der Teufel einerlei. Nicola machte es nur, weil es viel Spaß brachte und Gott zur Weißglut trieb.»[327]

Einer der furchtbarsten sadistischen Akte Nicolas besteht darin, dass sie einen Schriftsteller, der mehrere Jahre lang sein ganzes Herzblut ins Verfassen eines einzigen Romans legt, in sein Schlafzimmer sperrt und dann das Manuskript den Flammen überantwortet, wobei sie ihn «hübsch verspottet»[328]. Damit dürfte Nicola Six eine ganz eigene Stufe der seelischen Grausamkeit erreicht haben.

Intertextuell wird Nicola mit der klassischen Femme fatale in einer Passage verknüpft, in der sie Keith die romantische Dichtung

Keats vorstellt. Dies geschieht einmal mit dem Werk Lamia über eine dämonische Geliebte und dann mit dem Gedicht Glänzender Stern, in dem ebenfalls Eros und Thanatos miteinander verknüpft werden: «Für die Romantiker, Keith, sind Tod und Orgasmus eins.» – «Ja, klar, Jacke wie Hose.»[329]

Nicola endet wie nahezu jede Femme fatale, indem sie getötet wird. Die Besonderheit liegt lediglich darin, dass sie ihre Ermordung voraussieht, darauf hinarbeitet und sie genießt: «Und nach dem ersten Schlag stöhnte sie wohlig aus dem Bauch heraus auf, als würde ihr nun endlich warm.»[330]

Nachwort: Umberto Eco, die Gnosis und der Sadomasochismus

In seinem Buch *I limiti dell'interpretazione*[331] (1990), genauer gesagt im Kapitel *Der Geist der Gnosis*, schreibt Umberto Eco keinen Satz über das Thema Sadomasochismus. Stattdessen setzt er sich mit dem gnostischen Denken auseinander, allerdings auf eine Weise, die verdeutlicht, dass dieses Denken eines der Fundamente einer sadomasochistischen Literaturgeschichte sein könnte.

«Der Gnostiker fühlt sich fremd in der Welt, Opfer seines Leibes, den er als Grab und Gefängnis auffasst. Er ist ‹geworfen› in diese Welt, aus der er sich befreien muss. Dazusein ist ein Übel. Aber bekanntlich wird man, je mehr man sich frustriert fühlt, desto leichter von Allmacht und Rachebedürfnis erfasst.» Eco führt aus, dass der Gnostiker sich als ein in eine kranke Welt verbannter Funke der allmächtigen Gottheit versteht, der das Heil durch die Kenntnis der Geheimnisse der Welt zurückerlangen möchte. «Im Gegensatz zum Christentum ist die Gnosis nicht eine Religion für Sklaven, sondern eine für die Herren. [...] Ist die Welt das Reich des Bösen, so muss der Gnostiker deren materielle Natur hassen, muss das Fleisch und die der Fortpflanzung dienende Sexualität verachten.[332] [...] Wer jedoch Erkenntnis erlangt hat, dem kann nichts mehr geschehen und der braucht die Sünde hinfort nicht mehr zu fürchten. Das geht so weit, dass für Karpokrates der Mensch, um der Tyrannei der Engel zu entgehen, alle nur möglichen Schandtaten begehen soll. Um zu erkennen, muss man auch das Böse und das Schlechte kennen. Beim Tun des Bösen wird der Leib erniedrigt, der zerstört werden soll, nicht die Seele, die gerettet wird.»[333]

Die Parallelen zur Weltauffassung vieler SM-Anhänger sind so weit schon klar erkennbar. Aber Eco geht noch einen Schritt weiter, indem er die Auswirkungen der gnostischen Lehre auf die Epochen der Weltliteratur schildert: «Es fällt schwer, der Versuchung zu widerstehen, in vielen Aspekten der neuzeitlichen und zeitgenössischen Kultur ein gnostisches Erbe aufzuspüren. Eine Herkunft von den Katharern und folglich einen gnostischen Ursprung hat man festgestellt in der höfischen (und später romantischen) Vorstellung von der Liebe als Verzicht, Verlust der Geliebten und jedenfalls als rein spiritueller Beziehung, bei der jegliche Sexualität ausgeschlossen bleibt. Gnostisch ist gewiss die ästhetische Verherrlichung des Bösen als Offenbahrungserfahrung (Sade), und gnostisch ist die Entscheidung vieler moderner Dichter, visionäre Erfahrungen durch sexuelle Exzesse, mystische Ekstase, Drogen oder verbales Delirium anzustreben.»[334]

In diesen wenigen Sätzen umreißt Eco unwissentlich die gesamte in dieser Anthologie dargelegte sadomasochistische Literaturgeschichte. Man erkennt die Troubadouren wieder, die Romantik, Goethes Werther, de Sade, die Moderne, Bataille etwa und schließlich im «verbalen Delirium» eine ganze Bandbreite von Autoren der Postmoderne und Gegenwart. Wenn man sich intensiver mit dem religiös-philosophischen Überbau der sadomasochistischen Literatur beschäftigen möchte, kommt man an den Gnostikern also kaum vorbei.

Im sadomasochistischen Zusammenhang kann auch die positive Sichtweise von Schmerz verstanden werden, die im gnostischen Weltverständnis eine große Rolle spielt: «Selig der Mensch, der gelitten hat; er hat das Leben gefunden», heißt es etwa im koptischen Thomasevangelium. Im Kapitel Umwertung der Schmerzen ihres Buches Weltrevolution der Seele[335] erörtern Thomas H. Macho und Peter Sloterdijk, welche erlösende Funktion Schmerz auch nach dem «Tod Gottes» noch wahrnehmen könne. Im Rahmen einer sadomasochistischen Literaturkritik kann natürlich nicht en passant die gesamte Gnosis abgehandelt werden. Für den Augenblick mag es genügen, festzuhalten, dass der Sadomasochismus eine Form von Sexualität ist, die mit einem umfassenden, jahrtausendealten religiös-philosophischen Überbau korrespondiert. Vielleicht haben sich auch aus diesem Grund die weitaus größten Literaten der verschiedensten Epochen gerade mit dieser sexuellen Paraphilie immer wieder aufs Neue in ihren Werken beschäftigt.

Fussnoten

[1]   Barry, Peter: Beginning Theory. Manchester, New York 1995.
[2]   Paglia, Camille: Sexual Personae. Art and Décadence from Nefertiti to Emily Dickinson. London, New Haven 1990. Dt. Die Masken der Sexualität. Berlin 1992.
[3]   Ebd. S. 3.
[4]   Vgl. dazu Literatur als System von Andreas Dörner und Ludgera Vogt in Heinz Ludwig Arnolds und Heinrich Deterings Grundzüge der Literaturwissenschaft. München 1996, S. 93-99.
[5]   Sartre, Jean-Paul: Das Sein und das Nichts. Versuch einer phänomenologischen Ontologie. Dt. in Neuübersetzung Reinbek 1991.
[6]   Miller, James: Die Leidenschaft des Michel Foucault. Dt. Köln 1995.
[7]   Ebd. S. 556.
[8]   Benard, Cheryl und Schlaffer, Edit: Der Mann auf der Straße. Reinbek 1980. – Das Buch enthält übrigens auch eine kritische Würdigung der Geschichte der O.
[9]   Ebd. S. 220-221.
[10] Briffault, Robert: The Mothers. Bd. III. New York 1927, S. 484.
[11] ca. 1135
[12] Bernart de Ventalorn, ca. 1150.
[13] Sacher-Masoch, Leopold von: Venus im Pelz. Köln 1996.
[14] Ebd. S. 47.
[15] Deschner, Karlheinz: Das Kreuz mit der Kirche. In erweiterter Auflage bei Heyne. München 1996.
[16] Ebd. S. 388.
[17] Beutin, Wolfgang: Sexualität und Obszönität. Würzburg 1990.
[18] Ebd. S. 402.
[19] Entstanden ca. 1195.
[20] Spenser, Edmund: The Faerie Queene, Buch 3, Canto 12, Vers 19-21.
[21] Siehe Vorwort.
[22] Vgl. Paglia, S. 188-189.
[23] Ebd. S. 186.
[24] Kämpfer, Wolfgang: Masochismus in der Literatur. In: Stierlin, Helm u. a.: Freiburger literaturpsychologische Gespräche, Band 7, Masochismus in der Literatur. Würzburg 1988, S. 27 ff.
[25] Vgl. den Beitrag zu Goethe.
[26] Vgl. Alvarez, Alfred: Der grausame Gott. Eine Studie über den Selbstmord. Hamburg 1974, S. 215. – Einige Seiten später (S. 221) führt Alvarez übrigens aus, wie das zentrale Motiv des Selbstmords gegen Ende der romantischen Periode, also mit Einsatz der Décadence, von Homosexualität, Inzest und Sadomasochismus abgelöst wurde, weil diese Themen als weit schockierender galten.
[27] Benard/Schlaffer, S. 226.
[28] Ebd. S. 227.

29 Bobsin, Julia: Von der Werther-Krise zur Lucinde-Liebe. Studien zur Liebessemantik in der deutschen Erzählliteratur. Tübingen 1994.

30 Bobsin, S. 92.

31 Benard/Schlaffer, S. 227.

32 Goethe, Johann Wolfgang von: Die Leiden des jungen Werther. Stuttgart 1986, S. 129

33 Vgl. den Beitrag zur Décadence.

34 Vgl. Einleitung zum Kapitel Romantik.

35 Kaempfer, S. 28.

36 Kaempfer, S. 28.

37 Pruys, Karl Hugo: Die Liebkosungen des Tigers. Berlin 1997.

38 Siehe Spiegel-Special Nr. 10/1997, ‹Liebe, Laster, Literaten›, S. 86.

39 Siehe Vorwort.

40 Paglia, S. 281.

41 Pfeiffer, Joachim: Die zerbrochenen Bilder. Gestörte Ordnungen im Werk Heinrich von Kleists. Würzburg 1989.

42 Pfeiffer, S. 124-125.

43 Ebd. S. 105.

44 Ebd.

45 Ebd. S. 105-106.

46 Ebd. S. 106.

47 Ebd. S. 123.

48 Alle Zitate Pfeiffer, S. 126.

49 Pfeiffer, S. 126.

50 Ebd. S. 127.

51 Wulf Segebrecht: Mitteilungen der E.T.A.-Hoffmann-Gesellschaft 1983. S. 63.

52 Vgl. E.T.A. Hoffmann (zugeschrieben): Schwester Monika. Reinbek 1986, S. 96.

53 Hoffmann, S. 91.

54 Fußnote aus E.T.A. Hoffmanns Schwester Monika: Orodes, ein König der Parther, überwand den Crassus und ließ ihm heißes Bley in den Mund gießen.

55 Fußnote aus E.T.A. Hoffmanns Schwester Monika: Madame Chaudelüze parodiert hier ein Gedicht Voltaires.

56 Fußnote aus E.T.A. Hoffmanns Schwester Monika. Nablium, ein Instrument der Hebräer, das Luther durch Psalter übersetzt hat.

57 De Musset, Alfred: Gamiani oder Zwei Nächte der Ausschweifung. Dt. Berlin 1996.

58 Ebd. S. 76-79.

59 Koschorkes in de Musset, S. 117.

60 Ebd. S. 121-122.

61 Siehe Vorwort.

62 Rasch, Wolfdietrich: Die literarische Décadence um 1900. München 1991, S. 74-75.

63 Praz, Mario: Liebe, Tod und Teufel. Die schwarze Romantik. München 1981.

64 Alle Zitate Rasch, S. 76-77.

65 Hier wiedergegeben nach Sue, Eugéne: Die Geheimnisse von Paris. München 1970.

66 Kindlers Literatur Lexikon. Band 16, S. 171.

67 Ebd.

68 Sue, S. 511-517.

69 Kindlers Literatur Lexikon. Band 16, S. 233.

70 In Swinburnes Dolores.

71 Anmerkung des Autors.

72 Kindlers Literatur Lexikon. Band 16, S. 233.

73 Riede, David G.: Swinburne. A Study of Romantic Mythmaking. Virginia 1978.

74 Vgl. Riede, S. 48.

75 Riede interpretiert dies als Nähe zur Philosophie de Sades.

76 Riede, S. 49.

77 Ebd. S. 50-51.

78 Ebd. S. 52.

79 Sacher-Masoch, S. 182-184.

80 Ebd. S. 349- 350.

81 Aus Felix Dörmanns Neurotica (1891). Zitiert aus Jens Malte Fischers Fin de siècle. Kommentar zu einer Epoche. München 1978, S. 122.

82 Wedekind, Frank: Der Erdgeist. Entstanden 1895, hier zitiert nach München 1980.

83 Hilmes, Carola: Die Femme Fatale. Ein Weiblichkeitstypus der nachromantischen Literatur. Stuttgart 1990.

84 Beide Zitate Hilmes, S. 172.

85 Hilmes, S. 161.

86 Zitiert aus dem Nachwort zu Wedekind, Frank: Frühlings Erwachen. Stuttgart 1995, S. 95.

87 Ebd., S. 95-96.

88 Boa, Elizabeth: The Sexual Circus. Wedekind's Theatre of Subversion. Oxford 1987.

89 Boa, S. 41.

90 Ebd. S. 202.

91 Hier zitiert nach Przybyszewski, Stanislaw: De Profundis. Paderborn 1990, S. 161-162.

92 Marx, Jörg: Lebenspathos und ‹Seelenkunst› bei Stanislaw Przybyszewski. Frankfurt am Main 1990.

93 Ebd. S. 87-88.

94 Ebd. S. 89.

95 Mirbeau, Octave: Der Garten der Qualen. Dt. Stuttgart 1992.

96 Kindlers Literatur Lexikon. Band 11, S. 748.

97 Dieser Aufsatz erschien als Nachwort der erwähnten deutschen Ausgabe.

98 Delon, Michel, S. 312.

99 Ebd. S. 313.

100 Ebd. S. 337.

[101] Scheuer, Helmut: Naturalismus. Bürgerliche Dichtung und soziales Engagement. Stuttgart u. a. 1974.

[102] Ebd. S. 140.

[103] Fischer, Jens Malte: Fin de Siècle. Kommentar zu einer Epoche. München 1978.

[104] Ebd. S. 65.

[105] Curtus, Mechthild: Erotische Phantasien bei Thomas Mann. Königstein/ Taunus 1984.

[106] Mann, Thomas: Bekenntnisse des Hochstaplers Felix Krull. Frankfurt am Main 1954, S. 201-211.

[107] Frizen, Werner: Oldenbourg Interpretationen Bd. 25: Bekenntnisse des Hochstaplers Felix Krull. Oldenbourg 1988.

[108] Hiermit greift Thomas Mann dem in einem späteren Kapitel ausgeführten postmodernen Aspekt des SM-Motives voraus. – Anmerkung des Autors.

[109] Frizen, S. 59-61.

[110] Ebd. S. 61.

[111] Ebd. S. 62.

[112] Brown, Richard: James Joyce and Sexuality. Cambridge 1985.

[113] Ebd. S. 86-87.

[114] Ebd. S. 87.

[115] Ebd. S. 110-112.

[116] Henke, Suzette: James Joyce and the Politics of Desire. London 1990.

[117] Ebd. S. 153.

[118] Hassan, Ihab: The Dismemberment of Orpheus. Toward a Postmodern Literature. London 1982, S. 24.

[119] Beauvoir, Simone de: Soll man de Sade verbrennen? Dt. Reinbek 1989.

[120] Barthes, Roland u. a.: Das Denken des Marquis de Sade. Dt. Frankfurt am Main 1988.

[121] Carter, Angela: The Sadeian Woman. London 1979. – Die deutsche Ausgabe Sexualität ist Macht. Die Frau bei de Sade ist leider vergriffen.

[122] Hassan, S. 42, eigene Übersetzung.

[123] Vgl. das Kapitel zur Postmoderne.

[124] Hassan, S. 47.

[125] Vgl. zum Problem der grenzenlosen Negation bei de Sade: Monika Treut: Die grausame Frau. Basel und Frankfurt am Main 1984, S. 69 81.

[126] Die 120 Tage von Sodom, hier: Ausgewählte Werke 1. Dt. Frankfurt am Main 1972.

[127] Ebd. S. 85-89.

[128] Ebd. S. 145-146.

[129] Lautréamont, Comte de: Die Gesänge des Maldoror. Dt. Reinbek 1963.

[130] Ebd. S. 248-253.

[131] Ebd. S. 253-256.

[132] Ebd. S. 240-242.

[133] In Césaire, Aimé und andere: Das Geheimnis des Comte de Lautréamont. Berlin 1986, S. 37-51.

[134] Lautréamont, S. 9-12.

[135] Pascal Pia in seinem Nachwort zu Apollinaires Werk (vgl. die folgende Fußnote).

[136] Apollinaire, Guillaume: Die elftausend Ruten. Dt. München 1985.

[137] Zitiert nach Grimm, Jürgen: Guillaume Appollinaire. München 1993, S. 67.

[138] Vgl. Grimm, S. 68.

[139] Ebd. S. 67.

[140] Ebd. S. 68.

[141] Kindlers Literatur Lexikon. Band 1, S. 571.

[142] Reiner Maria Rilke, Beginn der ersten Duineser Elegie, 1912.

[143] Stach, Reiner: Kafkas erotischer Mythos. Frankfurt am Main 1987.

[144] Ebd. S. 152-153.

[145] Tröndle, Isolde: Die Differenz des Begehrens. Franz Kafka – Marguerite Duras. Würzburg 1989.

[146] Ebd. S. 93.

[147] Ebd. S. 94.

[148] Vgl. den Beitrag zu Elfriede Jelineks Die Klavierspielerin.

[149] Tröndle, S. 97.

[150] Ebd. S. 96.

[151] Stach, S. 160.

[152] Beicken, Peter: Oldenbourg Interpretationen Band 70. Der Proceß. Oldenburg 1995.

[153] Ebd. S. 166.

[154] Ebd. S. 167.

[155] Ebd. S. 167.

[156] Vgl. Beicken, S. 169.

[157] Beicken, S. 169-170.

[158] Es gilt als sehr wahrscheinlich, dass Fräulein Bürstner, F. B., stellvertretend für Kafkas Verlobte Felicia Bauer steht.

[159] Deleuze, Gilles: Sacher-Masoch und der Masochismus. In: Sacher-Masoch, Leopold von: Venus im Pelz. Frankfurt am Main 1980, S. 222.

[160] Treut, Monika: Die grausame Frau. Basel, Frankfurt am Main 1984.

[161] Ebd. S. 171.

[162] Hier zitiert nach: Kafka, Franz: Der Prozess. Mainz 2003, S. 59-63.

[163] Deutscher Titel: Die Geschichte des Auges.

[164] Bataille, Georges: Das obszöne Werk. Reinbek 1972.

[165] Ebd. S. 42-48.

[166] Dt. neu als Die Erotik herausgegeben, München 1994; besonders aufschlussreich sind hier die beiden Anhänge.

[167] Die Tränen des Eros. Dt. München 1981.

[168] Die Literatur und das Böse. Dt. München 1987.

[169] Wyatt, Frederick: Der Triumph des Masochismus, oder das Alpha in der Geschichte der O. In: Stierlin, Helm u. a.: Freiburger literaturpsychologische Gespräche, Band 7, Masochismus in der Literatur. Würzburg 1988

[170] Ebd. S. 78.

[171] Ebd. S. 79.

[172] Deforges, Regine und Réage, Pauline (i. e.: Aury, Dominique): Die O hat mir erzählt. Hintergründe eines Bestsellers. Frankfurt am Main / Berlin 1994, S. 182-195.

[173] Dt. Querelle.

[174] Dt. Die Zofen.

[175] Kindlers Literatur Lexikon. Band 6, S. 203.

[176] Dt. Der Balkon.

[177] Veröffentlicht unter dem Pseudonym ‹Cagliostro› und enthalten im Cagliostro-Lesebuch. Nehren 1999.

[178] Schmidt, Gunter: Das Verschwinden der Sexualmoral. Hamburg 1996.

[179] ‹Stino› ist im SM-Szenejargon ein Kürzel für ‹Stinknormaler› (im Gegensatz zum Sadomasochisten), was (je nach Kontext) nicht zwingend so abwertend gemeint sein muss, wie es sich für viele anhört.

[180] Vgl. Schmidt, S. 124-125.

[181] Ebd. S. 12.

[182] Hoffmann, Arne: SM-Lexikon. Titel der Originalausgabe: Lexikon des Sadomasochismus. Berlin 2001.

[183] Tani, Stefano: The Doomed Detective. Carbondale 1984.

[184] Frenzel, Herbert und Elisabeth: Daten deutscher Dichtung. Chronologischer Abriß der deutschen Literaturgeschichte. München 1990.

[185] Als Synonym gilt transgressional fiction. Einen guten Überblick über den Hintergrund dieses Begriffs bietet der Eintrag in der amerikanischen Wikipedia: http://en.wikipedia.org/wiki/Transgressional_fiction (Stand 19.10.2006). Dieser Hinweis bedeutet nicht, dass ich der Wikipedia damit den Status einer seriösen wissenschaftlichen Quelle verleihe; er dient lediglich der vertiefenden Information.

[186] Gardner, James: Transgressive fiction. Veröffentlicht am 17.6.1996 in der Zeitschrift National Review.

[187] Scholder, Amy und Silverberg, Ira: High Risk. An Anthology of Forbidden Writings. New York 1991.

[188] Mark, M.: Disorderly Conduct. London 1991.

[189] Vgl. dazu das Kapitel Caged Women: Der Frauengefängnisfilm in Seeßlen, Georg: Erotik. Ästhetik des erotischen Films. Marburg 1996, S. 186-192.

[190] Hartung, Harald: Rückwärts wider den Sonnabend. In Frankfurter Allgemeine Zeitung vom 1.10.1996,

[191] Händler, Ernst-Wilhelm: Der Kongreß. Frankfurt am Main 1996.

[192] Horx, Matthias: Trendbuch 2. Megatrends für die Neuziger Jahre. Düsseldorf 1995.

[193] Ebd. S. 208-241.

[194] Ebd. S. 210.

[195] Alle Zitate Horx, S. 216-217.

[196] Horx, S. 212.

[197] Ebd. S. 216.

[198] Ebd. S. 220.

[199] Ebd. S. 254.

[200] Ebd. S. 292.

201 Der Spiegel 11/98, S. 83.

202 Vgl. als zwei der neuesten Titel zu diesem Phänomen von Peter Beck und Uwe Seebacher Rambo-Frauen. München 2005. Sowie von James Garbarino See Jane Hit. Why Girls Are Growing More Violent And What We Can Do About It. New York 2006.

203 Vgl. zu dem Schaden, den die radikalfeministische Ideologie angerichtet habe, die Analyse der ehemaligen Emma-Journalistin Astrid von Friesen: Schuld sind immer die anderen! Die Nachwehen des Feminismus. Frustrierte Frauen und schweigende Männer. Hamburg 2006.

204 Carter, Angela: Die infernalischen Traummaschinen des Doktor Hoffman. Dt. Stuttgart 1984.

205 Vgl. Carter, S. 61 bzw. 142.

206 Suleiman, Susan Rubin: The Fate of the Surrealist Imagination in the Society of the Spectacle. In: Sage, Lorna (Hg.): Flesh and the Mirror. The Fiction of Angela Carter. London 1994, S. 98-116.

207 Vgl. Suleiman, S. 98.

208 Ebd. S. 102.

209 Ebd. S. 104.

210 Ebd. S. 105.

211 Carter, S. 258.

212 Vgl. Suleiman, S. 113.

213 Carter, Angela: Sexualität ist Macht. Dt. Reinbek 1980.

214 Vgl. The Sadeian Woman, S. 16 ff., wo sich Carter allerdings etwa von der Geschichte der O distanziert.

215 Ebd. S. 18-19.

216 Vgl. Suleiman, S. 108-109.

217 Pynchon, Thomas (übersetzt von Elfriede Jelinek): Die Enden der Parabel. Reinbek 1981.

218 Fussell, Paul: The Great War and Modern Memory. Oxford 1977

219 Benjamin, Walter und Arendt, Hannah: Illuminations. New York 1968.

220 Pynchon, S. 1036.

221 Dt. Das wüste Land.

222 Pynchon, S. 1154-1156.

223 Fowler, Douglas: A Reader's Guide to Gravity's Rainbow. Ann Arbor 1980.

224 Cooper, Peter L.: Signs and Symptoms. Thomas Pynchon and the Contemporary World. Berkeley, Los Angeles 1983.

225 Weisenburger, Steven: A Gravity's Rainbow Companion. Athens, London 1988.

226 Moore, Thomas: The Style of Connectedness. Gravity's Rainbow and Thomas Pynchon. Columbia 1987.

227 Plater, William: The Grim Phoenix. Reconstructing Thomas Pynchon. Bloomington, London 1978.

228 Link, Franz: Amerikanische Erzähler seit 1970. Paderborn u. a. 1993.

229 Vgl. Link, S. 407.

230 Brautigan, Richard: Willard and His Bowling Trophies. A Perverse Mystery. New York, 1975. Dt. Willard und seine Bowlingtrophäen: ein perverser Kriminalroman. Frankfurt am Main 1990.

231 Ebd. S. 7-18.

232 Link, Franz: Amerikanische Erzähler seit 1970.

233 Ebd. S. 397.

234 Coover, Robert: Spanking the Maid. New York 1982. Dt. Spiel mit der Magd. Reinbek 1991.

235 Gordon, Lois: Robert Coover. The Universal Fictionmaking Process. Carbondale 1983.

236 Vgl. Gordon, S. 164.

237 Hornung, Alfred: Lexikon amerikanische Literatur. Mannheim 1992.

238 Ebd. S. 29-30.

239 Acker, Kathy: Great Expectations. New York 1982. Dt. Große Erwartungen. Ein Punk-Roman. München 1988.

240 Ebd. S. 37-55.

241 Redding, Arthur: Bruises, Roses: Masochism and the Writing of Kathy Acker. In: Contemporary Literature # 2/1994, S. 281-304.

242 Ebd. S. 283.

243 Vgl. Redding, S. 284-285.

244 Ebd. S. 288-289.

245 Deleuze, Gilles: Sacher-Masoch und der Masochismus. In Sacher-Masoch, Leopold von: Venus im Pelz. Frankfurt 1980.

246 Vgl. Redding, S. 301.

247 Heller, Arno: Gewaltphantasien. Untersuchungen zu einem Phänomen des amerikanischen Gegenwartsromans. Tübingen 1990.

248 Heller, S. 145.

249 Ebd. S. 147.

250 Ebd. S. 144.

251 Ebd. S. 146.

252 Ebd. S. 150.

253 Selby, Hubert: The Room. New York 1971. Dt. Mauern. Reinbek 1972.

254 Heller, S. 156.

255 Ebd. S. 165.

256 Ebd. S. 164.

257 McEwan, Ian: In Between the Sheets. London 1978. Dt. Zwischen den Laken. Zürich 1989.

258 McEwan, Ian: The Comfort of Strangers. London 1981. Dt. Der Trost von Fremden. Zürich 1983.

259 Slay, Jack: Ian McEwan. New York 1996.

260 Gaitskill, Mary: Schlechter Umgang. Dt. Reinbek 1989.

261 Diskis, Jenny: Mental Deserts. In New Statesman and Society vom 21.4.1989 (eigene Übersetzung).

262 Exakte Quellenangaben für die letzten beiden Zitate liegen nicht vor.

263 Young, Elizabeth: Shopping in Space. New York 1993.

264 Vgl. Young, S. 171.

265 Ebd. S. 180.

266 Ebd. S. 175.

267 Burchill, Julie: Die Waffen der Susan Street. Dt. München 1991.

268 Hahn, Ulla: Ein Mann im Haus. Dva 1991

269 Wolf, Naomi: Die Stärke der Frauen. München 1996. Im Original Fire with Fire. London 1993.

270 Vgl. Wolf, S. 283.

271 Michael, Robert u. a.: Sexwende. Liebe in den Neunzigern. München 1994.

272 Vgl. zum tabuisierten Problem realer sexueller Übergriffe durch Frauen die Bücher Arne Hoffmanns: Sind Frauen bessere Menschen?. Berlin 2001. Nummer Sicher, Nehren 2007.

273 Robbe-Grillet, Alain: Die blaue Villa in Hongkong. Frankfurt am Main 1995.

274 Dt. Das Bild. München 1995. In einer früheren Übersetzung Der Dorn im Fleisch.

275 Jelinek, Elfriede: Die Klavierspielerin. Reinbek 1983.

276 Jelinek charakterisiert diese Figur durch die Perspektive ihrer Hauptfigur als «Inquisition und Erschießungskommando in einer Person», S. 5.

277 Benjamin, Jessica: Die Fesseln der Liebe. Psychoanalyse, Feminismus und das Problem der Macht. Frankfurt am Main 1993

278 Fischer, Michael: Trivialmythen in Elfriede Jelineks Romanen «Die Liebhaberinnen» und «Die Klavierspielerin». St. Ingbert 1991.

279 Ebd. S. 58-59.

280 Dt. Aus Leiden Freuden.

281 Fischer, S. 59-60.

282 Als wertvolle Orientierungshilfe für diesen kurzen Beitrag über Ellis diente mir Alexandra Hilsbos herausragende Magisterarbeit It's Hard to Be a Saint in the City: The Fiction of Bret Easton Ellis. Herzlichen Dank!

283 Ellis, Bret Easton: American Psycho. New York 1991. Dt. Köln 1993.

284 Ebd. S. 402.

285 Ebd. S. 420.

286 Auf deutsch etwa: Murkst dieses Buch ab! Kommt Bret Easton Ellis mit Mord davon?

287 Young, S. 120.

288 Zuerst im Januar 1995, dann erneuert am 12. Juni 1996 und schließlich aufgehoben durch den Oberverwaltungsgerichtshof Münster 2001.

289 Huysmans, Joris-Karl: Tief unten. Dt. Köln/Berlin 1963.

290 Ebd. S. 346.

291 Hamsun, Knut: Victoria. Dt. München 1906.

292 Ebd. S. 26.

293 Ebd. S. 39.

294 Kaempfer, S. 29.

295 Ebd. S. 30.

296 Faulkner, William: Die Freistatt. Dt. Frankfurt am Main 1956.

297 Ebd. S. 166.

298 Im Original unveröffentlicht. Dt. Carrington, Leonora: Das Fest des Lamms. Enthalten in der Anthologie von Carringtons Theaterstücken Ein Flannell-

Nachthemd. Frankfurt am Main 1985, S.65-123.

[299] Carrington, S. 75.

[300] Ebd. S. 74.

[301] Ebd. S. 104.

[302] Ebd. S. 87.

[303] Ebd. S. 111-112.

[304] Fowles, John: Der Sammler. Dt. München 1967

[305] Fowles, John: The Collector. London 1963, S. 138.

[306] Vgl. Fowles, S. 70.

[307] Foster, Thomas: Understanding John Fowles. Columbia 1994, S. 35. Mit Bezugnahme auf Cooper, Pamela: The Fiction of John Fowles. Ottawa 1991.

[308] Fowles, S. 110.

[309] Ebd. S. 109.

[310] Fowles, John: Die Geliebte des französischen Leutnants. Dt. Frankfurt am Main 1992.

[311] Woodcock, Bruce: Male Mythologies. John Fowles and Masculinity. Brighton 1984.

[312] Ebd. S. 103.

[313] Updike, John: Unter dem Astronautenmond. Dt. Reinbek 1973.

[314] Ebd. S. 278.

[315] Ebd.

[316] Ebd. S. 294.

[317] Ebd.

[318] Ebd. S. 296.

[319] Amis, Martin: 1999. Dt. Reinbek 1995.

[320] Ebd. S. 31.

[321] Ebd. S. 340.

[322] Vgl. den britischen Observer vom 24.9.1989, S. 45.

[323] Amis, S. 430.

[324] Ebd. S. 417. – Vgl. auch S. 515: «Was? Tut es denn weh, oder was ist? ... Das verstehe ich nicht. Ich dachte, es soll schön sein.»

[325] Ebd. S. 428.

[326] Ebd. S. 429.

[327] Ebd. S. 165-166.

[328] Ebd. S. 587.

[329] Ebd. S. 459.

[330] Ebd. S. 604.

[331] Eco, Umberto: Die Grenzen der Interpretation. Dt. München 1992.

[332] Man erinnere sich, dass de Sade allein diejenige Form der Sexualität verabscheute, welche in Fortpflanzung resultierte.

[333] Eco, S. 68-70.

[334] Ebd. S. 70.

[335] Macho, Thomas und Sloterdijk, Peter: Weltrevolution der Seele. Ein Lese- und Arbeitsbuch der Gnosis. Lesebuch von der Spätantike bis zur Gegenwart. Düsseldorf 1991, S. 497-505.

SEXUELLE UNTERWERFUNG

Dämonenprinz
Arne Hoffmann

Arne Hoffmann
Dämonenprinz
Sexuelle Unterwerfung

Taschenbuch
13,5 x 21cm, 152 Seiten
erschienen 2006

ISBN-10:
3-86608-010-7
ISBN-13:
978-3-86608-010-2

VK: 13,90 Euro

Sexuelle
Unterwerfung
durch Hypnose

DÄMONENPRINZ

Jeremiah hat es gelernt, mittels mentaler Techniken Frauen sexuell zu unterwerfen, und nutzt seine Kenntnisse schamlos für sich aus.

Durch ständiges Training und eifriges Forschen erweitert er seine Fähigkeiten mehr und mehr und so gelingt es ihm schließlich, sich wildfremder Frauen in Sekundenschnelle zu bemächtigen und sie ganz nach seinem Willen zu kontrollieren. Auch gegen gemeinste Demütigungen sind sie machtlos ...

Hoffmann ist wohl einer der bekanntesten Autoren zum Thema SM in Deutschland. Mit diesem Roman beweist er einmal mehr, warum.

«Ein faszinierendes Buch über ein nicht gerade ungefährliches Thema, das für alle Liebhaber sexueller Unterwerfung ein besonderer Leckerbissen ist.» **kwick.de**

«Eine wirklich spannende und faszinierende Geschichte.» **Orkus**

DAS PRIVATE TAGEBUCH

Mein Weg zur Sklavin
von Véronique

Véronique
Mein Weg zur Sklavin
SM-Tagebuch

Taschenbuch
12 x 18 cm, 120 Seiten
erschienen Nov. 2005

ISBN-10:
3-86608-021-8
ISBN-13:
978-3-86608-021-8

VK: 12,90 Euro

MEIN WEG ZUR SKLAVIN

Véronique ist Sklavin und das mit unterwürfiger Leidenschaft. Schon seit einigen Jahren berichtet sie im Internet von ihren Erlebnissen und lässt die Welt an ihrem Leben teilhaben.

Das Buch gibt den ersten Teil ihres Tagebuchs erstmals in gedruckter Form wieder und fasziniert mit einer schonungslos ehrlichen Darstellung.

Für Freunde von Rollenspielen und SM-Geschichten ist dieses Buch sicherlich eine Bereicherung der heimischen Bibliothek.

«Ein Tagebuch der Sünde. Unterhaltsam.» **Amazon Kundenrezension**

«Ein äußerst kurzweiliges und anregendes Lesevergnügen!»
Amazon Kundenrezension

HEISSE ANTHOLOGIE

V.A.
Meine Schöne ...
Erotik-Geschichten

Taschenbuch
13,5 x 21cm, 176 Seiten
erschienen 2003

ISBN-10:
3-935798-21-0
ISBN-13:
978-3-935798-21-1

VK: 5,00 Euro
früher 12,90 Euro

MEINE SCHÖNE ...

Jeder der siebzehn Autoren hat seinen eigenen Stil und Zugang zu den Facetten der Erotik; kurzweilig, spannend und prickelnd vermitteln sie ihre eigenen Fantasien.

Mal humorvoll mit einem Zwinkern, mal frivol und lüstern räkeln sich Damen und Herren auf diversen Polstergarnituren, Obstkisten, Pilotensesseln, Motorrädern und selbstverständlich auch im Bett.

Neben Fetisch- und SM-Geschichten finden sich romantische, liebevolle und sexy Storys, ohne sich jemals ihre Berechtigung streitig zu machen, denn alle machen Lust!

«Ein lustvolles Buch mit vielen Geschichten und Ideen für unverschämt prickelnde Abende!»

SM-HIGHLIGHT

SKLAVIN IN GEFAHR

Die devote und stark masochistische Vicky fährt mit ihrem Herrn Tylor in die verschneiten Rocky Mountains, um ihre Erziehung fortzuführen und Grenzen auszuloten.

SM ist noch recht neu für die junge Frau, aber sie spürt schon früh, dass Demütigung und Schmerz sie erregen wie nichts zuvor.

Doch schon auf dem Weg zu der abgelegenen Hütte fragt Tylor sie über den mysteriösen Tod ihrer besten Freundin Clara aus, angeblich, damit Vicky sich ihm ganz öffnet, denn der unaufgeklärte Mord ist Vickys wunder Punkt.

Tylor duldet keine Geheimnisse, versteckt sich jedoch selbst hinter der Maske des Meisters.

Immer mehr Hinweise tauchen auf, dass Tylors Motiv für den Trip in die Berge nicht nur Vickys Erziehung ist ...

«Cosette hat [...] mit ‚Sklavin in Gefahr' einen SM-Roman hingelegt, der innerhalb der SM-Szene Klassiker-Potential haben dürfte.» **mon-boudoir.de**

«Ein sehr interessantes Buch, welches schon auf gewisse Art Interesse nach mehr weckt.» **schwarzes-leipzig.com**

Cosette
Sklavin in Gefahr
Spannender SM-Roman

erschienen Okt. 2006
ISBN-10: 3-86608-048-4
ISBN-13: 978-3-86608-048-5

Taschenbuch
13,5 x 21 cm, 152 Seiten

VK: 13,90 Euro

DER BESTSELLER!

DEVOT

Cosette nimmt in ihrem ersten Buch kein Blatt vor den Mund, egal, ob sie ihre devot-masochistische Leidenschaft in lustvolle Geschichten oder tiefgründige Gedichte verpackt.

Die Autorin nennt die Dinge beim Namen, taucht ein in die Faszination der Ekstase, die sich ihre Heldinnen erst durch Demut und Schmerz erarbeiten müssen. Es geht zur Sache, Schätzchen!

Erbarmungslos treibt Cosette die Heldinnen durch die Hölle, um sie dann durch einen Höhenflug in den Himmel zu heben.

«Phantasievoll und ordentlich devot.» **lustwandel.de**

«Die Kurzgeschichten sind ein Genuss für Geist und Lenden – einfühlsam und authentisch.» **Schlagzeilen**

«Der Titel ist Programm!» **Dark Spy**

«Ein wahrer Leckerbissen erotischer Literatur der etwas anderen Art, der aber Lust macht auf mehr.» **gothicparadise.de**

Cosette
Devot
Heiße SM-Erzählungen

erschienen 2005, 2. Auflage erhältlich
ISBN-10: 3-86608-022-0
ISBN-13: 978-3-86608-022-5

Taschenbuch
13,5 x 21 cm, 120 Seiten

VK: 13,90 Euro